Geschichte
der deutschen Sprache

von

Peter von Polenz

**Erweiterte Neubearbeitung
der früheren Darstellung von
Prof. Dr. Hans Sperber**

Neunte, überarbeitete Auflage

1978

Walter de Gruyter · Berlin · New York

Dr. *Peter von Polenz*
o. Professor an der Universität Trier

CIP-Kurztitelaufnahme der Deutschen Bibliothek

Polenz, Peter von

Geschichte der deutschen Sprache: erw. Neubearb. d. früheren Darst. von Hans Sperber. — 9., überarbeit. Aufl. — Berlin, New York: de Gruyter, 1978.

(Sammlung Göschen; Bd. 2206)
ISBN 3-11-007525-3

Inhalt

V. Deutsch im 19. und 20. Jahrhundert

Sprachwandel und Sprachgeschichte

Sprache hat, als ein hörbares Kommunikationsmittel, linearen Zeichencharakter, z. B. im Unterschied zu einem bildlichen Verkehrsschild: Sie existiert nur im Zeitablauf. Das zeitliche Nacheinander der Laute und Wörter muß zwar bis zum Abschluß des Satzes oder einer anderen kleineren Redeeinheit als ein Miteinander gegenwärtig bleiben. Aber schon eine vor fünf Minuten gesprochene Äußerung kann der Vergessenheit anheimfallen; und der einzelne Sprachteilhaber wie die ganze Sprachgemeinschaft wissen in der Regel nicht mehr viel von dem, was sie vor zehn oder zwanzig Jahren gesprochen haben. Sprache ist in hohem Grade immer wieder ein Neuvollzug, bei dem selbst das schon oft Gesagte meist anders gesagt wird. Schon aus diesem Grundcharakter der Sprache — nicht nur aus dem Wandel der Welt und der Menschen selbst — erklärt es sich, daß sich jede Sprache ständig verändert. Zwar kann die schriftliche Fixierung einer Sprache diesen Prozeß verlangsamen; und die Gewöhnung an eine geregelte Schriftsprache kann über die Unaufhaltsamkeit des Sprachwandels hinwegtäuschen. Aber stillgelegt wird der Sprachwandel niemals, es sei denn, es handelt sich um eine in Traditionen erstarrte reine Schriftsprache wie das Latein, das von keiner wirklichen Sprachgemeinschaft mehr gesprochen wird und deshalb heute keine Geschichte mehr hat.

Der Sprachwandel wird vom normalen Sprachteilhaber gewöhnlich nicht bemerkt, denn Sprache funktioniert immer nur als unbedingt gültiges synchrones Kommunikationssystem einer gegenwärtigen Sprachgemeinschaft, muß also als grundsätzlich unveränderlich erscheinen. Nur demjenigen, der ein außergewöhnliches Erinnerungsvermögen hat oder mit Sprachdokumenten aus der Vergangenheit zu tun hat, ist die diachronische Blickrichtung möglich, die den Sprachwandel erkennen läßt. Wer nur selten dazu Gelegenheit hat und nur zufällige Einzelheiten des Sprachwandels beobachtet, ist meist darüber verwundert und neigt zu der Ansicht, früher habe man noch ‚falsch' gesprochen, oder aber (in sentimentaler oder historistischer Ehrfurcht vor der Vergangenheit): die **Sprache der Vorfahren** sei noch nicht vom modernen Zeitgeist ‚verderbt' gewesen. Schon seit uralten Zeiten sind die Menschen über den Sprachwandel und die damit zusammenhängende Sprachverschiedenheit beunruhigt gewesen. Sie haben das unfaßliche Phänomen der Wandelbarkeit und Zersplitterung der doch unbedingte Gültigkeit beanspruchenden Sprache mythologisch gedeutet als eine Strafe für Sünden, die die Menschen vom göttlichen Ursprung der einen und wahren Sprache entfernt habe (Babylonische Sprachverwirrung). Die Vorstellung von der göttlichen ‚Ursprache' und der Heillosigkeit der Menschensprachen und ihrer Geschichte wirkt teilweise noch bis in die Zeit der Romantik nach; und die Klage über den ständigen ‚Sprachverfall' ist noch heute ein beliebter Topos in der kulturpessimistischen Sprachkritik, nicht zuletzt weil man gewohnt ist, die lebende Sprache der Gegenwart am Vorbild des ‚Klassischen' oder des ‚Urtümlichen' zu messen. Seit der Aufklärung werden Sprachwandel und Sprachverschiedenheit mehr und mehr als selbstverständliche Erscheinungen der menschlichen Sozialgeschichte anerkannt. Moderne Soziolinguistik meidet die Verabsolutierung des abstrakten Begriffes ‚eine Sprache' und sieht ‚Sprachgeschichte' mehr als Geschichte des sprachlichen Handelns und Handelnkönnens von Gruppen.

Nicht alle diachronische Sprachbetrachtung ist schon Sprachgeschichte. Die Beschreibung historischer Sprachzustände und -vorgänge ist zunächst Aufgabe der historischen Grammatik und historischen Wortkunde. Aber ein z. B. für Etymologie und Textphilologie sehr wichtiger Lautwandel muß nicht auch sprachgeschichtlich relevant sein. Die Sprachgeschichtsschreibung wählt aus den Ergebnissen dieser Forschungsrichtungen die für die Entwicklung einer Sprache wesentlichen Erscheinungen des Sprachwandels aus und sucht auch nach ihren möglichen außersprachlichen Ursachen oder Wirkungen, sei es im politischen, sozialen, wirtschaftlichen, religiösen oder geistesgeschichtlichen Bereich, sei es mit der Frage nach dem Verhältnis zwischen Sprache und Schrift, zwischen Sprachgemeinschaft und Sprachraum oder nach dem Einfluß von fremden Sprachen. Sprachgeschichte fragt also nach der historischen Stellung der Sprache in der Gesamtkultur der jeweiligen Sprechergruppen.

Die Geschichte einer Sprache, auch einer modernen Kultursprache, beschränkt sich nicht auf die Sprache der Dichter oder die Hochsprache der Gebildeten. Sprachgeschichte ist nicht nur Stilgeschichte der schönen Literatur und der gepflegten Sprachkultur. Auch andere Stilbereiche müssen berücksichtigt werden, von der Gebrauchsprosa in Wissenschaft, Verwaltung, Politik, Wirtschaft und Technik bis zur spontanen Umgangssprache der verschiedenen sozialen Gruppierungen. Literatursprache und Hochsprache sind nur besondere Ausprägungen innerhalb einer Sprache. Sie haben nur eine begrenzte sprachsoziologische Basis; und es darf nicht vorausgesetzt werden, daß sie den gesamten Sprachzustand einer Zeit repräsentieren oder daß sie für den allgemeinen Sprachwandel allein ausschlaggebend sind. Die neuere Forschung legt deshalb besonderen Wert darauf, auch in früheren Sprachperioden hinter der Zufälligkeit oder Einseitigkeit der schriftlichen Überlieferung etwas von der sprachsoziologischen und stilistischen Differenzierung zu erkennen.

Sprachwandel kann sich auf verschiedene Weise im Sprachraum und damit in den Sprachgemeinschaften vollziehen. Die ältere Sprachwissenschaft rechnete meist nur mit organischem Wachstum von einer urtümlichen Einheit zur Vielheit durch Aufspaltung einer Sprache in Tochtersprachen (‚Stammbaumtheorie‘). Seit den siebziger Jahren des 19. Jahrhunderts wurde man mehr auf die Beeinflussung der Sprachen untereinander durch den Verkehr aufmerksam. Sprachliche Neuerungen können sich von einem Zentrum her überallhin ‚ausbreiten‘ (Monogenese), so daß sie in manchen Gegenden früher, in anderen später auftreten. Diese ‚Wellentheorie‘ arbeitet mit der abstrakt-dynamischen Vorstellung der ‚Sprachströmung‘ oder ‚Sprachstrahlung‘, muß aber in der sprachsoziologischen Wirklichkeit mit dem Nachahmungstrieb rechnen und mit einer großen Zahl zweisprachiger Menschen, die eine Neuerung von einer Sprache in die andere übertragen können. Dabei spielt das sprachsoziologische Gruppenbewußtsein eine Rolle, das die Neuerungen einer anderen Sprache sich nicht nur passiv aufdrängen läßt, sondern oft auch — wie in der Mode — den Prestigewert eines bestimmten Sprachgebrauchs anerkennt und in stillschweigender Übereinkunft einen aktiven ‚Sprachanschluß‘ vollzieht. Einer allzu einseitigen Anwendung der Wellentheorie tritt neuerdings die ‚Entfaltungstheorie‘ entgegen, die viele zeitlich-räumliche Unterschiede aus polygenetischer Entwicklung erklärt. Ähnlich wie sich die Baumblüte im Frühling in der einen Landschaft früher als in der anderen entfaltet, so können auch in der Sprachentwicklung gemeinsame ‚Prädispositionen‘ mehrerer Sprachen oder Dialekte hier früher und dort später wirksam werden. Die Einzelerscheinungen des Sprachwandels sind oft nur äußere Symptome, deren Ursachen tiefer liegen (z. B. Akzent, Intonation oder die Entwicklung zum analytischen Sprachbau) und mit oft sehr alten Entwicklungstendenzen der Sprachstruktur zusammenhängen. Es gibt, mindestens im formalen Bereich der Sprache, Kettenreaktionen, die sich über Jahrhunderte und Jahrtausende erstrecken können (vgl. O. Höfler und J. Fourquet).

Die Entfaltungstheorie kommt damit der strukturalistischen Richtung in der modernen Sprachwissenschaft entgegen, die — ausgehend von den Sprachtheorien Ferdinand de Saussures, Leonard Bloomfields und anderer Linguisten der ersten Jahrzehnte dieses Jahrhunderts — Sprache als ein System sich synchronisch gegenseitig bedingender Elemente und deren Relationen zueinander betrachtet (Sprache als ‚langue‘, ‚competence‘). Die Sprachgeschichtsschreibung wird künftig, mehr noch als es heute schon möglich ist, über die vielen Einzelheiten des Sprachgebrauchs (Sprache als ‚parole‘, ‚performance‘) hinaus zu den sprachstrukturellen Wandlungen vordringen müssen. Sprachgeschichte als methodologisch gesicherte wissenschaftliche Disziplin ist eigentlich erst dann möglich, wenn die Unterschiede in den Sprachsystemen verschiedener Epochen, also erst einmal diese Systeme selbst, exakt und vollständig erkannt und beschrieben sind. Dies bedeutet die theoretische Forderung nach dem Primat der synchronischen vor der diachronischen Linguistik. Beim gegenwärtigen Stand des Methodenstreits ist zunächst nur ein Kompromiß möglich. Es muß damit gerechnet werden, daß manche von Forschergenerationen überbewertete Erscheinungen des Sprachwandels — ungeachtet ihrer Bedeutung für herkömmliche philologische Fragestellungen — nur Auswirkungen von Sprachzustands-Regeln sind, noch nicht Sprachveränderungstatsachen. So wie die einzelnen Züge bei einem Schachspiel nur die (regelhaft wiederholbare und variable) Anwendung eines Systems darstellen, nicht eine Veränderung des Schachspiels selbst als System, so sind viele Einzeltatsachen des Sprachwandels oder der räumlichen Sprachverschiedenheit nur Auswirkungen von Regeln innerhalb eines Sprachsystems ohne sprachgeschichtliche Relevanz. Wenn z. B. ein sprachliches Element a eines früheren Sprachzustandes später in der Umgebung $x \ldots y$ stets als b erscheint, in allen anderen Umgebungen aber a bleibt, so ist das diachronische Verhältnis zwischen a und b nur eine Veränderung des Sprachgebrauchs innerhalb des gleichgebliebenen Systems, das synchronische Verhältnis zwischen a und b nur Angelegenheit ihrer Verteilung (Distribution) auf alle möglichen Umgebungen. Die Relation zwischen a und b wird erst dann als Erscheinung des Systemwandels sprachgeschichtlich interessant, wenn diese komplementäre Distribution ungültig wird, z. B. a und b in gleicher Umgebung mit einer semantischen Unterscheidung (in Opposition, $\neq$) vorkommen können. Dann ist b eine für das System relevante Einheit (ein Graphem, Phonem, Morphem oder Lexem). — Nach der generativen Sprachtheorie (Chomsky, King, Isenberg) wird u. a. gefordert, Sprachveränderungen zu erklären als Relationen zwischen Grammatiken, d. h. zwischen Regelsystemen zur Erzeugung aller zulässigen Sätze, in der Weise, daß eine Menge diachronischer Regeln (Hinzufügung, Verlust, Umordnung synchronischer Regeln) die Regelsysteme ineinander überführt, wobei die Veränderungen in Minimalschritten formuliert werden müssen, um kausale Interpretationen zu ermöglichen.

Gegenüber solchen rein innersprachlich-mechanistischen Theorieansätzen wird heute von anderen Linguisten das Verhältnis zwischen Synchronie und Diachronie relativiert (E. Coseriu, s. auch bei Cherubim): Nur in der Perspektive des Linguisten sind beide zu trennen; im Objekt Sprache selbst enthält jeder Sprachzustand immer schon den Sprachwandel: Da erstens menschliche Kommunikation grundsätzlich dialogisch, intentional, zweckgerichtet und in ‚Geschichte‘ (nicht kausalen Ablauf) eingebettet ist, muß Kommunikation grundsätzlich als Neuvollzug (nicht bloße Wiederholung) mit der Möglichkeit zur Innovation (Neuerung) aufgefaßt werden, die manchmal von anderen durch Lernen übernommen wird. Zweitens ist Sprache kein homogenes System, sondern wird nach Personen, Gruppen, Adressaten, Situationen, Handlungszielen usw. in ständiger Variation vollzogen. So stehen z.B. Archaismen, Euphemismen, Prestige- oder Stigmaformen usw. als Varianten im gleichen Sprachsystem nebeneinander, können aber in einseitiger Perspektive als ‚alt‘ oder ‚neu‘ aufgefaßt werden. Die vom System bereitgestellten Varianten werden durch Normen ausgewählt, die sich aber ihrerseits als Gruppen- oder Rollensymptome unmerklich ändern können. Sprachwandel ist also primär Normenwandel, kaum Systemwandel (Coseriu). Diese kommunikative Theorie des Sprachwandels wird durch empirische Untersuchungen soziolinguistischer Variationsforschung bestätigt (W. Labov, s. bci Dittmar, Klein-Wunderlich, Cherubim). Mit variationsbedingtem Sprachwandel hängt also die Polyfunktionalität von Sprache zusammen: Sprache dient den Menschen nicht nur in kognitiver Funktion (K. Bühlers Darstellungsfunktion) oder pragmatischer Funktion (Bühlers Ausdrucks- und Appellfunktion), sondern — beim Sprecher weitgehend unbewußt und unbeabsichtigt — auch der sozialen Symptomfunktion (s. P. v. Polenz, Leuvense Bijdragen 63, 1974).

I. Vorgeschichte der deutschen Sprache

Die Geschichte der deutschen Sprache beginnt strenggenommen erst mit dem Einsetzen schriftlicher Überlieferung in deutscher Sprache im 8. Jahrhundert. Damals, im christlichen Reich Karls des Gr., vollzog sich der sprachsoziologische und sprachinhaltliche Übergang von Germanisch zu Deutsch. Allenfalls kann man die germanischen Dialekte Mitteleuropas seit der Völkerwanderung als ‚Vordeutsch' bezeichnen. Die weitere Vorgeschichte des Deutschen läßt sich durch Sprachvergleichung über die germanischen Dialekte bis in die indoeuropäische Sprachenfamilie zurückverfolgen.

1. Die indoeuropäischen Sprachen

Von diesem vorgeschichtlichen Sprachzusammenhang weiß man seit den Entdeckungen Sir William Jones' (1786) und Franz Bopps (1816), die erkannt hatten, daß die seit dem zweiten vorchristlichen Jahrtausend überlieferte Literatursprache der alten Inder, das Sanskrit, mit den meisten europäischen Sprachen verwandt ist. Für den in der deutschen Sprachwissenschaft eingebürgerten Begriff ‚Indogermanisch' (Idg.) sagt man nach internationalem Gebrauch meist ‚Indoeuropäisch' (Ie.). Fernzuhalten ist hier die teilweise in der älteren englischen Sprachwissenschaft dafür übliche Bezeichnung ‚Arisch' (Aryan), denn dieser Name für die engere indisch-persische Sprachverwandtschaft (davon der Name *Iran*, aber auch *Armenien, Albanien*) hat durch seine allmähliche Übertragung auf alle Indoeuropäer und schließlich seine Verwendung im Sinne von ‚nichtjüdisch' in der deutschen Rassenideologie des 19. und 20. Jh. Unheil angerichtet.

Die Vorstellung der älteren Indoeuropäistik von einer einheitlichen ie. ‚Ursprache‘, die sich in Tochtersprachen ‚aufgespalten‘ habe, war nur eine Abstraktion für etymologische Zwecke. Das erst 1906 bei Ausgrabungen in Kleinasien auf Keilschrifttafeln entdeckte Hethitische (ca. 1800 v. Chr.) ist älter als das Sanskrit, gleicht aber keineswegs dem vermeintlichen Urindoeuropäischen. Es hatte wahrscheinlich Kehlkopflaute (Laryngale), die sich in anderen ie. Sprachen nur noch in indirekten Nachwirkungen zeigen, und war im Formenbau wesentlich einfacher. Das ie. Flexionssystem wird sich also erst im Laufe der Zeit in den Einzelsprachen ausgebildet haben, wobei die Gemeinsamkeiten durch Entfaltung gemeinsamer Anlagen ebenso wie durch gegenseitige Beeinflussung der Sprachen entstanden sein können. Die nachweisbare geographische Verbreitung der ie. Sprachen ist zweifellos das Ergebnis von Wanderungen. Sie reicht vom Keltischen in Spanien über viele tausend Kilometer hinweg bis zum Tocharischen in Turkestan. Dazwischen lassen sich von Anfang an nichtindoeuropäische Sprachen nachweisen. In der Frage nach der ‚Urheimat‘ (oder besser dem Gebiet zeitweiliger engster Berührung) der ie. Völker schwankt die Forschung zwischen Mitteleuropa, Nordeuropa und Innerasien.

Sprachtypologisches Kennzeichen der ie. Sprachen ist der flektierende oder synthetische Sprachbau. Die syntaktischen Beziehungen der Wörter zueinander werden vornehmlich durch Endungen oder Vorsilben ausgedrückt, die wohl dadurch entstanden sind, daß nach- oder vorangestellte Wörter durch Akzentabstufung mit dem Wortstamm zu festen Flexionsformen verschmolzen, ähnlich wie noch im frühmittelalterlichen Deutsch der anlautende Konsonant des nachgestellten Pronomens ‚du‘ zum festen Bestandteil der Konjugationsendung der 2. Person sg. wurde (ahd. *gibis*, mhd. *gibest* ‚gibst‘). Wie weitgehend dieses Flexionsprinzip z. B. im Sanskrit genutzt wurde, zeigt etwa der Vergleich zwischen einer Verbform wie *dāsyávahe* (1. Person Dual Futur Medium vom Stamm *dā* ‚geben‘) und ihrer nhd. Umschreibung ‚wir beide werden für uns geben‘. In vielen ie. Sprachen — nicht in allen in der gleichen Weise — hat sich eine Fülle flexivischer Kategorien entwickelt: bis zu 8 Kasus, 3 Numeri, 3 Genera Verbi, 4 Modi, 7 Tempora. Im Innern des Wortstammes wurde die Abstufung und Abtönung des Wortakzents für die Flexion genutzt, die sich später im Germanischen zum System des Ablauts der Wurzelsilbenvokale der starken Verben ausbildete (griech. λείπω — λέλοιπα — ἔλιπον, ahd. *rītan — reit — giritan*).

Diese reiche Ausbildung des grammatischen Systems beweist keineswegs, daß die ie. Sprachen sprechenden Völker eine besonders fortgeschrittene Kultur gehabt hätten. Die aus dem Sprachenvergleich abstrakt gewonnene Summe von Flexionsmöglichkeiten ist in keiner der ie. Sprachen vollständig nachzuweisen. Der mehr analytische Bau moderner Sprachen mit Hilfsverben, Präpositionen, Artikeln und syntaktischen Fügungsweisen für Aspekt, Aktionsarten usw. ermöglicht eine feinere, flexiblere semantische Differenzierung. Der sprachinhaltliche Vergleich mit ganz anders gearteten grammatischen Systemen amerikanischer Eingeborenensprachen hat auch gezeigt, daß die aus dem ie. Sprachbau erwachsene Art begrifflicher Welterfassung durchaus nicht für ideal und unübertrefflich gehalten werden darf.

Eine ie. Gemeinkultur läßt sich sprachlich schwer nachweisen. So ist das bei Indern, Griechen und Römern am frühesten ausgebildete Dezimalsystem in den Zahl- und Maßwörtern der ie. Sprachen noch bis heute sprachlich vermischt mit Resten eines einst weitverbreiteten gedoppelten Sexagesimalsystems (z. B. ahd. *einlif* ,11', d. h. ,eins übrig', entsprechend *zwelif* ,12', nhd. *Dutzend* ,12', *Schock* ,60', engl. 1 foot = 12 inches, usw.). Für die kräftige Ausbildung eines differenzierten Begriffsfeldes der Großfamilie spricht eine Reihe gemeinindoeuropäischer Verwandtschaftsnamen, für eine über das Nomadentum hinausgehende Lebensführung der Besitz von Wörtern für Acker, Pflug, Joch, Wolle, für Hausbau und Kulturpflanzen und wohl auch der Umstand, daß unter den ie. Tiernamen eine auffallend große Zahl von Wörtern ist, die später Haustiere bezeichnen. Ein nicht unbedeutendes Niveau der Technik läßt sich u. a. erschließen aus dem Vorhandensein von ie. Wörtern für den Wagen und

seine Bestandteile, sowie daraus, daß wenigstens ein Metall,
dessen Bezeichnung im deutschen *Erz* fortlebt, einen Namen
hat, der in allen Teilen des ie. Sprachgebietes wiederkehrt.

Nach der verschiedenen Behandlung der palatalen Verschlußkonsonanten teilt man das Indoeuropäische herkömm-
licherweise in zwei Hauptgruppen ein. In der östlichen
Gruppe (Indisch, Iranisch, Armenisch, Baltisch-Slawisch,
Albanisch) ist ein Teil der *k-* und *g-*Laute durch Zischlaute in
der Art von *sch* und *ž* (franz. *j*) vertreten, während die westliche (Keltisch, Italisch, Griechisch, Germanisch, Illyrisch,
Venetisch) diese Laute unverändert beibehält. Das ie. Wort
für ‚hundert‘ (*$\hat{k}mt\acute{o}m$*) behält also im Lateinischen
(*centum*, sprich *kentum*), Griechischen (ἑκατόν), Keltischen
(altir. *cēt*) sein *k* unverändert bei, und auch der Anlaut von got.
hund, ahd. *hunt* ‚hundert‘ weist auf ein zunächst unverändertes
vorgerm. *k* zurück. Dagegen finden wir in der östlichen Gruppe
schon von der ältesten Zeit an einen *sch-* bzw. *s-*Laut (altind.
śatám, altiran. *satəm*, litauisch *šim̃tas*, altslaw. *suto*). Diese
Unterscheidung in ‚Kentum-Sprachen‘ und ‚Satem-
Sprachen‘ wurde aber fragwürdig durch die Entdeckung des
Hethitischen und Tocharischen, zweier asiatischer Kentum-
Sprachen, die räumlich eher zur anderen Gruppe gehören sollten. Auch lassen sich über jene konsonantische Gruppierung
hinweg alte engere Beziehungen zwischen Germanisch, Sla-
wisch, Baltisch und Tocharisch nachweisen, während das Verhältnis der beiden Kentum-Sprachen Italisch (Lateinisch) und
Griechisch nicht so eng gewesen sein kann.

Innerhalb der westlichen Gruppe stand das Germanische in
naher Verwandtschaft zum Italischen. Man denke z.B. an
die auffallenden Wortgleichungen lat. *tacere*, got. *þahan*
‚schweigen‘, *ducere*, got. *tiuhan* ‚ziehen‘, *paucus*, ahd. *fōh*
‚wenig‘, *longus*, ahd. *lang*, *com-munis*, ahd. *gi-meini*, *dicare*,
ahd. *zīhan*, oder an die Gleichheit des Suffixes in lat. *vir-tus*
(Gen. *virtutis*), *senec-tus* (*senectutis*) und got. *mikil-duþs*
‚Größe‘, *ajuk-duþs* ‚Ewigkeit‘. Da Gründe zu der Annahme
vorliegen, daß die Italer ebenso wie die Griechen erst in verhältnismäßig später Zeit von Norden her in ihre historischen
Wohnsitze eingedrungen sind, liegt der Gedanke nahe, daß wir

in ihnen ehemalige, auch sprachlich nahverwandte Nachbarn der Germanen zu sehen haben.

Auch mit dem Keltischen, das noch in historischer Zeit in Süd- und Westdeutschland benachbart war, ist das Germanische durch eine Reihe von Wortgleichungen verbunden, die aber wenigstens zum Teil den Eindruck sekundärer Entlehnungen machen und also weniger auf ursprüngliche Sprachverwandtschaft als auf zeitweilige kulturelle Beeinflussung hindeuten. Das germ. Wort *rīkaz (got. reiks) ‚Herrscher‘ kann eine vor der germanischen Lautverschiebung erfolgte Entlehnung aus dem gleichbedeutenden kelt. rīg sein, das seinerseits auf einen ie. Stamm *rēg- zurückgeht (vgl. lat. rex, regis). Während nämlich ie. ē im Keltischen lautgesetzlich zu ī wird, hätte es im germanischen Wort, wenn es eine direkte Fortsetzung von ie. *rēg- wäre, zunächst erhalten bleiben, später aber zu ā werden müssen. Altes Lehnwort aus dem Keltischen ist auch ahd. ambahti ‚Amt‘, got. andbahts ‚Diener‘, das genau einem aus lateinischen Quellen bekannten kelt. ambactus ‚Diener‘ entspricht. Andere auffallende Übereinstimmungen, die zum Teil auf Entlehnung, zum Teil auf Urverwandtschaft beruhen mögen, sind germ. *aiþa- ‚Eid‘, altir. oeth (gemeinsame Grundform *oito-), germ. *gīsla- ‚Geisel‘, altir. giall (aus *gheislo-), germ. *tūna- ‚Einfriedung, befestigte Siedlung‘ (nhd. Zaun), gall. dunum, vgl. engl. town, germ. *marha ‚Pferd‘, altir. marc, an. reid ‚Wagen‘ (zu germ. rīðan ‚fahren, reiten‘), gall. rēda. Sehr auffallend ist auch die nahe Übereinstimmung in der keltischen und germanischen Namengebung. Der Sachbereich dieser Entlehnungen und Gemeinsamkeiten deutet auf enge politische und wirtschaftliche Beziehungen zwischen Kelten und Germanen in vorrömischer Zeit. In den frühesten römischen Berichten über die Bevölkerung Mitteleuropas, sogar beim ersten Auftreten des Namens Germani, lassen sich Kelten und Germanen kaum voneinander unterscheiden.

2. Das Germanische

Vermutlich erst zu einer Zeit, als die indoeuropäischen Völker Südeuropas längst in das Licht der Geschichtsschreibung gerückt waren, trat ein sprachliches Ereignis ein, das die ie. Vorstufe des Germanischen zu einer von den übrigen ie. Sprachen getrennten Sondergruppe machte: Die germanische oder erste Lautverschiebung. Durch eine umfassende Umbildung des Konsonantismus, die nur eine Minderzahl der ie. Konsonanten unberührt ließ, wurden die ie. stimmlosen Verschlußlaute *p(h)*, *t(h)*, *k(h)* — außer in den Verbindungen *sk*, *sp*, *st* — zu den entsprechenden Reibelauten *f*, *þ* (=engl. *th*), *χ* (=*ch*); vgl. lat. *pater:* got. *fadar*, lat. *cornu:* got. *haúrn* (aus älterem **χurna*) lat. *tres:* got. *þreis*;

die ie. stimmhaften Verschlußlaute *b*, *d*, *g* zu den entsprechenden stimmlosen Verschlußlauten *p*, *t*, *k;* vgl. griech.-skythisch βαίτη ‚Rock': got. *paida*, lat. *genu:* got. *kniu*, lat. *duo:* got. *twa;*

die stimmhaften aspirierten Verschlußlaute *bh*, *dh*, *gh* zu den stimmhaften Reibelauten *б* (sprich *w*), *ð* (weichem engl. *th* in *the*), *g* (norddeutsch *g* in *Tage*); vgl. lat. *fero* (aus **bhero*, altind. *bhárāmi*): got. *baíra* ‚trage', griech. Θύρα (aus **dhura*): got. *daúr* ‚Tür', lat. *hostis* (aus **ghostis*): got. *gasts* ‚Fremdling'.

Die durch den erstgenannten Vorgang entstandenen stimmlosen Reibelaute *f*, *þ*, *χ* (später *h*) sowie der einzige stimmlose Reibelaut, den schon das Ie. besessen hatte, nämlich *s* (= ß in dt. *reißen*), wurden dann stimmhaft, also zu *б*, *ð*, *g*, *z* (= *s* in dt. *reisen*), wenn im Ie. nicht die unmittelbar vorhergehende Silbe den Hauptton getragen hatte (Verners Gesetz); vgl. das Nebeneinander von got. *brōþar* ‚Bruder' aus ie. **bhrā́tēr*, altind. *bhratar* (Stammbetonung) und got. *fadar* ‚Vater' aus **pǝtḗr*, altind. *pitár* (Endbetonung).

Nach diesen Lautveränderungen, die meist nur mit Merkmalswechsel, noch nicht mit einem Systemwandel verbunden waren, stellte das Germanische sicher noch keine selbständige Sprache dar. Die späte Wirksamkeit des Vernerschen Gesetzes zeigt, daß noch nach der *ptk*-Verschiebung der freie ie. Akzent herrschte. Doch der Reichtum an Reibelauten (auch Engelaute oder Spiranten genannt), den das Germ. nach der 1. Lv. besaß, muß schon damals ein typisches Merkmal gewesen sein.

Das Übergewicht an scharfklingenden Lauten (*f*, *þ*, *χ*, *s*) ließ den Unterschied zwischen stimmhaft und stimmlos im germ. Lautsystem allmählich zurücktreten, was weitreichende Folgen bis über die 2. Lautverschiebung hinaus hatte. Die Ursachen der 1. Lv. werden von der neueren Forschung (z.B. J. Fourquet) in der innersprachlichen Kausalität phonematischer Wandlungen gesucht. Auch auf Parallelen in anderen ie. Sprachen ist hingewiesen worden. Ältere Theorien über fremdsprachige Einflüsse (Substrattheorie), Klimawechsel oder kriegerischen Volkscharakter bleiben unbeweisbar.

Für die Frage nach dem Alter der Lautverschiebung beweist das Wort *Hanf*, daß die Lautverschiebungsvorgänge im 5. Jahrhundert v.Chr. noch nicht stattgefunden hatten oder noch nicht abgeschlossen waren. Dieses Wort (ahd. *hanaf*, ags. *hœnep*, aisl. *hampr*) geht auf einen germ. Stamm **hanap*- zurück, die lautverschobene Form des griech. κάνναβις. Im Griechischen aber ist das Wort, wie uns ausdrücklich bezeugt wird, ein thrakisch-skythisches Lehnwort, das erst zu Herodots Zeiten eindrang. Die Germanen werden es nicht vor den Griechen kennengelernt haben. Zum Beweis, daß die Lautverschiebung im 3. oder 2. Jh. v.Chr., zur Zeit der ersten Berührungen mit den Römern, abgeschlossen war, hat man auf die Tatsache hingewiesen, daß die römischen Lehnwörter im Germanischen nicht mehr von der Lautverschiebung ergriffen wurden und germanische Namen und Wörter in lateinischen Quellen ausnahmslos verschoben sind.

Ein zweiter, für die Sprachstruktur viel wichtigerer Vorgang war der germanische Akzentwandel. Trotz einiger Parallelen im Italischen und Keltischen ist er durch seine Folgen zu einem Wesensmerkmal der germanischen Sprachen geworden. Er veränderte die konstitutiven Faktoren der Sprache und hat sich nicht nur (wie die Lautverschiebung) im Bereich des rein Lautlichen ausgewirkt. Während nämlich im Indoeuropäischen der Wortakzent ebensogut auf irgendeiner Flexions- oder Vorsilbe ruhen konnte, wird er im Germanischen regelmäßig auf die Wurzelsilbe konzentriert (vgl. griech. πατήρ — dt. *Váter*, ἀπόδειξις — *Beweis*). Dieser Akzentwandel scheint sich zunächst mechanisch als phonetische Anfangsbetonung (Initialakzent), nicht als semantische Stammsilbenbetonung ausgewirkt zu haben, so noch heute in *Urlaub*, *Urkunde*, *Ursprung*, *Ablaß*; in alten Namen: *Bern (Verona)*,

Raben (Ravenna). Bei dt. Zusammensetzungen wird später nach logisch-semantischen Prinzipien nicht der erste Bestandteil betont (z. B. *ü'bersétzen — übersétzen, Dreigróschenoper, Langeweíle, Muttergóttes, allmä'chtig, willkómmen*). Schon im germanischen Akzentwandel wurden Präfixverben stammbetont: *erlau'ben* neben *Ur'laub.*

Hand in Hand mit dieser Entwicklung ging eine andere, die den ursprünglichen musikalischen Akzent des Indoeuropäischen in einen vorwiegend exspiratorischen (oder dynamischen) verwandelt; d. h. die Modulationen der Tonhöhe spielten fortan bei der Betonung der Wörter gegenüber den Unterschieden in der Exspirationsstärke nicht mehr die gleiche Rolle, wie dies innerhalb des ie. Akzentsystems der Fall gewesen sein muß (vgl. Ablaut). Der weitgehende Zusammenfall von Starkton und Hochton im Wortakzent der nhd. Hochsprache ist die letzte Konsequenz dieser Entwicklung.

Der germanische Akzentwandel ist ferner wichtig für die Entstehung des germ. Stabreimverses (Alliteration). Obwohl der Stabreim als stilistische Figur auch in solchen Sprachen eine Rolle spielt, bei denen die Anfangsbetonung nicht konsequent durchgeführt ist, so konnte er zu seiner überragenden Bedeutung doch nur gelangen durch jene Konzentration von Starkton, Hochton und Sinnton. Die große Anzahl noch heute im Deutschen fortlebender stabreimender Formeln (*Haus und Hof, Kind und Kegel, singen und sagen, gang und gäbe*) dürfen wir demnach als Nachwirkung des germanischen Akzentwandels auffassen. Sie stammen meist aus der altdeutschen Rechtssprache und entstehen gelegentlich neu in Merk- oder Werbesprüchen, Buch-, Film- und Schlagertiteln.

Eine weitreichende Wirkung hatte der Akzentwandel in der fortschreitenden Abschwächung der unbetonten Silben. Da die Ausspracheenergie auf die Anfangssilben konzentriert wurde, hat schon im Altgermanischen der Vokal- und Konsonantenstand der Endsilben Reduktionen erlitten, ein Prozeß, der sich später in verschiedenen Stadien der germanischen und deutschen Sprachentwicklung wiederholt. So finden wir z. B. nirgends mehr eine Spur des unbetonten *i,* das im Ie. für den

Auslaut der *mi*-Verba charakteristisch war (vgl. griech. τίθημι
‚ich setze‘, ind. *bhárāmi*, ‚ich trage‘ gegenüber ahd. *salbōm*
‚ich salbe‘). Ebensowenig hat sich das *e*, das die zweite Person
sg. des Imperativs auszeichnete, erhalten (lat. *lege*, griech.
λέγε ‚lies!‘, gegenüber got. *bair*, ahd. *bir*, ags. an. *ber* ‚trage!‘
usw.). Diese Tendenz zur Abschwächung geht ständig weiter
(vgl. III, 2 und IV, 1). Der Akk. pl. von ‚Tag‘ entwickelt
sich von ie. **dhogons*, got. *dagans* über ahd. *taga* zu mhd. nhd.
Tage und in manchen dt. Mundarten sogar bis zu *dag*. Wenn
wir noch in jüngster Zeit beobachten, daß seit dem Ende des
19. Jh. in vielen Fällen das Dativ-*e* geschwunden ist oder daß
in der heutigen Umgangssprache *wir haben* meist zu *wir ham*
abgeschwächt wird, so sind das ursächlich keine sprachgeschichtlichen Zeiterscheinungen, sondern noch immer Folgen
des germ. Akzentwandels.

Die Akzentballung auf der Wurzelsilbe ist schließlich
auch die tiefere Ursache für so viele Lautwandlungen, die
später in den germ. Sprachen in schrittweiser Entfaltung und
mit zeitlichen wie räumlichen Phasenunterschieden die Wurzelsilbenvokale umgelautet, gedehnt, monophthongiert oder
diphthongiert haben.

Der ‚Umlautung‘ genannte Vorgang ist eine Korrelations-
wirkung der Schwächung der Endsilbenvokale in der Weise
daß der Stammsilbenvokal von der Qualität des Folgesilben-
vokals beeinflußt wurde. Schon in altgerm. Zeit entstanden
auf diese Weise die Stellungsvarianten (Allophone) *i/e*, *u/o*,
iu/eo, ersteres jeweils, wenn *i*, *j* oder *u* in der Folgesilbe stand
oder wenn Nasal+Konsonant folgte. Den umgekehrten Vor-
gang (*e*, *o* statt *i*, *u*, wenn *a*, *e*, *o* in der Folgesilbe) nannte
J. Grimm ‚Brechung‘. Dieser kombinatorische Lautwechsel
wirkt noch resthaft in dt. Alternationspaaren nach wie
nehmen/nimmst (ahd. *neman/nimist*), *ober-/über* (ahd. *obar/
ubir*) und (veraltet) *fliegen/fleugst* (ahd. *fliogan/fliugist*). Zu
eigenen Phonemen wurden diese Allophone erst dann, wenn
die den Wechsel bedingenden lautlichen Umgebungsverhält-
nisse durch Endsilbenabschwächung geschwunden waren
(vgl. III, 2 zum *i*-Umlaut!). Über die ersten Monophthongie-
rungen und Diphthongierungen vgl. II, 1 Ende!

2*

Der Endsilbenverfall brachte auch Verluste im Flexionssystem, oder vorsichtiger ausgedrückt: Der für die ie. ‚Ursprache‘ durch Summierung aus den Einzelsprachen abstrakt
rekonstruierbare (aber für die nicht überlieferte ie. Vorstufe
des Germanischen keineswegs nachgewiesene) Reichtum an
Flexionsendungen ist in den germ. Dialekten schon zu Beginn
der Überlieferung nicht anzutreffen. Weder der ie. Ablativ
und Lokativ noch die Dualformen des Substantivs
sind im Germanischen lebendig geblieben, und in der Konjugation sind ganze Formengruppen, wie der im Germanischen
durch Optativformen ersetzte Konjunktiv, der Aorist und das
Imperfekt, das Futur und das Passiv, bis auf wenige ver-
dunkelte Reste ausgestorben. Auf der anderen Seite entstanden
neue Flexionsmöglichkeiten, die zwar zum Teil schon innerhalb des Indoeuropäischen in Ansätzen vorhanden waren,
aber erst im Germanischen zu ausgebildeten grammatischen
Kategorien geworden sind. Die *i*- und die *n*-Deklination bilden
für das feminine Geschlecht gesonderte Paradigmen aus, die
n-Stämme auch für das neutrale. Eine Neuerwerbung auf dem
Gebiet der Adjektivflexion bildet die Entstehung der schwachen Deklination aus den ie. *n*-Stämmen, die hauptsächlich
zur Bezeichnung von Personen und infolgedessen auch zur
Bildung substantivierter Adjektiva verwendet wurden. Im
Germanischen ist dieser Prozeß so weit gediehen, daß man von
jedem Adjektiv Nebenformen auf *n* bilden konnte. Bei den
Verben verzeichnen wir als germanische Neuerungen die Ausbildung des ie. Ablauts zu einem wirklichen System, das die
Flexion der starken Verba beherrscht, und die Entstehung
eines völlig neuen Flexionstypus, der schwachen Konjugation
mit einem Dentalsuffix.

Im allgemeinen und im weiteren Verlauf überwog jedoch
der akzentbedingte Flexionsschwund. Der Rückgang oder
Untergang flexivischer Kategorien, wie wir es noch in jüngster
Zeit beim dt. Genetiv oder Konjunktiv beobachten können,
bedeutet aber durchaus nicht so etwas wie ‚Sprachverfall‘ oder
‚Verarmung‘. Der sprachökonomische Abbau flexivischer
Mittel wurde meist ausgeglichen durch die Verwendung ganz
neuer Mittel: Hilfsverben wie *werden, sein, haben, würde* für

Passiv, Futur, Perfekt, Konjunktiv, die sich im Laufe des
Mittelalters durchsetzten; oder Präpositionen anstelle von
Kasus (z. B. *ich erinnere mich seiner* > *an ihn, Vaters Haus* >
das Haus von Vater). Auch die Notwendigkeit des Personalpronomens (ahd. *nemames, nemant* > nhd. *wir/sie nehmen*) und
die Ausbildung des Artikels (ahd. *gebā, gebōno, gebōm* > nhd.
die/der/den Gaben) sind neue Mittel, die seit Beginn der Überlieferung allmählich fest werden, um die grammatische Leistung verlorengegangener oder unkenntlich gewordener Flexionsendungen zu übernehmen. Das Schwergewicht der Grammatik neigt von der Wortbeugung mit Endungen immer mehr zur
Wortfügung mit Geleitwörtern, wobei oft feinere semantische
Differenzierungen entstanden (Aktionsarten, durch Präpositionen ausgedrückte logische Relationen, usw.). Das ist die
sprachtypologische Tendenz zum analytischen Sprachbau,
die sich im Englischen, Friesischen und Niederländischen
noch stärker ausgewirkt hat als im Deutschen. Am weitesten
fortgeschritten ist in dieser Hinsicht das Afrikaans, die Sprache
der nach Südafrika ausgewanderten Niederländer, heute
1. Landessprache der Südafrikanischen Republik (vgl. Textprobe 11!). Ursache oder zumindest beschleunigender Faktor
dieser Entwicklung ist der germ. Akzentwandel.

Auch der Wortschatz, den wir durch Vergleichung der
germanischen Sprachen als gemeingermanisch erschließen
können, weist dem Indoeuropäischen gegenüber wesentliche
Verschiedenheiten auf. Viele gemeingerm. Wortstämme lassen
sich in den anderen ie. Sprachen nicht nachweisen, vor allem
im Rechts- und Kriegswortschatz, z. B. *Adel, Dieb, dienen,
Ding, Sache, Schwert, Schild* und die germ. ‚Kampf'-Wörter
hild-, gunþ-, haþu-, wīg-, die besonders in Personennamen fortleben, ferner im See- und Schiffahrtswesen, das den germ.
Meeresanwohnern nahelag (z. B. *See, Haff, Schiff, Segel,
Steuer*), und — damit zusammenhängend — die Bezeichnung
der Himmelsrichtungen, die später auch andere Sprachen wie
das Französische aus dem Germ. übernommen haben. Auffällig ist auch, daß so viele germ.Wörter mit anlautendem *p-*
(hochdt. *pf-*) sich kaum etymologisch erklären lassen, zumal
das lautgesetzlich vorauszusetzende ie. *b-* nur sehr selten vor-

kommt. Es ist die Frage, ob dieser germ. Eigenwortschatz auf
vorindoeuropäischem Substrat (unterworfene Vorbevölke-
rung) beruht oder auf eigener Wortschöpfung im Laufe der
zwei Jahrtausende, die zwischen der Zeit ie. Gemeinschaft
und der ersten Überlieferung germ. Sprache (um die Zeit-
wende) liegen.

3. Römischer Spracheinfluß

Gleichzeitig mit den ältesten genaueren Nachrichten über
Germanien überliefern uns römische und griechische Schriftsteller auch die ersten germanischen Sprachzeugnisse. So finden
wir bei Cäsar *urus* ‚Auerochs‘, *alces* ‚Elch‘, bei Tacitus *framea*
‚eine Art Speer‘, *glaesum* ‚Bernstein‘ (mit nhd. *Glas* verwandt), bei Plinius *ganta* ‚Gans‘ und (durch kelt. Vermittlung)
sapo ‚Schminke‘ (davon nhd. *Seife*). Die engen Berührungen
zwischen Römern und Germanen, durch Handel, Gefangen-
schaft, Hilfsdienst oder Ansiedlung, vor allem im römischen Be-
satzungsgebiet Germaniens, mußten zum gegenseitigen sprachlichen Austausch führen. Daß der germanische Einfluß auf das
Lateinische, vor allem in den niederen Schichten der Bevölkerung, größer war als die literarischen Quellen es verraten, geht
aus zahlreichen germanischen Wörtern hervor, die sich vom
Vulgärlatein her über das ganze romanische Gebiet (meist mit
Ausnahme des Rumänischen) verbreitet haben. Hierher gehören Waffennamen wie altfrz. *brand*, it. *brando* ‚Schwert‘
(an. *brandr*, ags. *brand*, mhd. *brant*), altfrz. *heaume*, it. *elmo*
‚Helm‘, altfrz. *gonfalon*, it. *gonfalone* ‚Fahne‘ aus germ. **gunþ-
fanan* ‚Kampffahne‘ (ahd. *gundfano*). Auffallend ist die große
Anzahl von Farbenbezeichnungen, die aus dem Germanischen
ins Romanische eingedrungen ist, wie it. *bianco*, frz. *blanc*
‚weiß‘, it. *bruno*, frz. *brun* ‚braun‘, it. *grigio*, frz. *gris* ‚grau‘
(etymologisch unserm *Greis* entsprechend), it. *biavo*, altfrz.
blou ‚blau‘, it. *biondo*, altfrz. *blond* ‚blond‘ (< germ. *blunda,
seit Anfang der Überlieferung nicht mehr bezeugt, im 17. Jh.
aus dem Frz. ins Dt. rücklehnt). Der germanische Einfluß
gerade auf diesem Gebiet erklärt sich wohl daraus, daß einzelne
Wörter Ausdrücke der Mode waren, wie uns ja ausdrücklich
bezeugt ist, daß Römerinnen die rötlichblonden Haare der

germanischen Frauen bewunderten und zu Perücken ver-
wendeten. Im übrigen ist darauf hinzuweisen, daß die Kunst,
aus einheimischen Pflanzen schöne und dauerhafte Farbstoffe
herzustellen, wenigstens bei den Germanen des Nordens noch
heute auf einer hohen Stufe steht und aller Wahrscheinlichkeit
nach auf uralten Erfahrungen beruht.

Unvergleichlich stärker als der Einfluß des Germanischen
auf das Lateinische waren die Wirkungen, die die Bekanntschaft mit den Römern und ihrer Kultur auf die Germanen
und ihre Sprache ausübte. Man hat das Lehngut der dt.
Sprache aus dem römischen Latein auf etwa 550 Wörter geschätzt. Bemerkenswerterweise gehören nur wenige Lehnwörter dem Gebiet des Kriegswesens an: *Pfeil* (aus lat.
pilum), *Kampf* (*campus* ‚Schlachtfeld‘), *Wall* (*vallum*), *Pfahl*
(*palus*), *Straße* (*via strata*), *Meile* (*milia passuum*); ebenso
wenige dem Staats- und Rechtsleben: *Kaiser* (*Caesar*),
Kerker (*carcer*), ahd. *kōsa* ‚Rechtshandel‘ (*causa*), *Zoll* (vulgärlat. *toloneum*). Sicher sind es ursprünglich noch viel mehr
gewesen, die sich nicht über die Völkerwanderung hinaus
erhalten konnten.

Weit größer ist aber die Anzahl der erhaltenen Lehnwörter,
die sich auf verschiedene Gebiete des friedlichen Verkehrs beziehen; aus dem Handel: *kaufen* (lat. *caupo* ‚Gastwirt‘),
Pfund (*pondo*, Abl.), *Münze* (*moneta*), *Markt* (*mercatus*), *eichen*
(*aequare*), *Kiste* (*cista*), *Karren* (*carrus*); aus dem vorbildlichen
römischen Garten- und Weinbau: *pflanzen*, *pfropfen*,
impfen, *pflücken*, *Birne*, *Kirsche*, *Pflaume*, *Pfirsich*, *Kohl*,
Zwiebel, *Rettich*, *Kümmel*, *Wein*, *Becher*, *Kelter*, *Bottich* usw.
Da die Römer den steinernen Hausbau in Deutschland eingeführt haben, verdanken wir ihnen auch Wörter wie *Mauer*,
Ziegel, *Kalk*, *Mörser*, *Pfeiler*, *Pforte*, *Fenster*, *Kamin*, *Kammer*,
Keller, *Küche* und viele andere, wie auch Bezeichnungen der
römischen Bequemlichkeit im Innern des Hauses: *Tisch*,
Schrein, *Spiegel*, *Pfanne*, *Trichter*, *Kerze*, *Kissen* usw. In west-
und süddt. Mundarten lassen sich noch heute viele solcher
römischen Überreste entdecken, wobei sich sogar Raumver-
hältnisse römischer Wirtschaftsgeographie in heutiger Wortgeographie widerspiegeln können.

Wie intensiv man sich die germanisch-lateinische Zweisprachigkeit in den germanischen Provinzen an Rhein und Donau zu denken hat, zeigt sich darin, daß sogar ein Wortbildungselement entlehnt worden ist: das Suffix *-ārius* (ahd. *-āri*, nhd. *-er*), das noch heute für Personenbezeichnungen aller Art produktiv ist. Nach Vorbild von Lehnwörtern wie ahd. *zolenari* (lat. *tolon(e)arius* ‚Zöllner‘) ist es bereits im Gotischen zu Neubildungen aus heimischen Wortstämmen verwendet worden (*bōkāreis* ‚Schriftgelehrter‘). Die berufliche Spezialisierung der Römer war den Germanen etwas so Neues, daß sie sich auch das Wortbildungsmittel dafür angeeignet haben (vgl. die Suffixe *-ist, -eur, -euse, -ologe, -ianer* in der Zeit des neuzeitlichen franz. und lat. Einflusses). Mit dem lat. Wortschatz aus höheren Bereichen römischer Kultur, aus Kunst und geistigem Leben, scheinen die ‚barbarischen‘ Germanen allerdings kaum in Berührung gekommen zu sein. *Schreiben* (*scribere*), *Tinte* (*tincta*) und *Brief* (*brevis libellus*) entstammten wohl der alltäglichen Verwaltungs- und Wirtschaftspraxis. Von tieferem Eindringen in die religiöse Vorstellungswelt der Römer zeugen jedoch die Wochentagsnamen, die nicht nur einfach übernommen (engl. *Saturday*, ndl. *zaterdag* aus lat. *Saturni dies*), sondern geradezu übersetzt worden sind: *Sonntag* aus *dies Solis, Montag* aus *dies Lunae*, meist sogar mit sinnvollem Ersatz der römischen Gottheit durch die entsprechende germanische: *Dienstag* nach dem Gott *Thingsus (lat. *dies Martis*), engl. *Wednesday*, ndl. *woensdag* nach *Wodan* (lat. *dies Mercurii*), *Donnerstag* nach *Donar* (lat. *dies Jovis*), *Freitag* nach der Göttin *Frīa* (lat. *dies Veneris*). Das sind Lehnübersetzungen aus lebendiger kultischer Berührung zwischen Römern und Germanen vor der Christianisierung.

Begreiflicherweise sind die römischen Lehnwörter nicht alle gleichzeitig zu den Germanen gedrungen. Vielleicht das älteste ist der Name Cäsars (ahd. *keisar*), der zu einer Zeit übernommen wurde, als lat. *æ* noch als Diphthong, ähnlich dem germ. *ai*, gesprochen wurde (bis 1. Jh. n. Chr.) und das lat. *c* vor Palatalvokal noch nicht zu *ts* gewandelt war. Viele der aufgezählten Wörter zeigen jedoch die Spuren jüngerer lat. **Lautentwicklung**, wie z. B. ahd. *ziagal*, dessen Stammdiphthong nicht die klassische Form *tegula*, sondern ein nach romanischen Lautgesetzen weiterentwickeltes *tēgula* voraussetzt. Von den zahlreichen lat. Lehnwörtern im Gotischen ist eine Anzahl wohl schon zu einer Zeit übernommen worden, als die Goten noch ihre alten Wohnsitze in der Nachbarschaft anderer germanischer Stämme innehatten, also nicht direkt von den Römern, sondern von Germanen im östlichen Deutschland, die sie ihrerseits wieder von westlichen Stammverwandten gelernt hatten. Daraus ergibt sich, daß wenigstens Wörter wie got. *asilus* ‚Esel', *pund* ‚Pfund', *wein* ‚Wein', *mes* ‚Tisch' schon zu Beginn des 2. Jahrhunderts, als die Goten ihre Wohnsitze an der Weichsel verließen, über ganz Germanien verbreitet gewesen sein müssen. Das hohe Alter einzelner Lehnwörter im Germanischen ergibt sich auch daraus, daß einige davon an das Finnische zu einer Zeit weitergegeben wurden, als die germanische *a*-Deklination, in die diese Wörter übergetreten waren, ihr auslautendes *a* noch nicht verloren hatte (vgl. finn. *viina* ‚Branntwein', *punta* ‚Pfund', *kattila* ‚Kessel').

4. Die germanischen Dialekte

Wie das Germanische auf der sog. urgermanischen Sprachstufe aussah, davon geben uns keinerlei literarische Sprachdenkmäler Zeugnis. Doch können wir uns eine ungefähre Vorstellung davon machen, nicht nur durch Vergleichung der historischen germanischen Dialekte, sondern auch anhand der germ. Wörter und Namen bei antiken Schriftstellern und der ältesten Runeninschriften, die noch einen ursprünglicheren Lautstand zeigen als die nur wenig jüngere gotische Überlieferung und die späteren germanischen Literaturdenkmäler. Diese Sprachspuren sind dialektisch noch so wenig differenziert, daß es bei einigen unmöglich ist zu entscheiden, ob sie dem späteren Nordischen oder einem westgermanischen Dialekt zuzuweisen sind. Dies gilt vor allem von der bekannten Runeninschrift des Goldhorns von Gallehus (Jütland, um 420):

ᛗᚲ   ᚺᛚᛖᚹᚨᚷᚨᛊᛏᛁᛉ   ᚺᛟᛚᛏᛁᛜᚨᛉ   ᚺᛟᚱᚾᚨ   ᛏᚨᚹᛁᛞᛟ

ek hlewagastiR holtingaR horna tawido

[*R* ist ein aus urgerm. stimmhaftem *s* (geschr. *z*) entstandener
Laut, der zu *r* noch in Opposition stand] Die Inschrift bedeutet:
,Ich, Hlewagast aus dem Geschlecht des Holt [aus dem Ort
Holt?], machte das Horn'. Wäre uns dieses Sprachdenkmal in
gotischer Sprache überliefert, so müßte es lauten: **ik hliugasts
hultiggs haúrn tawida* [*gg* steht im Got. für *ng, aú* für kurzes *o*];
in Altisländisch **ek hlēgestr hǫltingr horn tápa* [' ist im Anord.
Längezeichen]; in Altsächsisch: **ik hlēgast holting horn tōida*.
In dem durch historische Lautlehre und Etymologie erschließbaren ,Urgermanisch' hieße es: **ekam hlewagastiz hultingaz
hurnam tawidōm* [statt *u* ist auch *o* möglich]. Die Inschrift
steht also zwischen Urgerm. und den überlieferten germ.
Dialekten des Nord/Ostseeraumes, liegt zeitlich aber näher an
den Anfängen dieser Überlieferung (Gotisch: Wulfila-Bibel
Mitte 4. Jh.; Altsächsisch: 9. Jh.; Altisländisch: in lat. Schrift
ab 12. Jh.). Die Inschrift ist eher ein spätes ,Gemeingermanisch'.
Das aus den Runeninschriften rekonstruierte ,Urnordisch' ist
sehr problematisch. Solche zu kultischen Zwecken in Gegenstände aus Holz, Knochen, Metall oder Stein eingeritzten
Inschriften sind von etwa 200 n. Chr. bis ins hohe Mittelalter
überliefert, bis etwa 800 in einem Alphabet mit 24 Zeichen
(sog. älteres *FUÞARK*), danach mit nur 16 Zeichen, also
wesentlich ungenauer. Auf phonetische und grammatische
Genauigkeit kam es aber bei dieser Kulthandlung der wenigen
Eingeweihten gar nicht an.

Es ist nicht ausgeschlossen, daß die Runenmeister aus alter
Tradition noch lange an einer konservativen gemeingermani-
schen ,Hochsprache' festhielten (H. M. Heinrichs), während
in der nicht überlieferten gesprochenen Sprache des Alltags
längst dialektische Differenzierungen eingetreten waren. Erst in
der Wanderzeit, als sich die alten sozialen Bindungen lockerten
oder lösten, mögen diese Eigenheiten stärker zum Durchbruch
gekommen sein, ähnlich wie sich auch in der Neuzeit bei den
Auswanderern nach Übersee sehr schnell unterschichtliche
Merkmale durchsetzten (vgl. Afrikaans, Kolonialfranzösisch,
usw.). Für die Zeit vor Beginn der Völkerwanderung, also **vor**
dem Abzug der Goten aus dem Weichselmündungsgebiet
nach Südrußland im 3. Jh., gibt es jedenfalls keine Beweise

für eine Gliederung des Germanischen in Dialektgruppen (H. Kuhn).

Die herkömmliche Einteilung in Nord-, Ost- und Westgermanisch darf nicht im Sinne der alten Stammbaumtheorie als säuberliche Aufspaltung verstanden werden. Das sog. ,Westgermanisch' ist nur eine Abstraktion für Zwecke der historischen Grammatik und Etymologie. Die Verzahnung mit dem Nordgerm. ist besonders in Jütland offenbar sehr eng gewesen. Immerhin zeigen die wgerm. Dialekte dem Urgermanischen gegenüber eine Reihe von gemeinsamen Änderungen, von denen die Konsonantenverdopplung vor *j* und, weniger konsequent vor einigen anderen Konsonanten, vor allem *r*, die auffallendste ist; z. B. anord. *sitja* ,sitzen', ags. *sittan*, as. *sittian*, ahd. *sitzen*; got. *akrs*, nord. *akr*, ags. *œcker*, as. *akkar*, ahd. *ackar*. Gemeinwestgermanisch ist auch der Übergang von germ. *đ* zum Verschlußlaut *d* (anord. *fađir*, ags. *fœder*, as. *fadar*, ahd. *fatar* ,Vater'. Eine bemerkenswerte westgermanische Eigentümlichkeit der Flexion ist die Bildung der 2. Person sg. des Präteritums bei den starken Verben, die nicht wie im Gotischen und Nordischen die Ablautstufe der sonstigen Singular-Formen und die Endung *t* aufweist (got. *gaft*, an. *gaft* ,du gabst'), sondern sich in der Vokalstufe an den Plural anschließt: ags. *géafe*, as. *gābi*, ahd. *gābi*, alles auf wgerm. **gābi* zurückweisend.

Nach Ergebnissen der neueren Forschung werden innerhalb des wgerm. Bereichs folgende drei Dialektgruppen deutlich (in der Benennung nach F. Maurer):

1. Das Nordseegermanische, zu dem das Friesische und die Sprache der um 400 aus Südschleswig abgewanderten Angelsachsen gehörten, zu dem aber auch das nördliche Niederfränkische im Küstengebiet und das älteste Altsächsische (Altniederdeutsche) mehr oder weniger starke Beziehungen hatten. Charakteristisch für diese Gruppe ist vor allem der von Ersatzdehnung begleitete Ausfall von Nasalen vor allen stimmlosen Reibelauten (nicht nur vor *h*, wo der Ausfall gemeingermanisch ist): ahd. *finf*, ags., afries. und as. *fif* 'fünf', ahd. *uns*, ags., afries. und as. *ūs*, ferner die Assibilierung (Zeta-

zismus) des *k* vor Palatal (engl. *church*, fries. *sziurke* ‚Kirche‘),
die sich im Mittelalter sporadisch auch in nd. Ortsnamen
findet. Es ist eine Streitfrage der neueren Forschung, ob diese
Gruppe aus der vorwanderzeitlichen Kultgemeinschaft der
Ingwäonen (Tacitus, Plinius) entstanden ist (nach Th. Frings)
oder erst nach der Angelsachsenwanderung durch eine Ver-
kehrsgemeinschaft über die südliche Nordsee hinweg (nach
H. Kuhn).

2. Das Weser-Rhein-Germanische, das sich wohl
archäologisch, aber kaum sprachlich fassen läßt, eine von 1 und
3 negativ unterscheidbare Gruppe, von der später — nach der
fränkischen Landnahme in Nordgallien und der Südexpansion
der Sachsen — nur das Fränkische (im älteren Sinne) übriggeblieben ist. Man hat sie auf die Istwäonen (Tacitus) oder
besser Isträonen (Plinius) zurückführen wollen und rechnet
neuerdings, aufgrund von Ortsnamen und der in Kap. 2 erwähnten Wörter mit anlautendem *p*-, mit Resten vorgerm.
(kelt., illyr.?) Bevölkerung im Gebiet zwischen Weser und
Niederrhein (H. Kuhn).

3. Das Elbgermanische einer Gruppe von Stämmen, die
vom östlichen Niedersachsen und Thüringen aus südwärts
wanderte und dann in Thüringern, Alemannen, Baiern und
Langobarden wiederzufinden ist. Die ältere Forschung hat sie
mit den Erminonen (Tacitus, Plinius) in Verbindung bringen
wollen. Auf elbgerm. Grundlage ist also das spätere Hochdeutsche erwachsen.

II. Frühmittelalterliches Deutsch

1. Hochdeutsch und Niederdeutsch

Als die Römer mit den Wohngebieten der Germanen Bekanntschaft machten, hatten diese ein Gebiet besiedelt, das
vom Keltischen im wesentlichen durch den Rhein getrennt war,
sich nach Osten ziemlich weit in später slawische und magya-
rische Gegenden hinein erstreckte und nach wie vor die südli-

chen Teile von Skandinavien umfaßte. Die Völkerwanderung brachte eine Verschiebung dieses Gebietes nach Westen
und Süden mit sich, indem sich immer mehr germ. Stämme über
die röm. Provinzen in Süd- und Westdeutschland ergossen,
die Herrschaft über Gallien und Italien an sich rissen und einen
beträchtlichen Teil Englands besetzten, abgesehen von den zu
weit ausgreifenden und bald untergehenden ostgerm. Eroberungen im Mittelmeerraum. Dieses große Gebiet des wander-
zeitlichen Germanischen konnte nicht länger einheitlicher
Sprachraum bleiben, zumal alte Stammesbindungen nach dem
Norden abrissen und sich ganz neue ethnische Gruppierungen
bildeten. Bei denjenigen wgerm. Stämmen, die am weitesten
nach Süden vorgedrungen waren, den Alemannen, Baiern und
Langobarden, setzte sich nun ein den größten Teil des Konsonantensystems ergreifender Lautwandel durch, der für die
Absonderung des Hochdeutschen von den übrigen wgerm.
Dialekten und für das Schicksal des Niederdeutschen
entscheidend war: die zweite Lautverschiebung, die mit
der ersten eine unverkennbare Verwandtschaft aufweist und
sich phonologisch auch als Folgeerscheinung der ersten erklären
läßt. Sie setzt sich aus folgenden Lautübergängen zusammen:
  Die Starkverschlußlaute des Germanischen, *p*, *t* und *k*,
werden zu den entsprechenden Affrikaten *pf*, *(t)z* und *kch* verschoben, wenn sie im Anlaut eines Wortes, nach Konsonanten
oder in der Verdoppelung stehen. In den übrigen Stellungen,
d. h. im Inlaut, zwischen Vokalen und im Auslaut nach
Vokalen, werden sie zu Reibelauten (Spiranten, Frikativen),
nämlich zu *f(f)*, *z(z)* (ein *s*-Laut, der mit dem alten germ. *s* nicht
identisch war) und zu *hh/ch*; vgl. got. *paida:* ahd.
pfeit ‚Kleid'; got. *taikns*, ags. *tācen*, as. *tēkan:* ahd.
zeichan ‚Zeichen'; got. *kaisar*, ags. *cāser:* ahd. *cheisar*
(sprich *kcheisar*) ‚Kaiser'; dagegen got. *greipan*, ags.
grīpan: ahd. *grīffan* ‚greifen'; got. *lētan*, ags. *lœtan*, as. *lātan:*
ahd. *lāzzan* ‚lassen'; got. ags. *ik:* ahd. *ih* ‚ich'. Germ. *ƀ*, *đ*, *g*,
von denen der zweite Laut bereits in vordeutscher Zeit zum
Verschlußlaut *d* geworden war, treten als *p*, *t*, *k* auf: got. ags.
as. *brinnan:* ahd. *prinnan* ‚brennen'; got. *diups*, ags. *deop*, as.
diop: ahd. *tiof* ‚tief'; got. *giban*, ags. *gifan*, as. *geban:* ahd. *kepan*

‚geben'. Im weiteren Sinne zur 2. Lv. gehört der Übergang des þ zu d von Süd nach Nord zwischen 8. und 11. Jh.: frühahd., altsächs. *thing* zu *ding*.

Dieser traditionellen, diachronisch-atomistischen Darstellung der 2. Lv. sei eine synchronisch-strukturelle (nach J. Fourquet) gegenübergestellt: Das vordeutsche Konsonantensystem war auf der Opposition zwischen einfachen und geminierten (doppelten) Phonemen aufgebaut, wobei jedem einfachen ein geminiertes entsprach und der Gegensatz zwischen Fortis (Starklaut) und Lenis (Schwachlaut) für das System noch nicht relevant war (ˋ bedeutet Fortis, ʰ bedeutet Aspiration = Behauchung):

$$
\begin{array}{cccccc}
b & \neq & \text{ˋ}pp & d & \neq & \text{ˋ}tt & g & \neq & \text{ˋ}kk \\
\text{ˋ}p^h & \neq & \text{ˋ}pp^h & \text{ˋ}t^h & \neq & \text{ˋ}tt^h & \text{ˋ}k^h & \neq & \text{ˋ}kk^h \\
f & \neq & \text{ˋ}ff & þ & \neq & \text{ˋ}þþ & h & \neq & \text{ˋ}hh \\
& & & s & \neq & \text{ˋ}ss & &
\end{array}
$$

Dieses System wurde gestört durch die Aufspaltung der Aspiraten in die Allophone Verschlußlaut und Engelaut (nach Vokal) und die Vereinfachung der Geminaten nach langem Vokal, wobei aber ihr Fortischarakter erhalten blieb, so daß jetzt Simplex und Geminata Allophone eines und desselben Phonems waren. Das System stellte sich durch Merkmalswechsel auf die Opposition Lenis ≠ Fortis um, die noch heute zumindest in der Hochsprache ≠ unabhängig von den im Grunde frei variierenden Merkmalen Stimmton und Behauchung − relevant ist. Die Aspiraten waren nun innerhalb des Systems isoliert und begannen in der Artikulationsstelle zu schwanken (*p* ist bilabial, *pf* labiodental) bzw. den Exspirationsstrom zur Hervorhebung des Fortischarakters zu verschärfen, wodurch die Affrikaten entstanden. Nun enthielt das System 5 Phoneme weniger:

$$
\begin{array}{cccccc}
b & \neq & \text{ˋ}p/\text{ˋ}pp & d & \neq & \text{ˋ}t/\text{ˋ}tt & g & \neq & \text{ˋ}k/\text{ˋ}kk \\
& & \text{ˋ}pf/\text{ˋ}ppf & & & \text{ˋ}z/\text{ˋ}tz & & & \text{ˋ}kch/\text{ˋ}kkch \\
f & \neq & \text{ˋ}f/\text{ˋ}ff & s & \neq & \text{ˋ}s/\text{ˋ}ss & h & \neq & \text{ˋ}h/\text{ˋ}hh
\end{array}
$$

Bei den Dentalen gab es noch bis ins Spätmhd. eine Geminata (z. B. *retten*). Die 2. Lv. stellt also insgesamt einen viele

Jahrhunderte dauernden Prozeß dar, in dem alle Geminaten (ein typisches Kennzeichen des germ. Konsonantismus) beseitigt wurden zugunsten der neuen Opposition Lenis ≠ Fortis. Dies ist wichtig für die nhd. Möglichkeit, die Kürze von Vokalen mit den funktionslos gewordenen geminierten Konsonantengraphemen zu bezeichnen (vgl. IV 5).

In dieser vollkommensten Ausbildung erscheint die 2. Lautverschiebung jedoch nur in den südlichsten Dialekten Alemannisch, Bairisch und Langobardisch (in Norditalien), die zusammen das Oberdeutsche bilden. Je weiter wir nach Norden gehen, um so geringer wird die Konsequenz und Homogenität des Systems. Das Verhalten der einzelnen Gegenden zu diesem Idealbild der zweiten Lautverschiebung bietet uns ein Gliederungskriterium für die Dialekte des ältesten Deutsch. Zum Mitteldeutschen gehörten demnach das Ostfränkische (mit den Hauptorten Fulda, Würzburg, Bamberg), wo germ. *đ* und *g* regelmäßig als *b* und *g*, nicht als *p, k*, auftreten und germ. *k* in jenen Stellungen unverschoben bleibt, in denen die oberdeutschen Dialekte Affrikaten haben; das Rheinfränkische in den Rhein- und Maingegenden westlich vom Ostfränkischen, wo außerdem auch wgerm. *d* vielfach unverschoben bleibt und *p* der Verschiebung in jenen Stellungen widersteht, in denen es in den bisher genannten Dialekten *pf* ergibt; das Mittelfränkische an der Mosel und am Rhein, etwa nordwestlich von Hunsrück und Westerwald, wo nur noch die Verschiebung zu *z, zz, ff* und *hh* anzutreffen und germ. *đ* nicht zum Verschlußlaut geworden ist, sondern als Reibelaut (geschrieben *v*) auftritt. In diesem Gebiet begegnet aber bis heute in einzelnen Wörtern (*dat, wat, allet*) auch unverschobenes *t*, und das *p* bleibt nach *l* und *r* erhalten.

Ohne Anteil an der Lautverschiebung bleibt das Niederdeutsche (damals das Altniederfränkische und Altsächsische), nach dem heutigen Zustand das Gebiet nördlich der Lautverschiebungslinie, die südlich von Aachen an der Grenze des frz. Sprachgebiets beginnend in einem weiten Bogen Köln umfaßt, unmittelbar südlich von Düsseldorf bei Benrath den Rhein kreuzt und von da an zuerst südöstlich, dann vom Rothaargebirge an nordöstlich bis zur polnischen Sprach-

grenze weiterläuft (Benrather oder *maken/machen*-Linie des
Deutschen Sprachatlas; die Ürdinger oder *ik/ich*-Linie läuft
streckenweise nördlicher).

Die Grenzen dieser Dialekte haben sich z. T. seit der alt-
hochdeutschen Zeit verschoben, indem süddeutsche Formen
in weitem Ausmaß nach Norden vorrückten (W e l l e n t h e o r i e).
Die moderne Grenzlinie zwischen Hoch- und Niederdeutsch ist
teilweise jüngeren Ursprungs. Für die althochdeutsche Zeit
wird sie im Rheingebiet weiter im Süden vermutet, und
Thüringen hat noch im 13. Jh. nördlich Erfurt—Jena keine
Lautverschiebung. Dasselbe gilt wohl für verschiedene andere
Lautverschiebungslinien. Die Ausbildung von jüngeren
Dialektgrenzen steht großenteils in engem Zusammenhang
mit der politischen Territorialgeschichte und Verkehrsver-
hältnissen des Spätmittelalters (nach Th. Frings).

Es ist aber auch möglich, daß sich die Lautverschiebungsvorgänge des Mittelfrk. in älterer Zeit nicht flächenmäßig
innerhalb scharfer Grenzen ausgebreitet, sondern sich ganz
allmählich zuerst in einer oberen Sprachschicht durchgesetzt
haben, während die Unterschicht noch lange bei den alten Verschlußlauten geblieben ist. Diese Oberschicht könnte im frk.
Adel erblickt werden, der in der Merowinger- und Karolingerzeit stark in Süddeutschland engagiert war und sich in der Bedrängnis des germanisch-romanischen Sprachgegensatzes aus
reichspolitischen Gründen in einem aktiven S p r a c h a n s c h l u ß
den oberdt. Stämmen angenähert haben mag in einer karolingischen ‚Hofsprache' auf rheinfrk. Grundlage (vgl. die später
zu behandelnde Isidorübersetzung!). Dabei wären nur diejenigen Teile der Lautverschiebung übernommen worden, die
sich rein phonetisch in das frk. Lautsystem einfügten (*ts, zz, ff,*
hh; L a u t v o r r a t s t h e o r i e, nach W. Mitzka).

Eine andere Theorie der neuesten Forschung erwägt
autochthone Entfaltung der Lautverschiebung auch im
Fränkischen, mit dem umstrittenen Hinweis darauf, daß sich
auch in ostgerm. Dialekten des Mittelmeergebiets — also
ebenfalls bei kriegerischen Wanderstämmen, die sich von alten
Sprachtraditionen gelöst hatten — Spuren einer auch nur
teilweise durchgeführten 2. Lautverschiebung finden ließen

(Entfaltungstheorie, nach O. Höfler und R. Schützeichel). Das würde aber voraussetzen, daß die Neuerung zuerst in der Unterschicht aufgetreten wäre. Eine Erklärung der 2. Lautverschiebung aus phonologischen Ursachen des Lautsystems ist aber bisher nur für die oberdt. Dialekte gefunden worden. Es besteht kein Zweifel, daß die süddeutschen Stämme eine besondere Rolle bei der konsequenten Ausbildung dieses Konsonantenwandels gespielt haben. Man darf auch nicht davon ausgehen, daß vor der 2. Lv. überall das gleiche Konsonantensystem (etwa das altsächs.) zugrundegelegen habe. Das mittelfrk. System gehört viel enger zum Niederfrk. und Nordseegerm., zumal es später an der binnendt. Konsonantenschwächung (Zusammenfall von *b*, *d*, *g* mit *p*, *t*, *k* in den meisten mittel- und süddt. Mundarten) nicht teilgenommen hat.

Für das Alter der 2. Lautverschiebung ist früher der verschobene Name des Hunnenkönigs Attila (mhd. *Etzel*) geltend gemacht worden (zur Zeit seines Todes, 453, noch keine Lautverschiebung). Aber man weiß ja nicht, wann und in welchem Dialekt der Name endgültig ins Germanische übernommen worden ist. Die frühesten sicheren Belege für die Lautverschiebung finden sich um 643 im langobardischen Gesetzbuch Edictus Rothari. Ihre Anfänge in den anderen oberdt. Dialekten liegen noch im Dunkel der überlieferungslosen Zeit, in der sich nur wenige Namen und Runeninschriften des 6. und 7. Jh. als schwache Kriterien für die Lautverschiebung verwerten lassen. Jedenfalls scheint sie dann bis zum 8. Jh. an den Außenrändern des Alemannischen und Bairischen noch nicht ganz durchgedrungen zu sein. Eine Priorität des Inneralemannischen ist möglich. Aber man wagt heute nicht mehr ohne weiteres von den zufälligen Schreiberzeugnissen auf eine gleichzeitige parallele Ausbreitung in der gesprochenen Sprache zu schließen. Solche Fragen werden auch unwichtig, wenn man mit polygenetischer Entfaltung bei einst elbgermanischen Stämmen zwischen dem Ende der Wanderzeit und dem 8. Jh. rechnet.

Die Auseinanderentwicklung von Hd. und Nd. beruht nicht nur auf der 2. Lautverschiebung. Die frühmittelalterliche Stufe des Hd., das Ahd., ist auch durch **vokalische Veränderungen** gekennzeichnet. Im 8. und 9. Jh. sind die germ.

Langvokale $\bar{o}$ und $\bar{e}$ zu *uo, ia* diphthongiert worden (ahd.
bruoder ‚Bruder', *hiaz* ‚hieß'; altsächs. *brōðar, hēt*). Umgekehrt sind im Altsächsischen, schon vor Beginn der Überlieferung die germ. Diphthonge *au* und *ai* zu $\bar{o}$, $\bar{e}$ gewandelt
worden, auch in den Lautumgebungen, wo diese Monophthon-
gierung im Ahd. nicht eingetreten ist, weshalb sich noch
heute hd. *Baum, Stein* usw. von nd. *bōm, stēn* unterscheiden.
Auch hat das Altsächs. in der Morphologie schon Entwicklungen durchgemacht, die es mehr in die Nähe des Angelsächsischen als des Hochdeutschen rücken. Die Personal-
endungen der Verben im Plural sind zu einem Einheits-
plural zusammengefallen (as. *wi/gi/sia farad* ‚fahren', ags.
we/ge/hī faraÞ; ahd. *wir farames, ir faret, sie farant*). Beim
Personalpronomen der 1. und 2. Person ist die Unterscheidung zwischen Dativ und Akkusativ aufgegeben worden (as.
mi/thi, ags. *me/ðe;* ahd. *mir, mich/dir, dich*), weshalb noch
viele der (hd. sprechenden) Berliner *mir* und *mich, dir* und *dich*
verwechseln. Das Nd. war durch seine nordseegerm. Bindungen und Einflüsse von Anfang an beim allmählichen Abbau
des flektierenden Sprachtypus ein Stück weiter vorangeschritten als das Hd., das noch heute in dieser Hinsicht die konser-
vativste unter den germ. Sprachen darstellt.

2. Entstehung des deutschen Sprachbewußtseins

Seit dem Merowinger Chlodwig (481—511) spielten die
Franken nicht nur politisch, sondern, da sie ein um-
fangreiches Stück röm. Kulturbodens in ihren Besitz gebracht
und röm. Institutionen übernommen hatten, auch kulturell die
weitaus wichtigste Rolle im frühmittelalterlichen Deutschland. Obwohl die Geschäftssprache des Merowingischen
Reiches natürlich die lateinische war, fehlt es doch nicht
an Anzeichen dafür, daß man sich auch für die frk. Volkssprache interessierte. So wird uns von Chilperich I. († 584)
berichtet, daß er das lateinische Alphabet um 4 Zeichen (für
$\bar{a}, \bar{o}, w, th$) bereichert habe, um es zur Aufzeichnung frk. Wörter
und Namen tauglicher zu machen. Bei der Niederschrift des
frk. Rechts in lateinischer Sprache (Lex salica) fügte man

wichtige frk. Rechtswörter in Form von Glossen bei. Diese
‚Malbergischen Glossen' bilden wegen ihrer Altertümlichkeit
eine wichtige Quelle für die frühdt. Sprachgeschichte, doch ist
das deutsche Wortmaterial durch romanische Schreiber stark
entstellt. Über die karolingische Kodifizierung anderer Stamm-
mesrechte und den königlichen Schriftverkehr gelangten frk.
Rechtswörter nach Deutschland und verdrängten dort heimi-
sche Wörter (z. B. die Wortsippen *urteil-* und *urkund-* gegen
die von *tuom-*, *suon-* und *brief-*). Vorbildliche frk. Wirtschafts-
weise an Königshöfen und Klöstern ließ das Wort *Ziege* gegen
das alte *Geiß* vordringen. Die Forschungen über den Spracheinfluß der Franken auf das Deutsche, vor allem bei der Ausbildung der westmitteldt. Dialekte an Rhein und Main, sind
dadurch erschwert, daß uns das Westfränkische Nordgalliens
so gut wie gar nicht überliefert ist.

Die Beziehungen zwischen Franken und Galloromanen
waren zwischen Mosel, Schelde und Seine im Merowingerreich
so eng wie nie zuvor. Es muß dort eine jahrhundertelange
Z w e i s p r a c h i g k e i t geherrscht haben; und so ist es wohl mehr
als ein Zufall, wenn sich gerade um diese Zeit im Deutschen
eine Reihe von wichtigen sprachlichen Änderungen eingebürgert hat, die in den romanischen Sprachen ihre genaue Entsprechung haben. Hierher gehört die Entstehung des Sub-
stantivartikels, den weder das Gemeingermanische noch das
Lateinische kannte; in beiden Sprachgebieten wird für den
bestimmten Artikel ein Demonstrativpronomen, für den unbestimmten das Zahlwort für ‚eins' verwendet. Auch der
Übergang des Wortes für ‚Mensch' (lat. *homo*, ahd. *man*) zu
einem unbestimmten Pronomen (frz. *on*, dt. *man*) ist beiden
Sprachgebieten gemeinsam. In ähnlichem Zusammenhang gehört die Bildung des umschriebenen Perfekts mit ‚haben' und
‚sein' (frz. *j'ai vu, je suis venu*, dt. *ich habe gesehen, ich bin gekommen*).

Der frk. Einfluß auf das werdende Altfranzösische hat sich
stark auf die Dialektgliederung in Nordfranzösisch und
Frankoprovenzalisch/Provenzalisch ausgewirkt. Von der frk.
Adelsherrschaft und (im Norden) vielleicht auch frk. Bauern-
siedlung zeugen viele germ. Lehnwörter im Französischen

3 •

(z. B. *hêtre* ,Buche‘, zu nd.-ndl. *heester; jardin* zu ahd. *garto* ,Garten‘; *guerre*, zu altfrk. **werra*) und frz. Orts- und Personennamen (die Typen *Avricourt* aus **Eberhardi curtis* und *Thionville* aus **Theudonis villa; Gautier* aus *Walthari, Henri* aus *Heinrich, Baudouin* aus *Baldwin* usw.). — Wie viel die frk.-gallorom. Symbiose Westfrankens zur Entlehnung lat.-roman. Wörter ins Deutsche beigetragen hat, läßt sich schwer feststellen, da in diesem großen Lehnwortschatz nur schwer zwischen spätrömischem Vulgärlatein, Galloromanisch und dt. Mönchslatein zu unterscheiden ist. Die zahlreichen Lehnwörter in rheinischen und niederländischen Dialekten zeugen jedenfalls von einer Kontinuität provinzialrömisch-westfränkischer Kultur.

Der germ.-rom. Gegensatz in Westfranken führte schließlich zur allmählichen Ausbildung einer festen frz.-dt. S p r a c h - g r e n z e (bis um 1200), nicht durch einen politischen Sprachenkampf, sondern durch einen unmerklichen örtlichen Ausgleich, der unabhängig von politischen Grenzen die Zweisprachigkeit zugunsten der einen oder anderen Sprache beendete.

In der germ.-roman. Mischzone Westfrankens scheint sich auch zuerst das neue Sprachgemeinschaftsbewußtsein entwickelt zu haben, das schließlich den Begriff ,d e u t s c h‘ hervorbrachte. Die Franken nannten ihre Sprache anfangs *frenkisk* (so noch Otfrid v. Weißenburg um 865), die ihrer rom. Nachbarn **walhisk* (nach dem kelt. Stammesnamen *Volcae;* später *welsch*). Daneben gab es für den Gegensatz zwischen Latein und Volkssprache (*sermo vulgaris*) ein Wort **þeudisk* (ahd. *diutisc*, von germ. **þeuda* ,Volk‘, vgl. *Diet-rich, deuten*), das aber vom Anfang (786) bis um 1000 (Notker v. St. Gallen) nur in der mittellatein. Form *theodiscus*, Adv. *theodisce*, auch mit *-t-*, überliefert ist. Auf westfrk. Entstehung dieses Wortes deuten die Lautform (*eo* statt *iu*), das nordfrz. Wort *tieis* (seit 11. Jh. belegt) und das fläm. Wort *dietsch* (seit 12. Jh.; vgl. engl. *Dutch* ,niederländisch’); nach L. Weisgerber, Th. Frings.

Da nun im zweisprachigen Westfranken der politische und der sprachliche Begriff ,fränkisch‘ sich nicht mehr deckten, seit sich auch die Romanen ,Franken‘ nannten (vgl. frz. *France, français*), setzte sich hier für den sprachlichen Gegen-

satz zu *walhisk das Wort *þeudisk durch. Da im ostfrk. Reich
kein Anlaß zu einem Bezeichnungswandel bestand, stellte sich
dieser hier erst später ein, vielleicht nach westfrk. Vorbild. Ganz
allmählich wandelte sich damit bei theodisce/diutisc die Bedeutung von ‚volkssprachlich' über ‚germanisch' zu ‚deutsch' (als
Sprache der germ. Stämme des Ottonenreiches). Als politischer
Begriff, der auch ‚Land und Leute' einschließt, begegnet
diutsch erst im Annolied von 1080.

3. Anfänge deutscher Schreibsprache

Etwas von dem erwachenden deutschen Sprachbewußtsein
zeigt sich in den Bildungsreformen Karls des Großen
und des frk.-angelsächs. Gelehrtenkreises an seinem Aachener
Hof. Zur Verwirklichung seiner Idee des imperium christianum
gehörte es, das Schreiben in einer Schriftform (karolingische
Minuskel) zu vereinheitlichen, den Gebrauch des verwilderten
Lateins nach klassischem Vorbild zu reformieren und die antiken Texte in Kirche und Wissenschaft philologisch über-
arbeiten zu lassen (karolingische Renaissance). Dazu kam auf
der unteren kulturpolitischen Ebene eine Reform des Kirchen-
und Schulwesens. Die große Kluft zwischen Latein und Volkssprache und damit zwischen Geistlichen und Laien mußte
überbrückt werden. Der Frankenherrscher selbst hat mit
seinen Anweisungen an Bischöfe, Äbte und Priester die Volkssprache aufgewertet, wie z. B. im Beschluß der Frankfurter
Synode von 794, in dem festgestellt wird: ut nullus credat, quod
nonnisi in tribus linguis (d. h. Hebräisch, Griech., Lat.) Deus
orandus sit, quia in omni lingua Deus adoratur et homo exau-
ditur, si iusta petierit. Diese Forderung klingt dann auch in
der ersten deutschen Buchdichtung, Otfrids Evangelienbuch,
nach, wo der Dichter in frk. Nationalstolz sein Wagnis deutschen Dichtens mit der leidenschaftlichen Frage rechtfertigt:

Wanana sculun Frankon / einon thaz biwankon,
  ni sie in frenkisgon biginnen / sie gotes lob singen?

„Warum sollen denn die Franken allein davon ablassen, auf
Fränkisch das Lob Gottes zu singen" (wenn andere Völker es
in ihrer Sprache längst mit reiner Kunst getan haben)?

Karls persönliches Interesse für seine frk. Muttersprache ist uns von seinem Biographen Einhard überliefert. Zwar ist sein Plan, eine deutsche Grammatik zu verfassen, wohl nicht zur Ausführung gekommen, und die von ihm veranlaßte Sammlung dt. Heldenlieder ist verloren, so daß als einziges konkretes Denkmal seiner Förderung der Volkssprache das Verzeichnis der von ihm festgelegten germ. Namen der Monate und Winde übrig bleibt, ein erstes Zeugnis für staatliche Sprachregelung. Von höchster Bedeutung aber ist die Tatsache, daß sich unter ihm und seinen Nachfolgern und im Zusammenhang mit der von ihm so kräftig geförderten kirchlichen Bildung der Beginn der deutschen Literatur vollzieht. Zwar gab es schon vorkarlische Anfänge im irisch-langobardischen Kulturkreis Süddeutschlands, z. B. im Freisinger ‚Abrogans', dem ersten dt. Buch. Aber das war nur ein gelehrtes lat.-dt. Wörterbuch zur Erlernung eines gekünstelten Lateinstils. Das Interesse am Deutschen um seiner selbst willen kommt erst im angelsächsischen Missionskreis und von daher in Karls Bildungspolitik zum Durchbruch. Dadurch daß Karl in seinen im ganzen Reich verbreiteten Erlassen forderte, daß das Volk in seiner eigenen Sprache mit den Lehren des Christentums vertraut gemacht werde, wurde das Bedürfnis nach dt. Übersetzungen der wichtigsten kirchlichen Texte zu einer sozusagen offiziellen Angelegenheit. Es entstehen gerade in dieser Periode in allen Teilen des dt. Sprachgebiets Übertragungen des Vaterunsers, der Glaubensartikel, der Beichtformulare, daneben natürlich auch zusammenhängende Übersetzungen aus der Bibel, dt. Predigten, auch eine oder die andere Bearbeitung gelehrter theologischer Schriften. Daneben steht eine große Zahl von Arbeiten, die offenbar dem Unterricht in den Klosterschulen dienten, z. B. lat.-dt. Vokabularien sowie Übersetzungen, die oft unter Vernachlässigung dt. Sprachgewohnheiten Wort für Wort dem Original folgen (Interlinearversionen).

Auch einzelne Übersetzungen weltlicher Texte, wie etwa die Bruchstücke einer Verdeutschung des salischen Gesetzes, dürfen wir mit den Bestrebungen Karls auf dem Gebiet der Verwaltung in Zusammenhang bringen. Vor allem aber ist wichtig, daß eine ganze Reihe der ältesten uns erhaltenen dt. Dichtungen in direkten oder indirekten Beziehungen zu Mitgliedern des karolingischen Hauses stehen. Der altsächs. ‚Heliand' verdankt seine Entstehung vielleicht dem Glaubenseifer Ludwigs des Frommen, der die Lehren des Christentums den neubekehrten Sachsen nahezubringen wünschte; das Evangelienbuch Otfrids ist Ludwig dem Deutschen gewidmet, und das ‚Muspilli' ist in ein Gebetbuch eingetragen, das sich im Besitz desselben Fürsten befand. Das Ludwigslied verherrlicht einen Sieg Ludwigs III. von Frankreich, gleichfalls eines Karolingers.

Angesichts dieser Tatsachen ist es nicht zu verwundern, wenn man sich die Frage vorlegte, ob denn nicht diese unverkennbare Beeinflussung der ältesten dt. Literatur durch das Karolingerhaus sich irgendwie in der Gestaltung der frühdt. Schreibsprache widerspiegle, und daß man diese Frage gelegentlich dahin beantwortet hat, es habe eine ‚karolingische Hofsprache' gegeben, die als Vorbild über den einzelnen Dialekten gestanden habe. Anlaß zu dieser Vermutung gaben die orthographisch und inhaltlich ausgezeichnete Isidorübersetzung und das Monseer Matthäusevangelium, für die literarische Beziehungen zum Aachener Hofkreis Alkuins zu erschließen sind. Die Sprachform dieser Texte ist eine Mischung aus Mittelfrk. und Rheinfrk. mit unsicheren alem. Spuren. Neuere Forschung sieht darin die Ausgleichssprache einer mittelfrk. Oberschicht, die sich stark dem Rheinfrk. annäherte. Das Zentrum der karolingischen Hausmacht lag im Gebiet zwischen Aachen, Metz, Mainz und Speyer. Einhard kam aus dem Maingebiet und der Fuldaer Klosterschule nach Aachen. Auch die ahd. Wörter und Eigennamen bei Einhard, in den frk. Reichsannalen, ferner die Straßburger Eide und das Ludwigslied fügen sich in dieses Bild. Karl hat die Benennung der Monate und Winde sicher nicht nur gegenüber dem Romanischen geregelt; auch die Vielfalt der frühdt. Stammesdialekte mag Anlaß dazu gegeben haben.

Statt an eine ‚Hofsprache' ist aber eher nur an gewisse gemeinsprachliche Tendenzen zu denken. Die ahd. Überlieferung bietet nach neuerer Ansicht alles andere als ein ge-

treues Bild von wirklich gesprochenen Stammesdialekten. In
vielen Klöstern wurde keineswegs die erschließbare Mundart
der Umgebung geschrieben. Die Mönche kamen oft von weit-
her und wurden ausgetauscht. Zwischen den Klöstern wurden
Bücher versandt, wie wir z. B. aus Otfrids Widmungen an
Personen in Mainz, Konstanz, St. Gallen und von der bezeugten
Ausleihe eines Exemplars nach Freising wissen. Die Sprache
der Helianddichtung ist nicht das ‚Echtaltsächsisch' gewisser
niederer Quellen, sondern ein in Einzelheiten dem Fränkisch-
Hochdeutschen leicht angenähertes Literaturidiom, hinter
dem vielleicht eine überlandschaftliche Ausgleichssprache des
frankenfreundlichen Teils des sächs. Adels steht. Gegenüber
dem einzigen Zeugnis wirklicher ahd. Alltagssprache, den
‚Altdt. Gesprächen' einer Pariser Handschrift, wirken die
klösterlichen Übersetzungstexte und Dichtungen fast wie eine
gepflegte Hochsprache. Anhand von Urkundenprotokollen aus
St. Gallen wies Sonderegger nach, daß in der Reinschrift bei
den ahd. Eigennamen viele grobmundartliche Eigenheiten zugunsten konservativer Einheitsschreibungen gemieden wurden.
Die bairischen Dialektmerkmale *ös* und *enk* (2. pl. Nom. Akk.
des Personalpronomens), Reste germ. Dualformen (vgl. got.
*jut, igqis), die sich bis heute erhalten haben, erscheinen erst
Jahrhunderte nach dem Beginn der bair. Überlieferung in der
Schrift (*ez, enc* ab 1280 vereinzelt).

Solche frühen Anzeichen sprachsoziologischer Schichten-
bildung brauchen nicht zu verwundern. Die Anfänge groß-
räumigen Schriftverkehrs in Staat und Kirche und damit der
Beginn gelegentlicher Verschriftlichung dt. Sprache leiten —
ähnlich wie später die Erfindung des Buchdrucks — eine neue
sprachgeschichtliche Epoche ein. Der Zwang zur schriftlichen
Fixierung wichtiger und schwieriger Gedanken trug an die
wildwachsenden Sprechdialekte schon etwas von den neuen
Maßstäben der Einheitlichkeit und Richtigkeit heran. Die Anfänge dt. Schreibens und Lesens in der Karolingerzeit waren
aber nur ein erster, schwacher Ansatz dazu, der in der Ottonen-
zeit wieder in Vergessenheit geriet. Notker von St. Gallen,
der sich um 1000 aufs Neue (wie Otfrid) für sein Wagnis mit
der ‚barbarischen' dt. Sprache bei einem Bischof entschuldigte,

hat von seinen karolingischen Vorgängern nichts gewußt. Noch viele Jahrhunderte lang blieb das Latein die eigentliche Schrift- und Bildungssprache der Deutschen.

4. Christianisierung des deutschen Wortschatzes

Die Voraussetzung für den Beginn der Schreibkultur in Deutschland, das Christentum, brachte nun auch im Wortschatz eine geistige Umwälzung. Nach Deutschland gelangte der neue Glaube auf verschiedenen Wegen. Unter den römischen Kolonisten am Rhein oder an der Donau gab es natürlich auch Christen. In Trier ist sogar eine christliche Kontinuität von der römischen Zeit zur fränkischen nachzuweisen. Aus dem Sprachgebrauch solcher Gemeinden dürften einige durch ihre Lautgestalt (z. B. 2. Lautverschiebung) als sehr altertümlich erwiesene Lehnwörter ins Deutsche gelangt sein, z. B. *Kirche* aus vulgärgrch. κυρι(α)κόν, *opfern* aus lat. *operari*, *Bischof* aus grch. ἐπίσκοπος, *Samstag* aus vulgärgrch. σάμβατον (grch. σάββατον). Soweit es sich dabei um grch. Herkunft handelt, können diese Wörter über Gallien ins Deutsche gedrungen sein, denn unter den christlichen Bewohnern der röm. Provinzstädte an den Grenzen des dt. Sprachgebiets gab es nachweislich auch viele Griechen. Teilweise ist an der Lautgestalt vulgärlat. Vermittlung solcher Wörter zu erkennen (*Bischof, Samstag*).

Einige grch. Lehnwörter im Bairischen verraten aber gotischen Einfluß: *Ertag* ‚Dienstag' (grch. ῎Αρεως ἡμέρα ‚Tag des Gottes ῎Αρης'), *Pfinztag* ‚Donnerstag' (grch. πέμπτη ἡμέρα ‚5. Tag'), ahd.-bair. *Pherintag* ‚Freitag' (grch. παρασκευή ‚Rüsttag'). Und wenn den dt. Wörtern *taufen* und *fasten* im Gotischen die vollkommen entsprechenden Wörter *daupjan* und *fastan* gegenüberstehen, oder wenn für ‚Heidin' im Gotischen das Wort *haiþno* auftritt, so läßt sich wohl kaum der Schluß vermeiden, daß die dt. Wörter, wenn sie auch schon früher im Sprachschatz vorhanden gewesen sein mögen, ihre spezifisch christliche Bedeutung durch got. Einfluß angenommen haben. Bezeichnend ist auch, daß das dt. *Pfaffe* in seiner Bedeutung

nicht mit lat. *papa* ‚Papst' übereinstimmt, sondern mit got.
papa ‚Priester' (grch. παπᾶς), welches Wort seine Bedeutung wiederum mit den östlichen Formen teilt, auf die das
russ. Wort *Pope* zurückgeht.

Eine von der älteren Forschung vermutete got. Missions-
tätigkeit in Süddeutschland ist unwahrscheinlich, denn die
got. Christen waren als Arianer sehr tolerant, also kaum
missionsfreudig. Außerdem war das bair. Herzogshaus seit der
Mitte des 6. Jh. katholisch. Vielleicht haben die Baiern schon
im 5. Jh. in Pannonien got. Christentum oberflächlich kennengelernt. Da aber auch das Alemannische z. T. diese Wörter
kannte (*Pfaffe*), ist auch an eine Vermittlung durch die bis ins
8. Jh. arianischen Langobarden Oberitaliens zu denken. Daß
sich einige dieser Wörter bis in die frk.-katholische Zeit erhalten konnten, hängt vielleicht damit zusammen, daß die
iroschottischen Missionare in Süddeutschland vorgefundene
Ansätze eines dt. Kirchenwortschatzes bestehen ließen.

Eine durchgreifende Christianisierung und Kirchenorgani-
sation ist jedoch erst den Angelsachsen gelungen, die unter
dem Schutz der Karolinger und mit päpstlichem Auftrag in
Deutschland wirkten. Auch die angelsächsische Mission hat in
der dt. Sprache ihre Spuren hinterlassen. So ist es wahrscheinlich, daß die Übersetzung von *spiritus sanctus* durch *heiliger
Geist* auf angelsächsischem Einfluß beruht. In alten süddt.
Quellen wird nämlich dieser Begriff durch *der wīho ātum* ‚der
heilige Atem' wiedergegeben, und erst später dringt die dem
ags. *sē hālga gāst* entsprechende Formel *der heilago geist* auch
im Süden durch. Für *evangelium* kennt das Ahd. in einigen
Texten *gotspel* ‚göttliche Rede, Botschaft', eine im Ags. um-
gedeutete Lehnübersetzung *gōdspel* ‚gute Rede, Botschaft', die
im Ahd. *guotspel* lauten müßte. Viele der dem lat. Vorbild nur
annähernd nachgebildeten ags. Kirchenwörter konnten
sich aber gegen die genaueren Entsprechungen der
süddt. Kirchensprache des iroschottischen Missionsbe-
reichs auf die Dauer nicht behaupten. Für lat.
misericordia standen sich im Ahd. ein nördliches und ein
südliches Wort gegenüber: *miltherzi* (ags. *mildheort*) und
armherzi (got. *armahaírtei*). Ähnlich verhält es sich mit *huldi* und

ginǟda für *gratia*, oder mit *ōdmuoti* und *deomuoti* für *humilitas*.
Die erstaunliche Lebenskraft und Überlegenheit des süddt.
Kirchenwortschatzes erklärt sich wohl daraus, daß die Angelsachsen zwar die erfolgreicheren Organisatoren eines geord-
neten Kirchenwesens waren, die Iroschotten aber in tiefer
Frömmigkeit und Gelehrsamkeit ein strengeres Verhältnis
zum missionarischen Sprachproblem hatten. Die Fuldisch-ags.
Lehnbildung *ōdmuoti* (ags. *ēaðmōd*) ist eine Ableitung von ahd.
ōdi, ags. *ēað* (,leicht, angenehm, freundlich, gern'), kam also mit
ihrem Sinn ,freundliches Wohlwollen' oder ,Bereitwilligkeit',
dem lat.-christlichen *humilitas*-Begriff nicht so nahe wie das
süddt. *deomuoti*, das zu got. *pius* ,Diener', ahd. *dionōn* ,dienen'
gehört und eine dienende Haltung, eine Unterwerfung unter
die Allmacht Gottes andeuten konnte.

Die Christianisierung des frühdt. Wortschatzes vollzog sich
überhaupt mehr im Bereich der ,Lehnprägungen', d. h. mit
Hilfe von Bestandteilen des dt. Wortschatzes. Man unterscheidet (nach W. Betz) folgende Arten von Entlehnung im
lexikalischen Bereich:

Die Zahl der direkten Wortentlehnungen aus dem Lat. oder
Grch. war nicht allzu groß. Sie erstreckte sich in erster Linie auf
äußerliche Sachbereiche des kirchlichen Lebens: *Kirche,
Kapelle, Glocke, Priester, Propst, Bischof, Pfründe, Kloster,
Münster, Zelle, Mönch, Abt, Regel, Messe, Kreuz, segnen,
opfern, predigen, Pfingsten*, usw. Für die Begriffe der Heils-
lehre und des Glaubenslebens sind dagegen in der Regel hei-
mische Wörter verwendet oder neugebildet worden: *Gott,*

*Schöpfer, Heiland, Gnade, Glaube, beten, Seele, Demut, Beichte,
Buße, Gewissen, Erlösung,* usw.
Es ist kaum zu ermessen, wie weitgehend bei der Entwicklung des dt. Wortschatzes im seelisch-geistigen Bereich die lat.
Wörter der Kirchensprache Pate gestanden haben, als Vorbilder für neue Wortbildungen (Lehnbildungen) oder für
Bedeutungsveränderungen alter Wörter (Lehnbedeutungen). Man hat den Anteil der Lehnwörter im frühahd.
Gesamtwortschatz auf etwa 3% geschätzt, den der Lehnbildungen auf 10%, den der Lehnbedeutungen auf 20% (W. Betz).
Manche Lehnbildungen sind direkte Übersetzungen des lat.
Wortes (z. B. *ubarfleozzida* ‚Überfluß' nach lat. *superfluitas*),
manche freiere Übertragungen (z. B. *hōrsamī* ‚Gehorsam', von
hōren ‚hören', nach lat. *oboedientia*), manche ganz freie Nachschöpfungen ohne direkte Anlehnung an Form oder Inhalt
des lat. Wortes (z. B. *unmezwizzo* ‚unmäßig viel Wissender'
für lat. *philosophus*). Eine Lehnbedeutung hat z. B. das
Wort *Gott* angenommen. Ahd. *got*, got. *guþ* war im Germanischen ein Wort für ein göttliches Wesen, das neutrales
Geschlecht hatte und im Plural vorkommen konnte. Lat.
deus gab ihm das Maskulinum und zugleich die christlichmonotheistische Bedeutung.
Die Auseinandersetzung der deutschschreibenden Mönche
mit dem lat. Wortschatz und dem christlichen Weltbild war
mühevoll und erforderte immer wieder neue tastende Versuche. Allein für *temptatio* sind im Ahd. 10 verschiedene Lehnprägungen versucht worden: *freisa, corunga, kaspanst, (ir)-
suochunga,* usw. Noch im Mhd. standen mehrere Wörter dafür
nebeneinander; erst seit Luther hat sich *Versuchung* endgültig
durchgesetzt. Immerhin hat Notker v. St. Gallen, der große
Begriffszergliederer, schon den lat. *substantia*-Begriff mit *wist*
wiedergeben können, einem Vorläufer der Mystikerwörter *daz
wesen* (*sīn*), *die wesenheit;* und zwischen lat. *prudentia, sapientia*
und *scientia* im Deutschen zu unterscheiden gewußt (*fruotheit,
wīsheit, wizzentheit*). Auch wenn von den frühdt. Lehnbildungen
und Lehnbedeutungen nur etwa ein Drittel noch im Mhd. begegnet, während die übrigen wieder in Vergessenheit gerieten,
so war die Mühe der frühdt. Übersetzer doch ein erster, frucht-

barer Anfang deutscher Wissenschaftssprache, wobei mindestens mit mündlicher Überlieferung vieler Fachwörter beim inoffiziellen Deutschsprechen im Schulunterricht und theologischen Gespräch gerechnet werden darf. Die bis zur Gegenwart ständig zunehmende Bildung von Abstraktsubstantiven begann mit den Suffixen *-heit*, *-tuom*, *-unga*, *-ida*, *-ī* schon mit beachtlicher Fülle in der kirchlich-theologischen Prosa der frühdt. Zeit. Auch die syntaktische Bezeichnung logischer Unterordnung in verschiedenen Arten von Nebensätzen wurde nach lat. Vorbild angebahnt. Für das sprachinhaltliche Hineinwachsen der dt. Sprache in die antike Geisteswelt wurden mindestens auf fachsprachlicher Ebene damals die ersten Schritte getan.

III. Hoch- und spätmittelalterliches Deutsch

1. Veränderungen des Sprachraumes

Das dt. Sprachgebiet hatte im Laufe der frühdt. Zeit zunächst eine beträchtliche Verkleinerung erfahren, indem das westfrk. Reich größtenteils zu einem einsprachigen rom. Gebiet wurde. In der Übergangszone vom Elsaß über Lothringen, Luxemburg und Brabant bis Flandern ist die germ.-rom. Sprachgrenze bis heute nicht mit den politischen Grenzen identisch geworden. In der Zeit der Ottonen begann eine nach Osten gerichtete Eroberungs- und Siedelbewegung, die schon durch ihre ersten großen Vorstöße von Bayern aus den dt. Charakter der Donauländer bis zur March und Leitha endgültig sicherte, wodurch die bis heute eng zum Bairischen gehörigen österreichischen Dialekte entstanden. Der Eingliederung westslawischer Gebiete östlich von Elbe, Saale und Böhmerwald in das Reich der Ottonen folgte die bäuerliche und städtebürgerliche deutsche Ostsiedlung, aber erst seit dem 12. Jh. im Zusammenhang mit einem wirtschaftsgeschichtlichen Strukturwandel (Landesausbau, Geldwirtschaft). Zugunsten der territorialherrschaftlichen Steuereinkünfte entstanden überall (auch im Altreichsgebiet) planvoll neue Rodungssiedlungen und Städte. Neusiedler und Neu-

bürger aus den alten dt. Stammesgebieten einschließlich der
Niederlande zogen im 12. und 13. Jh. in die Ostgebiete, wo
ihnen neue Erwerbsmöglichkeiten und Freiheiten winkten, bis
nach Ostpreußen und Schlesien und in größeren oder kleineren
Siedlungsinseln bis nach Siebenbürgen. Auf diese Weise entstanden durch Siedlermischung und Sprachausgleich große
neue Dialektgebiete des Deutschen: Mecklenburgisch-Vor-
pommerisch, Ostpommerisch, Nieder- und Hochpreußisch (ein
ostmd. Dialekt im südwestlichen Ostpreußen), Brandenbur-
gisch, Obersächsisch, Schlesisch und Sudetendeutsch. Die Entstehung vor allem des ostmd. Sprachraums (Thüringisch,
Obersächsisch, Schlesisch) war dann sehr wichtig für entschei-
dende Entwicklungen der neuzeitlichen dt. Sprach- und Lite-
raturgeschichte.

Die westslawischen Dialekte dieser Gebiete sind im allgemeinen im Laufe des Spätmittelalters untergegangen. Dem
Tschechischen ist dieses Schicksal erspart geblieben, da die
deutsche Siedlung in Böhmen und Mähren sich auf Rand-
gebiete und Sprachinseln beschränkte und die Tschechen von
vornherein ein hohes Maß an politischer Selbständigkeit innerhalb des mittelalterlichen Reiches behielten. Reste s l a w i s c h e r
S p r a c h e erhielten sich aber auch bis ins 18. Jh. im Hannöver-
schen ‚Wendland' um Salzwedel (Dravänopolabisch) und bis
heute in der Lausitz um Bautzen und Cottbus (Sorbisch). Die
Kaschuben im östl. Hinterpommern, die Masuren im südl.
Ostpreußen und die Polen im östl. Oberschlesien waren noch
im 20. Jh. größtenteils zweisprachig. Diese ostwärtige Aus-
weitung des dt. Sprachgebiets ist über viele Jahrhunderte in
aller Stille vor sich gegangen. Sprachpolitische Konflikte gab
es im allgemeinen erst seit dem 19. Jh., in Böhmen allerdings
schon zur Zeit der Hussitenkriege (1419—1436).

Von der einstigen slawischen Bevölkerung Ostdeutschlands
zeugen noch zahlreiche Orts- und Familiennamen (*Stettin,
Berlin, Pankow, Cottbus, Leipzig, Chemnitz, Dresden, Bautzen,
Görlitz,* usw.; *Noske, Jahnke, Nuschke, Porsche, Nowak, Mucke,
Kretschmar,* usw.) und s l a w i s c h e Lehnwörter in ostdt.
Mundarten (z. B. obersächs. *Kummet* ‚Halsjoch', *Dese* ‚Back-
trog', *graupeln* ‚hageln', *Kretscham* ‚Wirtshaus'). Von den in die

nhd. Schriftsprache eingegangenen slaw. Lehnwörtern stammen die meisten jedoch nicht aus dem slaw. Substrat Ostdeutschlands, sondern sind im Spätmittelalter aus den benachbarten slaw. Sprachen bis zum Russischen hin übernommen worden: *Droschke, Grenze, Gurke, Halunke, Jauche, Peitsche, Preiselbeere, Petschaft, Quark, Säbel, Schmetterling, Trabant, Zeisig*. So sind auch *Kutsche* aus dem Madjarischen und *Dolmetscher, Husar* über das Madjarische aus dem Türkischen bzw. Serbokroatischen ins Deutsche gekommen.

2. Phonologische und morphologische Veränderungen

Noch während der frühdt. Periode sind im Vokalismus des Hochdt. Veränderungen eingetreten, die den Übergang vom Althochdt. zum **Mittelhochdeutschen** kennzeichnen. Ein sehr unscharfes zeitliches Kriterium ist der *i*-Umlaut. Er besteht darin, daß ein *i* oder *j* der Endsilbe die Fähigkeit hat, den Vokal der vorhergehenden Stammsilbe dem Lautcharakter des *i* anzunähern. So wird *a* schon im Ahd. zu *e* (got. *satjan:* ahd. *setzen*, got. *gasteis* [spr. *gastīs*]: ahd. *gesti*). Bei den übrigen umlautfähigen Vokalen zeigt sich der Umlaut erst in der mhd. Schreibweise. Doch sprechen verschiedene Anzeichen dafür, daß auch hier der Umlaut schon während der vordt. Periode eintrat (als *i, j* überall noch erhalten war) und daß er nur deshalb in der Schrift nicht bezeichnet wurde, weil er phonemisch noch nicht relevant war. Es wird also *ā* zu *œ* (ahd. *māri* ‚berühmt': mhd. *mœre*), *o* zu *ö* (ahd. *mohti*,‚möchte': mhd. *möhte*), *ō* zu *œ* (ahd. *skōni* ‚schön': mhd. *schœne*) *u* zu *ü* (ahd. *suntea:* mhd. *sünde*), *ū* zu *iu* (sprich *ū* ; *hūti* ‚Häute': mhd. *hiute*), *uo* zu *üe* (ahd. *gruoni:* mhd. *grüene*), *ou* zu *öu* (ahd. *gouwi* ‚Gau': mhd. *göu*). Da sich der *i*-Umlaut auch in anderen germ. Sprachen schon von früher Zeit entfaltet hat und vielleicht noch als Auswirkung des germ. Akzentwandels zu betrachten ist (vgl. I, 2), kann er für die zeitliche Abgrenzung von Perioden der dt. Sprachgeschichte kaum benutzt werden. Auch haben sich die Buchstaben *ä, ö, ü*, die in den normalisierten Schreibungen unserer mhd. Gram-

matiken und Textausgaben üblich sind, erst viel später (aus
á,ă usw.) durchgesetzt, z. T. erst im 16. Jh.. Immerhin kann
geltend gemacht werden, daß sich vom Ahd. zum Mhd.
ein phonologischer Systemwandel vollzogen hat: Die Umlautvo-
kale waren im Ahd. noch bloße Stellungsvarianten mit kom-
plementärer Distribution, nämlich je nach dem Vokal
der Folgesilben (*festi* ‚fest‘, Adj., neben *fasto*, Adv.),
während sie im Mhd. bereits bedeutungsunterscheidende Lautwerte (Phoneme) waren (*veste*, Adj., gegen *vaste*, Adv., nhd.
fest, fast).

Eine ähnliche Phonemisierung von ursprünglichen Stellungsvarianten (Allophonen) war schon in vordt. Zeit vor sich gegangen beim Verhältnis von germ. *e* und *i*, *o* und *u*, *eo* und *iu*
(vgl. I, 2 über ‚Brechung‘). Vor der Phonemisierung müssen
solche Allophone bei der Aufstellung des Lautinventars von
den Phonemen unterschieden werden. Das **althochdeutsche**
System der Hochtonvokale bestand also (nach W. G. Moulton)
aus 16 Phonemen:

$$
\begin{array}{ccccccccc}
i & u & \bar{\imath} & \bar{u} & & iu & io & ie & uo \\
e & o & \bar{e} & \bar{o} & & & & ei & ou \\
 & a & & \bar{a} & & & & &
\end{array}
$$

Durch den *i*-Umlaut hatten aber die Phoneme *a*, *o*, *u*, *ā*, *ō*, *ū*,
iu, *uo*, *ou* Allophone, die in der Schrift noch nicht bezeichnet
zu werden brauchten: *œ*, *ö*, *ü*, *ǽ*, *ȫ*, *ǖ*, *iü*, *üö*, *öü*. Die Phonemisierung muß zuerst beim sog. ‚Primärumlaut‘ (z. B. ahd.
setzen) vor sich gegangen sein, da sich hier das umgelautete
Allophon phonetisch dem alten *ë* genähert hatte und es sogar
bis zu engem *e* ‚überholte‘. Während nun der sog. ‚Sekundärumlaut‘ (z. B. mhd. *mägede*), eine unter kombinatorischen
Bedingungen stehengebliebene Stufe *ä*, im Alternations-
verhältnis zu *a* verblieb, schloß sich das Primärumlauts-*e* als
Allophon dem alten Phonem *ë* an (ohne mit diesem zusammen-
zufallen) und wurde deshalb als erster Umlautsvokal in der
Schrift bezeichnet. Nach der Abschwächung bzw. dem Verlust
der umlautbewirkenden *i*-Laute der Folgesilben (*fasto, festi*
zu *faste, feste*) wurde die funktionelle Belastung der Opposition
nichtumgelautet ≠ umgelautet zu groß, so daß die 10 Umlauts-

Allophone allmählich zu eigenen Phonemen wurden. Das System des Mittelhochdeutschen enthielt also — nach dem Zusammenfall von *iü* mit *ǖ* (noch *iu* geschrieben) und *io* mit *ie* (*ie* geschrieben) — nun 24 Phoneme statt der 16 des Ahd. (nach Moulton):

i	*ü*	*u*	*ī*	*ǖ*	*ū*	(*iu*)	*ie*	*üe*	*uo*
e	*ö*	*o*	*ē*	*ȫ*	*ō*		*ei*	*öu*	*ou*
ë									
ä		*a*	*ǣ*		*ā*				

Für die Entstehung dieses auffällig reichhaltigen Vokalsystems war jedenfalls die Endsilbenreduzierung die Ursache, nicht primär der zunächst allophonische Palatalisierungsvorgang des *i*-Umlauts.

Auch die **Abschwächung unbetonter Vokale** ermöglicht keine genaue Periodisierung der Sprachentwicklung. Die für das Ahd. noch typischen ‚vollen' Vokale *a, i, o, u* der tieftonigen Vor-, Mittel- und Endsilben erscheinen im Mhd. meist nur noch gleichförmig als *e* wie im Nhd., allerdings phonetisch als Indifferenzvokal *ǝ*; z. B. ahd. *zeichanunga*, mhd. *zeichenunge;* ahd. *gibirgi*, mhd. *gebirge.* Diese vom germ. Akzentwandel ausgelöste Entwicklung findet sich jedoch in ersten deutlichen Spuren bereits in der sprachlichen Unterschicht des frühen Ahd. (St. Galler Urkundenprotokolle nach St. Sonderegger) und ist auch im Spätmhd. in den Handschriften nicht überall ganz abgeschlossen; ja, es gibt noch heute Mundarten am Südrand des Schweizerdeutschen, in denen noch vielfach die vollen Endsilbenvokale des Ahd. unterschieden werden (Höchstalemannisch, besonders die Walserdialekte im Monte-Rosa-Gebiet). Obwohl sich also dieser Lautwandel, im ganzen gesehen, in der gesprochenen Sprache über mehr als 12 Jhh. erstreckt hat, ist er doch im Schreibgebrauch der meisten Quellen für den Übergang vom Ahd. zum Mhd. kennzeichnend. Es läßt sich für diesen schreibsprachlichen Übergang aber kein Zeitpunkt angeben, sondern nur ungefähr die Zeitspanne von der Mitte des 11. bis zur Mitte des 12. Jh., die man das ‚Frühmittelhochdeutsche' nennt.

Die Folgen dieser Vokaleinebnung zeigen sich in der Formenlehre, z. B. bei den schwachen Verben, wo der ahd. Unterschied zwischen Verben auf *-en, -ōn* und *-ēn* aufgehoben wird (mhd. *-en*) oder das Adverb oft mit dem Adjektiv gleichlautet (ahd. *reino — reini*, mhd. beides *reine*), was dann zum Untergang des Adverbs als flexivischer Kategorie führte. Bei der Substantivflexion führte die Endsilbenabschwächung zu einer Neugliederung der Flexionsklassen, abgesehen von der nun verstärkten Rolle des Artikels und der attributiven Adjektive als Träger von Flexionskennzeichen. Im Althochdeutschen kann man die Klassen in Anlehnung an die traditionelle Klassifizierung nach ie. Themavokalen (*o, ā, i, u;* germ. *a, ō, i, u*) noch nach den größtenteils in den Kasus unterschiedenen Endungsvokalen klassifizieren; als Beispiel die starken Maskulina:

		a-Dekl.	*ja*-Dekl.	*wa*-Dekl.	*i*-Dekl.
Sg.,	NA	*tag*	*hirt-i*	*sēo*	*gast*
	G	*tag-es*	*hirt-es*	*sēw-es*	*gast-es*
	D	*tag-e*	*hirt-(i)e*	*sēw-e*	*gast-e*
	I	*tag-u*	*hirt-(i)u*		*gast-(i)u*
Pl.,	NA	*tag-a*	*hirt-a/e*	*sēw-a*	*gest-i*
	G	*tag-o*	*hirt-(i)o*	*sēw-o*	*gest-(i)o*
	D	*tag-um*	*hirt-im*	*sēw-um*	*gest-im*

Durch die Abschwächung der Endsilbenvokale lassen sich die Flexionsendungen innerhalb der Flexionsklassen und zwischen ihnen im Mhd. kaum mehr unterscheiden. Der ahd. Bestand an Flexionsendungen insgesamt schmilzt auf etwa ein Drittel zusammen. Statt der 7 ahd. Endungsvokale gab es nun nur noch das *e*, und die Zahl der in Flexionsendungen der Substantive möglichen Konsonanten wurde durch den Übergang des *-m* zu *-n* (schon während der ahd. Zeit) auf *s, n, r* reduziert. Daß dabei der Instrumentalis als Kasuskategorie ganz unterging, versteht sich von selbst, war aber für das System unerheblich. Die Folgen des Flexionsschwundes können mit der rein diachronischen Tatsache des Zusammenfalls von Endungen nicht erkannt werden; es kommt auf die relevanten Unter-

scheidungen innerhalb des synchronisch gesehenen neuen
Sprachzustandes des Mittelhochdeutschen an. Dieser sah
für die starken Maskulina so aus:

		I a	I b		II a	II b
Sg.,	NA	*tac*	*stil*	*hirte*	*gast*	*apfel*
	G	*tag-e-s*	*stil-s*	*hirte-s*	*gast-e-s*	*apfel-s*
	D	*tag-e*	*stil*	*hirte*	*gast-e*	*apfel*
Pl.,	NA	*tag-e*	*stil*	*hirte*	*gest-e*	*epfel*
	G	*tag-e*	*stil*	*hirte*	*gest-e*	*epfel*
	D	*tag-e-n*	*stil-n*	*hirte-n*	*gest-e-n*	*epfel-n*

Von Mischklassen wie z. B. bei *nagel* und *zaher* kann hier
abgesehen werden. Als Kasusmorpheme sind also im Mhd.
nur noch die Konsonanten -*s* und -*n* relevant, während das nicht
mehr als Unterscheidungsmerkmal fungierende *e* der Endungen
nur noch eine bei bestimmten Lexemen übliche Stammerweiterung darstellt, deren Verteilung Subklassen bildet,
wobei die Stammerweiterung bei den a-Subklassen im Nominativ und Akkusativ sg. gleich Null ist. Daß dieses -*e* im Auslaut keine eigentliche Flexionsendung mehr war, zeigt sich
daran, daß gerade diese -*e* später (vgl. IV, 5) sehr gefährdet
waren, aber trotz Schwund oder fakultativer Variation (Dat.
sg.) das Flexionssystem nicht beeinflußten. Der Übergang von
der ahd. Relevanz des Endungsvokals zur mhd. Irrelevanz
stellt eine Verschiebung der Morphemgrenze dar (H. Stopp—
H. Moser). Die Klassen I und II unterscheiden sich nach
Umlaut oder Nichtumlaut im Plural. Auch das ist eine Tatsache des Systemwandels. Der Umlaut wurde nach seiner
Phonemisierung frei für eine neue, eine morphologische Funktion, auch bei Wörtern, die ihn einst nicht hatten (z. B. *vogel*,
stap). Unterscheidungsmerkmal zwischen starker und schwacher Substantivdeklination war jetzt das Genitiv-*s* im Singular
der starken gegenüber dem -(*e*)*n* der schwachen. Dieser ganze
Systemwandel läßt das Mhd. enger zum Nhd. gehören, das die
damit eingeleitete Entwicklung nur weiterführt. Zwischen
Ahd. und Mhd. liegt infolge der Endsilbenabschwächung ein
entscheidender Schritt, der das Deklinationssystem vom ie.
Prinzip wegführt.

4*

Auch in der dt. Wortbildung wirkte sich der Endsilbenverfall aus. Alte Suffixe werden durch die Abschwächung der
Vokale unkenntlich und müssen durch deutlichere ersetzt
werden: ahd. *skōni* ‚schön', *skonī* ‚Schönheit', beides mhd.
schǣne, weshalb der Typus *schǣnheit* notwendig wurde; oder
ahd. *geba* ‚Gabe', *gebo* ‚Geber', mhd. beides *gebe*, weshalb der
Typus *gebǣre* zunahm. Männliche und weibliche Personen- und
Tierbezeichnungen konnte man im Ahd. noch mit der direkten
Opposition zwischen zwei Endungsparadigmen unterscheiden:
hērro ‚Herr', *hērra* ‚Herrin'. Als die Endung nur noch -*e* war,
hatte man eine andere Unterscheidung nötig. Man fand sie
und baute sie in immer neuen lautlichen Verstärkungen zu
einem System aus mit dem Suffix -*in*, *īn*, -*inne* (*herrin*,
vriundin, *weberinne*). Die Suffixe gab es schon vor der Endsilbenabschwächung, aber ihr Gebrauch stieg danach sehr an.
Diese movierten Feminina stehen in privativer Opposition zu
den entsprechenden männlichen Wörtern (X+Ø ≠ X+*in*);
sie täuschen damit bis heute vom Formalismus des Sprachsystems her eine sprachliche Zweitrangigkeit des weiblichen
Geschlechts vor, auch da, wo es von der Sache her gar keine
männliche Entsprechung gibt (*Wöchnerin*, *Oberin*).

Die vokalische Endsilbenreduzierung hatte auch eine Auswirkung auf die dichterische Stilistik. Schon Otfrid v. Weißenburg hatte im 9. Jh. für seine Evangeliendichtung statt
des germ. Stabreimverses (noch im altsächs. ‚Heliand')
den **Endreimvers** eingeführt. Aber bei der Vielzahl
der Endsilbenvokale im Ahd. blieb die Zahl der
Reimmöglichkeiten sehr begrenzt, so daß man sich oft mit
Nebentonreim begnügen mußte (*rédinà* : *óbanà*, *hórtà* : *wórtò*)
oder mit bloßen Assonanzen (*irdeilit* : *gimeinit*). Die Ein-
ebnung aller unbetonten Silben auf den Vokal *e* eröffnete nun
der deutschen Dichtung ein Vielfaches an Reimwörtern.
Typische Reime der mhd. Klassik wie *minnen* : *sinnen* wären
im Ahd. noch nicht möglich gewesen (*minnōn*, *sinnan*). Jetzt
erst war im Deutschen die strenge Kunst des reinen Reims
möglich geworden, die von Heinrich v. Veldeke an für die
höfischen Dichter verbindlich war und bis heute die höchste
Form poetischen Versschmuckes geblieben ist.

3. Ritterliche Dichter- und Standessprache

Der Beginn einer neuen Epoche der dt. Sprachgeschichte zeigt sich weniger im Lautwandel als vielmehr in außersprachlichen Einwirkungen auf die sprachsoziologischen Verhältnisse. Auf das frühmittelalterliche Deutsch mit seiner schwachen Oberschicht mönchischer Schreibsprachversuche folgt das hochmittelalterliche Deutsch mit einer vom Adel getragenen Sprachkultur. Als eine neue Art von Aristokratie, die über die alten kriegerisch-politischen Standesprivilegien hinaus nach geistig begründeter Ethik und gepflegter Geselligkeit strebte, brach das höfische Rittertum der staufischen Zeit das Bildungsmonopol der Geistlichkeit. Um die Mitte des 12. Jh. begegnen uns als erste Vorboten des ritterlichen Epos zwei Übersetzungen altfrz. Gedichte, nämlich des Rolandliedes und eines Alexanderromans, beides Werke mit stark religiöser Tendenz, aber doch in der Hauptsache weltlichen Inhalts. In der zweiten Hälfte des Jahrhunderts beginnt dann mit voller Kraft der Einfluß des frz. Rittertums einzusetzen, der nicht nur die Lebensformen und die Literatur des mittelalterlichen Deutschland entscheidend umgestaltet, sondern auch auf die Sprache tiefgehende Wirkungen ausgeübt hat.

Äußeres Anzeichen der neuen Richtung ist die große Zahl französischer Lehnwörter, die um diese Zeit über die ritterliche Standessprache ins Deutsche dringt (im 14. Jh. waren es etwa 2000), von der aber nur ein kleiner Teil noch heute fortlebt: *Abenteuer, Harnisch, Lanze, Plan, Preis, Rotte, Tanz, Turnier, pirschen, Turm, Juwel, Rubin, Kristall, Flöte, Posaune, Reim.* Wie tiefgreifend der Einfluß der frz. Sprache damals war, geht u. a. daraus hervor, daß nicht nur einzelne Wörter, sondern auch zwei frz. Suffixe, nämlich mhd. *-īe* (z. B. *prophezīe, vilanīe* ‚unhöfisches Benehmen') und *-ieren* aus der frz. Infinitivendung *-ier* (z. B. *parlieren, loschieren* ‚herbergen', *regnieren* ‚herrschen') übernommen und bald auch zur Ableitung neuer Wörter aus dt. Wortstämmen verwendet wurden (*jegerīe, buoberīe, zegerīe* ‚Zaghaftigkeit', *hovieren, stolzieren, halbieren*). Beide Suffixe sind noch im Nhd. produktiv: *Auskunftei, Wortklauberei, buchstabieren, lackieren.* Auch das Suffix *-lei* ist

zu dieser Zeit aus altfrz. *loi* ‚Art' entlehnt worden (*mancherlei,
allerlei*). Die wichtigsten höfischen Standeswörter sind Lehnprägungen nach frz. Vorbild: *hövesch* nach *courtois*, *ritter* nach
chevalier, *dörper* nach *vilain*. So ist damals auch die Anrede in
der 2. Person Plural (mhd. *irzen* ‚Ihrzen') Mode geworden, die
jahrhundertelang die Höflichkeitsform des Deutschen blieb;
das ‚Siezen' setzte sich erst seit dem 16. Jh. allmählich durch.

Eine wichtige Vermittlerrolle bei der Übernahme der ritterlichen Kultur haben die Niederlande gespielt, die infolge alter
Bindungen an Frankreich als Übergangsland besonders geeignet waren. Neben den höfischen Fremdwörtern frz. Herkunft läßt sich daher auch eine kleine Gruppe niederlän-
discher Lehnwörter im Mittelhochdeutschen nachweisen,
die sämtlich leicht als Wörter der ritterlichen Standessprache
zu durchschauen sind, wie z. B. mhd. *wāpen* (davon unser
Wappen, ursprünglich die nd. Entsprechung von hd. *Waffe*),
ors (nd. Nebenform von *ross*), *dörper* (‚Dorfbewohner', ‚Un-
höfischer', davon nhd. *Tölpel*). Aus dem Nordwesten des
Reiches stammen auch die höfischen Epitheta *klār*, *kluoc*,
gehiure, *wert*, wie auch *Kleid* und *traben*, die bis ins 12. Jh. dem
Hochdeutschen fehlen. Auch an der Lautgestalt einiger frz.
Lehnwörter läßt sich der Weg über die Niederlande erkennen.
Frz. *dance* ist nicht als *danz* ins Mhd. übernommen worden,
sondern in der ‚verhochdeutschten' Form *tanz* (ndl. *d* durch
hochdt. *t* ersetzt), also mit einem hyperkorrekten Mitbringsel
vom Überschreiten der Lautverschiebungsgrenze. Das *vlæmen*
(‚flämisch sprechen') galt aber sonst den dt. Rittern als vor-
nehm. Die höfische Kultur Nordfrankreichs hatte sich im
Gebiet der reichen flandrischen Städte zuerst entfaltet, ehe sie
zusammen mit der neuen epischen Dichtung im übrigen Reich
Eingang fand. Der Limburger Heinrich v. Veldeke galt schon
den Zeitgenossen (z. B. Gotfrid v. Straßburg) als Vorbild und
Beginn höfischer Dichtung in dt. Sprache, durch den vor-
nehmen Geist seines Werkes ebenso wie durch seine verfeinerte
dichterische Formkunst. Der andere Weg, von der Provence nach
Süddeutschland, war nur für den Minnesang wichtig, der bezeichnenderweise auch weitaus geringeren frz. Spracheinfluß
zeigt als der aus Nordfrankreich kommende höfische Roman.

An das Hauptwerk Heinrichs v. Veldeke (die ‚Eneit') knüpft
sich auch die Frage nach dem Bestehen einer mhd. Schriftsprache oder, besser gesagt, einer den Verkehr zwischen den
ritterlichen Kreisen verschiedener Gegenden vermittelnden
Gemeinsprache. Es läßt sich nämlich bei Veldeke die Beobachtung machen, daß er in seinen kleineren, offenbar nur für
einen engeren Kreis berechneten Dichtungen vor ausgesprochen niederrheinisch-limburgisch gefärbten Reimen nicht
zurückscheut, daß er hingegen in der ‚Eneit' so gut wie alle
Reime vermeidet, die bei einer Einsetzung in der hd. Dialektformen
unreine Reime werden würden. Er reimt also z. B. *tīt* ‚Zeit' auf
wīt ‚weit', aber niemals auf *wīt* ‚weiß'; oder er bindet *līden* mit
snīden und *rīden* ‚reiten' mit *tīden* ‚Zeiten', aber nie *līden* mit
rīden, weil dieser ndl. Reim bei der Übertragung ins Hochdeutsche unrein wäre (*līden*, *rīten*). Aus der gleichen Rücksicht
auf hd. Leser erklärt es sich, daß er spezifisch niederfrk. Ausdrücke, wie z. B. das Adjektiv *blīde* ‚froh', die er in seinen
lyrischen Gedichten unbedenklich gebraucht, in der ‚Eneit'
vermeidet, und daß er im Gebrauch der Fremdwörter verhältnismäßig sehr zurückhaltend ist, wohl in der richtigen
Erkenntnis, daß die frz. Elemente im Hochdeutschen noch
nicht so bekannt waren, so daß er bei wahlloser Verwendung
der ihm geläufigen Fremdwörter bei hd. Lesern leicht Anstoß
hätte erregen können. Mit einem Wort, er schrieb seine
‚Eneit' in einer gewissermaßen neutralen Sprachform, die den
Anforderungen niederrheinisch-niederländ. und hd. Leser in
annähernd gleichem Maß entsprechen konnte. Bei diesen Bestrebungen konnte er wohl an eine schon vor ihm vorhandene
rheinische Dichtersprache anknüpfen, die ihrer geographischen
Stellung entsprechend ein Mittelglied zwischen hoch- und niederdt. Sprachtradition darstellte. Bemerkenswert ist jedoch,
daß er nicht nur die ihm zunächstliegenden dt. Dialekte, die rheinischen, im Auge hatte, denn unter den von ihm vermiedenen
Reimtypen finden sich auch solche, die in diesem Sprachgebiet
ebensowenig Anstoß erregt hätten wie in seiner Heimat,
sondern daß sich seine Rücksichtnahme wohl in erster Linie
auf das ritterliche Publikum Thüringens erstreckte, wo er
längere Zeit gelebt und gedichtet hat. Und in einzelnen Fällen

läßt sich seine Reimauswahl nur dann verstehen, wenn man annimmt, daß er auch manche Eigentümlichkeiten der obd. Dialekte kannte und berücksichtigte.

Daß die höfischen Dichter sich bewußt vor provinziellen Reimen hüteten, ist uns von dem aus dem Niederdeutschen stammenden, aber hd. dichtenden Albrecht v. Halberstadt ausdrücklich bezeugt. Solche Erscheinungen lassen sich bei einer ganzen Reihe mhd. Dichter nachweisen. Ein Alemanne, der etwa den bequemen Reim *kam: nam* oder *gān: hān* verwendete, mußte auf die Kritik bairischer Leser gefaßt sein, in deren Dialekt *kom: nam, gēn: hān* nur einen höchst unreinen Reim ergab. So sehen wir denn bei Hartmann v. Aue, daß er die *kam*-Reime anfangs unbedenklich verwendet, sie aber später mit Konsequenz meidet. Auch sonst sind primäre Mundartmerkmale, die sich vom Ahd. bis zur Gegenwart nachweisen lassen, in der höfischen Dichtung gemieden worden. So läßt sich für Hartmann oder für Walter v. d. Vogelweide an keinem sprachlichen Merkmal etwas über ihre engere landschaftliche Herkunft feststellen.

Von der weiträumigen Geltung der mhd. Dichtersprache zeugen die Dichtungen, die auf dem Boden des heutigen Niederdeutschland entstanden sind oder doch nd. Dichter zu Verfassern haben. Ähnlich wie Veldeke vermeiden auch sie spezifisch nd. Reime; im Gegensatz zu ihm finden sich jedoch bei ihnen sehr häufig Reime, die nur im Hochdeutschen, nicht in ihren heimatlichen Dialekten als rein gelten konnten. Damals muß auf nd. Gebiet an den Fürstenhöfen viel Hochdeutsch gesprochen oder verstanden worden sein. Es zeigt sich also, daß die Zurückdrängung der nd. Dialekte durch das Hochdeutsche sich schon im Mittelalter anbahnte. Berthold v. Regensburg erwähnt in einer seiner Predigten, daß Niederdeutsche im Verkehr mit ‚Oberländern' es sich vielfach angelegen sein ließen, in der Sprache der letzteren zu reden.

Wenn sich schon bei Kanzleischreibern des dt. Mittelalters nachweisen läßt, daß sie sich in vielen Fällen nach der ‚Sprache der Anderen' richteten (vgl. R. Schützeichel, H. M. Heinrichs), so darf erst recht bei den höfisch-ritterlichen Dichtern und ihrem Publikum vorausgesetzt werden, daß sie in weitem Umfang von den Eigenarten verschiedener Dialektgebiete Kenntnis hatten, denn innerhalb des im Vergleich zur Gesamtbevölkerung wenig zahlreichen Ritterstandes gab es lebhafte Verkehrsbeziehungen der verschiedensten Art. Auf Reichstagen und Kriegszügen, bei Hoffesten und Turnieren pflegten Ritter aus den verschiedensten Teilen des Reiches zusammenzutreffen, verwandtschaftliche Beziehungen wurden angeknüpft, und im Gefolge solcher Ereignisse ergab sich häufig der Fall, daß ein Ritter Lehen und Besitztümer erwarb, die von seiner ursprünglichen Heimat weit entlegen waren. Der Niederfranke Heinrich v. Veldeke, die Süddeutschen Wolfram v. Eschenbach und Walther v. d. Vogelweide haben am Thüringer Hof geweilt, der damals jene literarische Blüte erreichte, von der uns der später gedichtete „Sängerkrieg auf der Wartburg"und die daran knüpfenden Sagen eine Vorstellung geben. Und Walther, der sich mit politischer Spruchdichtung zuweilen auf der hohen Ebene staufischer Reichspolitik bewegte, hatte sein Publikum am Wiener Hof der Babenberger ebenso wie in Thüringen, beim Bischof von Passau oder am Staufer- und Welfenhof. Die Stauferzeit war von der universalen Reichsidee beherrscht. Partikularistische Tendenzen und provinzielle Enge waren gerade dem staufischen Reichsrittertum fremd. Die Voraussetzungen für einen gewissen überlandschaftlichen Ausgleich im Sprachgebrauch des Adels waren also gegeben. Daß dieses höfische Mittelhochdeutsch nicht nur in der Schrift existierte, daß es eine lebendige, wirklich g e s p r o c h e n e S t a n d e s s p r a c h e darstellte, zeigt sich darin, daß die frz. Lehnwörter nicht etwa aus der frz. Vorlage der jeweiligen Dichtung übernommen worden sind, sondern aus dem mündlichen Sprachgebrauch. Sie sind nicht nach dem Buchstaben, sondern nach dem Hören eingedeutscht worden, mit regelrechten Lautsubstitutionen (z. B. *loschieren* mit *sch* aus frz. *logier*) und mit z. T. erhaltener frz. Betonung (-*ieren*, -*i͞e*).

Das ‚klassische Mittelhochdeutsch‘, das uns die ‚normalisierten‘ Schreibungen der meisten Texteditionen der philologischen Tradition K. Lachmanns nahelegen, hat es natür-

lich nicht gegeben. Es gab allenfalls Ansätze zu einer
gemeinsprachlichen Tendenz, die allmählich zu einer dt.
Spracheinigung von der Oberschichtsprache her hätte führen
können, wenn diese Ansätze nicht nach dem Ende der staufischen Kulturblüte verkümmert wären. Es muß auch beachtet
werden, daß das Deutsch der höfischen Dichter nicht nur zum
rein räumlichen Ausgleich neigte. Es war auch auf dem Wege
zur Hochsprache im Sinne von ,gehobener Sprache'.
Vulgarismen, wie Schimpfwörter und Obszönitäten oder die
Adjektivabstrakta auf -ede (ahd. -ida), die sich doch sonst vom
Ahd. bis in heutige Mundarten nachweisen lassen (lengede
,Länge', wermede ,Wärme'), wurden gemieden. Das höfische
Mhd. war ein stilistisch elitärer Soziolekt mit einem erlesenen
Wortschatz. Eine Menge alter Ausdrücke, die im Heldenepos
noch kräftig fortleben, treten in der hochhöfischen Dichtung
deutlich zurück: recke, degen, wīgant ,Held', balt ,kühn',
ellentrīch ,tapfer', mære ,berühmt', gemeit ,fröhlich', dürkel
,durchbohrt'. Ähnlich ablehnend verhält sich das höfische
Epos in seiner reinstenAusbildung gegen stilistische Eigentümlichkeiten der heimischen Dichtungstradition wie die Stellung
des attributiven Adjektivs nach dem Substantiv (der helt guot).
Dafür zeigt sich in der höfischen Dichtung eine starke wortschöpferische Neigung, vor allem in der großen Zahl neuer
Komposita, die sicher nicht alltagssprachlich waren: herzemære,
minnekraft, minnenmuot, trügevreude, wortheide, wunschleben,
herzebœre, hōchgemüetic, lachebœre, minnenblint, trūresam,
durchzieren, entherzen, überzaln. Das Wortfeld ethischer
Werte war mit differenzierten Abstraktbildungen reich
ausgebildet: sœlde, triuwe, stœte, māze, zuht, vuoge, hōher muot.
Esoterische Bildungen wie edelez herze in Gotfrids ,Tristan'
lassen sich nur mit literatursprachlichen Prägungen wie der
schönen Seele der Empfindsamkeit des 18. Jh. vergleichen.
Eine preziös-euphemistische Stiltendenz zeigt sich in der Vorliebe für unpersönlichen Ausdruck, man-Sätze, Passivkon-
struktionen und untertreibende Litotesformeln (dō was lützel
trūren ,da herrschte wenig Trauern' d. h. ,große Freude').
    In solchen Eigenheiten ist, ebenso wie in den höfischen An-
reden und Grußformeln, etwas vom gepflegten Umgangston

der höfischen Gesellschaft zu spüren, von der *hovespräche*, *die man in dirre küchin nit vernimet*, wie es die Mystikerin Mechthild v. Magdeburg einmal nannte. Die ersten Schritte von der spontanen Umgangssprache zur auswählenden Bildungssprache sind also schon damals getan worden. So etwas hat es im Deutschen — nach der jahrhundertelangen Herrschaft von Latein und Französisch an den Höfen und bei den Gebildeten — erst im 18. Jh. wieder gegeben. Eine Kontinuität von der feudalistischen Standessprache zur modernen Hochsprache (wie in England) hat es im Deutschen nicht gegeben.

4. Sprachliche Leistung der deutschen Mystik

Auf dem Wege zur sprachinhaltlichen Verfeinerung und Vergeistigung der dt. Sprache ist im Spätmittelalter im Sonderbereich der mystischen Literatur noch ein bedeutsamer Schritt getan worden, der für das neuere Deutsch wohl fruchtbarer geworden ist als die Nachwirkungen des ritterlichen Deutsch. Viele Mystiker und Mystikerinnen, vor allem in der Frühzeit, stammten aus dem A d e l, brachten also für ihr kontemplatives Ringen mit der deutschen Sprache gewisse Voraussetzungen mit von der Sprachkunst und dem geistig-seelischen Wortschatz der höfischen Dichter (Mechthild v. Magdeburg, Meister Eckhart, Tauler). Diese neue Hinwendung zur dt. Sprache in einer Thematik, für die bisher das Latein zuständig war, hatte gewisse aristokratisch-antiklerikale Züge und ist mit der sprachsoziologischen Emanzipation der höfischen Dichter verwandt. Im Gotteserlebnis der dt. Mystiker kehrten mitunter metaphorisch die Vorstellungen des höfischen Lebens und des Minnesangs wieder: Die mystische Entrückung der Seele in der Vereinigung mit Gott ist bei Mechthild eine *hovereise*, Gott ist der *höhe fürste*, der im *himelischen hof* residiert, wo man *ze hove dienet* und die *hovespräche* spricht. Die Seele ist *minnesiech, minnewunt*, sie ist die *brūt*, die den himmlischen *gemahel triutet*. Das waren aber nur äußerliche stilistische Zutaten der frühen Mystik, die später in der mehr bürgerlichen Richtung zurücktraten.

Die eigentliche Leistung der Mystiker für die dt. Sprache ergab sich aus ihrer ernsthaften, unerbittlichen Auseinandersetzung mit dem Problem des ‚Unsagbaren‘. Was im Latein
zuvor hundertfach gesagt und geschrieben und terminologisch
festgelegt worden war, genügte jetzt nicht mehr für das
sprachliche Umkreisen der *unbegrīfelichkeit* Gottes. Was
unūzsprechelich oder *wortelōs* erschien, mußte dennoch sagbar
gemacht (*gewortet*) werden durch immer neues Anderssagen,
und das konnte man nur in der Muttersprache. In immer neuen
Versuchen rangen die Mystiker darum, ihre Gedanken und
inneren Erlebnisse verständlich zu machen. Das Ergebnis dieser
Bemühungen war die Bereicherung der dt. Sprache um eine
so große Anzahl von neuen Wörtern und Wendungen, daß es
uns noch heute kaum möglich ist, über Gegenstände der
Philosophie oder Psychologie zu sprechen, ohne Ausdrücke
mystischen Ursprungs zu verwenden. Besonders charakteristisch sind die Abstraktbildungen auf *-heit*, *-keit*, *-unge* und
-lich, z. B. *enpfenclicheit*, *geistekeit*, *unwizzenheit*; *aneschou-
wunge*, *schuolunge*, *inbildunge*; *anschouwelich*, *enpfindelich*,
wesenlich, *bildelich*.

Das erkennende, erlebende Verhältnis des Menschen zu
Gott war das Hauptproblem der Mystik. Die Gottheit ‚drückt
sich dem Menschen ein‘, ‚fließt in ihn ein‘, ‚leuchtet ihm ein‘,
der Mensch hingegen soll sich von der Welt abwenden, ‚eine
Einkehr tun‘, ‚sich Gott lassen‘, um so schließlich der Gottheit
‚einförmig‘ oder ‚gleichförmig‘ zu werden. Es genügt, diese
wenigen Beispiele aus der mystischen Gedankenwelt anzu-
führen, um begreiflich zu machen, daß unsere Wörter *Ein-
druck*, *Einfluß*, *einleuchten*, *Einkehr*, *gelassen*, *einförmig*, *gleichförmig* in diesem Vorstellungskreis ihren Ursprung haben, oder
wenigstens durch den mystischen Vorstellungskreis hindurch-
gegangen sind, ehe sie ihre heutige abstrakte Bedeutung er-
langten. Auch ein so gebräuchliches und heute so abgeblaßtes
Wort wie das Adverb *bloß* (=‚nur‘) verdankt ohne Zweifel der
Mystik seine Abzweigung von dem Adjektiv *bloß* (=‚nackt‘,
‚unbekleidet‘). Der Wunsch, die Gottheit ‚bloß‘ zu schauen,
kehrt in den mystischen Schriften unablässig wieder.

Bei den Mystikern begegnen schon kühne Substantivierungen, die man auf den ersten Blick für typische Neubildungen moderner Philosophen halten möchte: *selbesheit* (‚Selbstheit‘), *ichheit* (‚Ichheit‘), *dinesheit* (‚Deinheit‘), *nihtheit, geschaffenheit, gewordenheit, genantheit, daz niht, daz wā* (‚das Wo‘), *daz al* (‚das All‘). An den drei letzten Beispielen zeigt sich, daß die Mystiker sich eines neuen Wortbildungsmittels des analytischen Sprachbaus bedienten: Lexeme (kleinste relevante Wortschatzeinheiten) nicht nur durch Anfügen von Suffixen (*-heit, -ung*) zu substantivieren, sondern durch deren bloße Verwendung in einer Satzgliedrolle, die normalerweise für die syntaktische Klasse des betreffenden Lexems nicht zugänglich ist (Konversion im Sinne der Wortbildungslehre). Auf ähnliche Weise wird vor allem der substantivierte Infinitiv, den Sprachkritiker für eine Erscheinung moderner ‚Substantivitis‘ halten, von den Mystikern schon häufig benutzt: *daz wesen, daz sīn, daz tuon, daz hœren, daz anehaften, daz minnen* — bezeichnenderweise meist mit dem unbestimmten Artikel *ein.* Sogar der philosophische Satzinfinitiv (*das An-und-für-sich-Sein*) ist schon angebahnt, wenn auch noch ohne Bindestrich und z. T. mit Nachstellung der Ergänzungsgruppe: *ein aller ding vergessen, ein sīn selbs vermissen, ein wol wārnemen des menschen inwendigkeit.* Solche abstrakten Wortbildungen und Fügungen entstehen nicht als ‚Sprachmode‘ oder aus der Eigenwilligkeit eines einzelnen, sondern spontan aus den Anforderungen des höheren Denkens an die Sprache.

‚Abstrakta‘ in diesem Sinne sind nicht Wörter mit einer abstrakten Semantik, etwa durch Übertragung von Konkretem auf Geistig-Seelisches (z. B. *entrücken, Entrückung*), sondern kontextbedingte syntaktische Hilfsmittel zur Wiederaufnahme eines bereits Gesagten oder Vorausgesetzten in anderer Satzgliedrolle in einem neuen Satz (Abstrakta als ‚Satzwörter‘ nach W. Porzig und H. Brinkmann). Das ‚Abstrahieren‘ ist hier ein formalgrammatischer Vorgang: Die von der Valenz (Wertigkeit) des Verbs bedingten ‚Mitspieler‘ (Satzergänzungen wie Subjekt, Objekte, Adverbiale) können bei der Wiederaufnahme im Verbalabstraktum auf der Ausdrucksseite weg-

gelassen werden, während sie auf der Inhaltsseite impliziert
sind (G. Stötzel), z. B.:

> *Ez ist zweierleie wizzen in disem lebene des êwigen lebens:*
> *daz ein ist, daz ez got dem menschen selber sage oder ez im*
> *bî einem engel enbiete oder mit einem sunderlîchen liehte*
> *bewîse; daz geschihet selten und wênic liuten ... Aber daz*
> *sagen möhte getriegen und waere lîhte ein unreht lieht ...*
> (Meister Eckhart, Die rede der underscheidunge)

Hier wird das Prädikat *sage* des zweiten Satzes im dritten
Satz unter Weglassung von *got* und *dem menschen* in der substantivischen Form *daz sagen* als Satzsubjekt wiederauf-
genommen, ein typisches Beispiel für syntaktische Notwendigkeiten dieser Art von Substantivstil in der Sprache des geistigen
Lebens.

Es ist deshalb fraglich, ob die Sprache der Mystiker Vorbereitung oder nur frühe Parallele der modernen deutschen
Wissenschaftssprache war. Wenn auch mit einer direkten
Verbindung von der Mystik zum Neubeginn philosophischer
dt. Prosa im 18. Jh. kaum gerechnet werden kann, so hat
doch die sprachliche Leistung der Mystiker wenigstens über
die Predigt und die Bibelübersetzung bis auf Luther und damit
auf die nhd. Hochsprache gewirkt. Die mystische Predigt-
literatur, vor allem die Werke Taulers, hat Martin Luther be-
kanntlich geschätzt, und aus einer von ihm selbst bearbeiteten
und herausgegebenen mystischen Schrift, deren Verfasser als
‚der Franckforter' bezeichnet wird, hat er nach eigener Angabe mehr gelernt als aus irgendeinem anderen Buch, mit Ausnahme der Bibel und der Schriften Augustins.

5. Anfänge deutscher Gebrauchsprosa

In der mhd. Zeit hat sich auch eine selbständige dt.
Prosa entwickelt. Der Gedanke, sich bei der Abfassung literarischer Originalwerke der ungebundenen dt. Rede zu bedienen, war für die damalige Zeit nicht so selbstverständlich,
wie es uns heute scheinen könnte. Einerseits der alte Gelehrten-

zwang, lateinisch zu schreiben, andererseits die große und weitverbreitete Fertigkeit der Zeit im Reime-Dichten machten dem Gebrauch der Muttersprache in der literarischen Prosa zunächst gefährliche Konkurrenz. Die Verfasser des noch dem 12. Jh. angehörigen ‚Elucidarius' heben ausdrücklich hervor, daß sie ihr Werk gern in Reimen abgefaßt hätten, wenn nicht ihr Auftraggeber, Herzog Heinrich von Braunschweig, sie veranlaßt hätte, auf jeden poetischen Schmuck zu verzichten, ,,denn sie sollten nichts schreiben als die Wahrheit". Und einige Jahrzehnte später berichtet der Verfasser des ‚Sachsenspiegels', Eike v. Repgow, daß er sein Werk zunächst lateinisch abgefaßt habe und daß es ihm anfangs allzu schwer erschienen sei, es ins Deutsche zu übersetzen. Erst auf die Bitte seines Gönners, des Grafen Hoyer v. Mansfeld, habe er sich an diese Arbeit gewagt.

Nachdem aber diese ersten Versuche einen vollen, uns durch die große Zahl erhaltener Handschriften bezeugten Erfolg errungen hatten, fanden sie zahlreiche Nachahmung. Damit war der dt. Sprache ein überaus wichtiges neues Verwendungsgebiet gewonnen. In die gleiche Periode fallen die ersten Werke, in denen dt. Prosa zu geschichtlicher Darstellung benutzt wird. Auf nd. Gebiet geht eine Eike v. Repgow zugeschriebene ‚Weltchronik' voran, auf hd. folgen erst zu Beginn des 14. Jh. ein bayerischer Fortsetzer Eikes und, ungefähr gleichzeitig mit ihm, der St. Galler Chronist Christian Kuchimeister und der Verfasser der sogenannten ‚Oberrheinischen Chronik'. Alle diese Werke machen den Eindruck beträchtlicher Sprachgewandtheit und unterscheiden sich von der ahd. Übersetzungsprosa vorteilhaft durch das Fehlen undeutscher, dem Lateinischen nachgebildeter Wendungen und Konstruktionen. Seit den 20er Jahren des 13. Jh. gibt es auch dt. Prosabearbeitungen von Reimdichtungen, wie wir an dem Bruchstück eines Lanzelotromans erkennen.

Die dt. Predigt wird seit dem 13. Jh. mit besonderem Eifer gepflegt und erreicht ihren ersten Höhepunkt durch Berthold v. Regensburg. Die Stellen, an denen Berthold Personen aus seinem Zuhörerkreise redend einführt, sind wohl, abgesehen von den ‚Altdeutschen Gesprächen' (s. II, 3), die ersten

Stellen der dt. Literatur, die wir als die Wiedergabe wirklich gesprochener Alltagssprache gelten lassen können.

Der Gebrauch des Deutschen in amtlichen Schriftstücken, von denen sich in älterer Zeit nur wenige Spuren finden, macht in dieser Periode gleichfalls große Fortschritte. Im Jahre 1235 wird zum erstenmal ein Reichsgesetz, der sogenannte „Mainzer Landfriede", in dt. Sprache ausgefertigt, und die Gewohnheit, Urkunden lateinisch abzufassen, wird schon während des 13. Jh. in den verschiedensten Gegenden Deutschlands immer häufiger durchbrochen. Vom 14. Jh. ab werden dann die dt. Urkunden sehr zahlreich.

Unter Ludwig d. Bayern (reg. 1314-1347) geht die kaiserliche Kanzlei endgültig zum Deutschen über, mit Ausnahme des Verkehrs mit der Kirche. In diesem amtlichen Übergang vom Latein zur Volkssprache darf man aber durchaus nicht eine mutige Initiative der Reichsgewalt sehen. Der kaiserliche Schreibgebrauch ist vielmehr einer längst von unten her eingeleiteten Entwicklung nachgefolgt. Auch handelt es sich nicht um eine sprachpolitische Bewegung, etwa gegen den Machtanspruch der Kirche. Das Latein war ja nicht nur Kirchensprache, sondern auch unbestritten die Amtssprache des universalistischen Reiches, weshalb die Herrschaft des Lateins in Deutschland im Ganzen länger andauerte als in Frankreich oder England. Selbst der deutscher Dichtung so zugetane staufische Adel dachte gar nicht daran, auch im amtlichen Schriftverkehr zur Volkssprache überzugehen. Das Bedürfnis nach dt. Urkunden und Geschäftssprache kam von der unteren Ebene her, von den kleinen Kanzleien der Städte und Territorien. Den Anfang machten, noch ganz vereinzelt, die Kölner Schreinsurkunden seit 1135. Seit den 20er Jahren des 13. Jh. finden sich dt. Urkunden in der Schweiz und im Oberrheingebiet, dann in Bayern, später im Mittel- und Niederrheingebiet, in Ost- und Norddeutschland.

Der Beginn im Südwesten hängt mit dem Aufblühen der Städte und des Frühkapitalismus zusammen. Das Beieinanderleben von tausenden von Menschen unterschiedlicher Herkunft und Tätigkeit in den engen Mauern der hoch- und spätmittelalterlichen Stadt, wie auch der Fernhandel und die neue Geldwirtschaft, machten es notwendig, einen großen Teil der vorher mündlich geregelten öffentlichen Angelegenheiten zu verschriftlichen, weshalb bald auch feste Familiennamen verlangt wurden. Zu alledem genügten die traditionellen Formulare des lat. Urkundenstils und der Wortschatz des Kirchenlateins nicht mehr. Ganz neue sozioökonomische Lebensbereiche verlangten nach schriftlicher Aufzeichnung. Die dt. Sprache hat sich hier nicht so sehr auf Kosten und gegen das Latein durchgesetzt als vielmehr neben dem Latein (L. E. Schmitt). Dieser Vorgang ist auch nicht bildungssoziologisch in der Weise zu verstehen, daß etwa eine bestimmte Bevölkerungsschicht, der niedere Adel oder das Bürgertum, nicht mehr so gut Latein gekonnt hätten. Dies läßt sich eher vom hohen Adel nachweisen. Die enge Verflechtung von adligen, geistlichen und bürgerlichen Stadtbewohnern, von geistlicher und weltlich-literarischer Bildung, Schule, Politik und Verwaltung zeigt sich deutlich an Herkunft und Tätigkeit der einflußreichsten Kanzleibeamten, die meist zugleich Protonotare, Scholaster (Lehrer), Schriftsteller und Sammler höfischer Dichtung waren (mhd. Sammelhandschriften!). Das war der Typus des *homo litteratus*, des allround-Gebildeten, der seinen geistlichen Titel nur noch formal führte (vgl. engl. *clerk*, ndl. *klerk* ‚Schreiber' aus lat. *clericus* ‚Geistlicher'). Nur drei Namen, die für die vielen bekanntgewordenen Beispiele stehen mögen: Heinrich v. Klingenberg in Konstanz, Michael de Leone in Würzburg, Rudolf Losse in Erfurt (vgl. L. E. Schmitt).

Damit wird auch eine gewisse Kontinuität von der mhd. Dichtersprache zur Kanzleischreibe für die frühere Zeit wahrscheinlich gemacht. Die entstehende nhd. Schriftsprache war nicht allein ein Produkt der Kanzleien. Sie formte sich zugleich auch in den städtischen Schulen, in denen die Kanzleibeamten lehrten. Ihr Einfluß auf die dt. Sprache ist also im Zusammenhang zu sehen mit dem der späteren Schulmeister und Gelehrten der normativen Grammatik (vgl. IV, 5). Im 14. und 15. Jh. steigerte sich der Bedarf an Schriftverkehr allerdings so sehr, daß eine Verwahrlosung von Schrift, Orthographie und Stil unausbleiblich war. Man ging von der kunst-

gewerblich kalligraphisch geübten Buchschrift (Textura,
Fraktur, gotische Schrift) zur Geschäftskursive über, einer
freien Weiterentwicklung zum Schnellerschreiben. Deren
schwerleserliche Ausprägung im 16. Jh. wurde — trotz der
humanistischen Schriftreform, die mit der sauberen Antiqua
wieder auf die karolingische Minuskel zurückgriff — zum
Vorbild für die bis ins 20. Jh. national gepflegte sogen.
‚deutsche Schrift' (zuletzt bis in die 40er Jahre als ‚Sütterlin-
Schrift'). Seit Ulmann Stromer in Nürnberg die erste deutsche
Papiermühle betrieb (1390), konnte man auch in Deutschland
vom Pergament zum billigeren Schreibstoff übergehen. Das
Schreiben war nicht mehr länger Kunsthandwerk von und für
wenige Privilegierte.

Diese städtische Sozialisierung der Bildung hatte auch einen
literarischen Geschmackswandel zur Folge (spätmittelalterlicher
‚Realismus' oder ‚Naturalismus'), der uns ganz neue Bereiche
des dt. Wortschatzes in der Überlieferung zugänglich macht. Abgesehen davon, daß nun gelegentlich auch Wörter des niederen
Alltagslebens, Redensarten, Flüche und Obszönitäten zu
Papier gebracht werden (besonders im ‚grobianischen Zeitalter' um 1500), begegnen im ausgehenden Mittelalter zunehmend Wörter aus Sondersprachen und aus dem Fachwortschatz der verschiedensten Berufe. Wirtschaftliche
Wandlungen hatten die berufliche Spezialisierung gefördert,
und das starre spätmittelalterliche Standes- und Zunftwesen
war die Voraussetzung zur Entstehung von sich absondernden
Gruppensprachen. So tauchen gerade in der Zeit vom 14. bis
zum 16. Jh. die ersten Quellen für die Bergmannssprache, die
Kaufmannssprache, die Waidmannssprache, für die Geheim-
sprache der Gauner und Vaganten (Rotwelsch) auf und damit
die ersten Belege für viele uns noch heute geläufige Wörter.
Immer wieder begegnet es in der Geschichte der dt. Sprache,
daß Ausdrücke aus Fach- und Gruppensprachen in den
Wortschatz der Allgemeinheit gelangen, wobei sie regelmäßig
ihre ursprüngliche Bedeutung verändern, durch metaphorische
Übertragung oder dadurch, daß der Nichtfachmann gewöhnlich nicht imstande ist, sie genau in ihrem technischen Sinn zu
verstehen und anzuwenden. Sozialgeschichtlich sind solche

Wörter von ähnlicher Bedeutung wie die Entlehnungen aus fremden Sprachen: sie sind ein sicheres Zeichen dafür, daß die betreffenden Subkulturen, denen sie entstammen, zur Zeit ihrer Aufnahme in die Gemeinsprache eine wichtige (z. T. oppositionelle) Rolle im sozioökonomischen Zusammenhang gespielt haben. Aus der Bergmannssprache stammen Wörter wie *Ausbeute, Fundgrube, Schicht, reichhaltig* (ursprünglich ‚reich an wertvollem Erz‘), *Raubbau, Belegschaft, tiefschürfend, aufschlußreich*. Die Jägersprache hat geliefert (‚Tiere durch Zuziehen des Netzes fangen‘), *Fallstrick, einkreisen, unbändig* (von Hunden, die sich nicht am Seil leiten lassen), *naseweis* (‚mit gutem Spürsinn begabt‘), *nachstellen, bärbeißig, nachspüren* und vieles andere. Außerordentlich groß ist im ausgehenden Mittelalter und später der Einfluß der Soldatensprache, aus der zu verschiedenen Zeiten in die Gemeinsprache übernommen wurden: *Lärm* (ursprünglich ‚Alarm‘), *Nachdruck* (‚Fortsetzung eines begonnenen Angriffs durch Nachdrängen‘), *Ausflucht* (‚Rettung aus einer schwierigen Lage durch Flucht‘), *Gelegenheit* (‚Art, wie ein Lager oder eine Festung gelegen ist‘), *Vorteil* (ursprünglich ‚vorweggenommener Teil bei der Teilung einer Beute‘, im 15. und 16. Jh. sehr häufig ‚günstige Stellung, die man vor Anlangen des Feindes eingenommen hat‘). Auch aus der altdt. Rechtssprache sind zahlreiche Wendungen in die Gemeinsprache übernommen worden: *aufschieben* (‚an eine höhere Instanz appellieren‘), *sich beziehen* (dasselbe), *überzeugen* (‚durch Zeugen überführen‘), *echt, sich entschuldigen* (‚seine Unschuld dartun‘), *verantworten* (‚vor Gericht Rede und Antwort stehen‘).

Nicht vergessen sollte man aber, daß das meiste vom Althochdeutschen und auch Mittelhochdeutschen, wie es uns überliefert ist, ebenfalls nur gruppensprachlichen Charakter hat. Besäßen wir eine ausreichende Auswahl von wirklich unterschichtlichen Texten, so würde sich wahrscheinlich ergeben, daß das Deutsch der Übergangsperiode (‚Spätmhd.‘ und ‚Frühnhd.‘) gar nicht so ausgesprochen buntscheckig war, wie es die spätmittelalterliche Schreibfreudigkeit vortäuscht, und daß unsere neuhochdt. Sprache nicht ganz so neu ist, wie es ein Vergleich zwischen ihr und z. B. dem ‚klassischen‘

Mittelhochdeutsch erscheinen läßt. Wo wir (wie z. B. im Gebiet der religiösen und der Rechtssprache) einigermaßen zusammenhängende Überlieferung besitzen, zeigt sich, daß der
neuere Wortschatz dem Mittelhochdeutschen nicht so ferne
steht, wie etwa dem eines Hartmann oder Walther.

6. Mittelniederdeutsch, Mittelniederländisch, Jiddisch

Während sich die Kanzlei- und Geschäftssprache in Süddeutschland zunächst noch mehr in kleinräumigem Rahmen
entwickelte, mit einer Vielfalt lokaler oder regionaler Schreibtraditionen, gelang in Norddeutschland eine gewisse Einigung des Schreibgebrauchs über den weiten Raum des
Hansischen Städtebundes hinweg, von Westfalen bis in
in die balt. Länder und punktweise bis in die niederdeutschen
Kaufmannskontore weit entfernter Handelsplätze wie London, Brügge, Bergen, Wisby, Nowgorod. Ausgespart blieb von
diesem Geltungsbereich des ‚Mittelniederdeutschen‘
(Mnd.) nur das Gebiet des dt. Ritterordens im südwestlichen
Ostpreußen, das aufgrund der omd. Herkunft vieler
Ordensritter und der bäuerlichen Siedler des ‚Hochpreußischen‘ einen hd. Schreibdialekt pflegte.

Der lebhafte Handelsverkehr der Hansestädte untereinander und der ständige Zuzug von Neubürgern haben im
Mnd. vielfach zu einer Abschleifung dialektischer Eigentümlichkeiten geführt, die so weit geht, daß man wenigstens für
das 14. und 15. Jh. von einer nd. ‚Schriftsprache‘
sprechen darf, die sogar auf dem Wege war, zu einer nord-
europäischen Verkehrssprache zu werden. Von besonderer
Bedeutung für die Entstehung dieser Geschäftssprache scheinen
die Rechtsverhältnisse gewesen zu sein. Es war üblich, daß
neugegründete Städte oder solche, die ihr Rechtswesen reformieren wollten, ihre ‚Stadtrechte‘ von angesehenen Zentren
übernahmen. In dieser Weise haben z. B. Soest, Dortmund,
Lübeck und Magdeburg einen sprachlichen Einfluß ausgeübt,
der dadurch noch nachhaltiger wurde, daß es Sitte war, sich
auch späterhin in zweifelhaften Rechtsfällen bei den Städten,
deren Recht man übernommen hatte, Auskunft zu holen.

In der Geschichte der dt. Sprache ist das Mnd. schon deshalb von Wichtigkeit, weil von ihm die stärksten Wirkungen ausgegangen sind, die das Deutsche jemals auf ein anderes Sprachgebiet ausgeübt hat: Die skandinavischen Sprachen haben damals eine sehr große Zahl nd. Lehnwörter aufgenommen. Das Niederdeutsche hat während dieser Periode auch auf das Hochdeutsche eingewirkt, da sich der Einfluß der norddt. Rechtsbücher und des hansischen Handels bis weit nach Süden erstreckte. *Echt* und *Gerücht* z. B. sind ursprünglich Rechtswörter, deren Lautgestalt deutlich nd. Herkunft verrät; beide zeigen den nd. Übergang von *ft* > *cht* (*echt* aus *ē-haft* ‚gesetzlich‘, *Gerücht* aus *Gerüfte* ‚Anklageschrei‘, zu *rufen*). In den gleichen Kreis gehört *Pranger* (zu nd. *prangen*, mhd. *pfrengen* ‚drücken, pressen‘). Der Sprache des nd. Handels entstammt *Stapel*, das seit dem 15. Jh. auch in md. Quellen auftaucht. Mit der norddt. Viehzucht wird das seit dem 14. Jh. nachweisbare Südwärtsdringen von *fett*, der nd. Form für hd. *feist* zusammenhängen.

Der mnd. Schriftsprache hätte vielleicht der Weg zu einer modernen Kultursprache neben dem Hochdeutschen offengestanden, zumal es auch eine beachtliche mnd. Literatur gab (religiöse Dichtung, Geschichtsschreibung, Unterhaltungsliteratur). Aber nach dem Niedergang der Hanse um 1500 war das Schicksal des Niederdeutschen nicht mehr aufzuhalten. Einen territorialpolitischen Rückhalt gegenüber dem süddt. orientierten Reich gab es nicht, der Adel neigte schon seit der höfischen Zeit stark zum Hochdeutschen, die fürstlichen Kanzleien (z. B. Anhalt, Brandenburg) urkundeten schon früh hochdeutsch, und ein sprachliches Hinterland hatte der weiträumigen städtebündischen Geschäftssprache von vornherein gefehlt. Gerade dieser große Unterschied zwischen Stadt und Land wie der zwischen Schreiben und Sprechen, hat viel dazu beigetragen, daß sich die hd. Schriftsprache im Gefolge der Reformation so schnell diesen weiten Raum erobern konnte. Dieser Vorgang begann allerdings im Gebiet zwischen Leipzig, Magdeburg und Berlin schon im 15. Jh. auf dem Wege eines allmählichen Sprachanschlusses. Aber noch Luthers Schriften wurden anfangs ins Niederdeutsche über-

setzt. Die letzte nd. Bibel erschien 1621 in Goslar. In
städtischen Urkunden hielt sich das Niederdeutsche im Norden
bis Anfang des 17. Jh..

In der anderen Schreibsprachlandschaft des spätmittelalterlichen Niederdeutschen, dem Mittelniederländischen
(Mnl.), waren die sprachsoziologischen Voraussetzungen anders als im Mnd.: Der geschäftliche Schriftverkehr der blühen-
den flandr. Städte und die Prosaliteratur und Dichtung ihres
Bürgertums wurden in der gleichen Sprache und meist von
den gleichen Leuten geschrieben. Der Typ dieses allseitig gebildeten *homo litteratus* wird in der 2. Hälfte des 13. Jh. beispielhaft von Jakob van Maerlant verkörpert. Mnl. Dichtungen
wie das Tierepos ‚Van den Vos Reinaerde' und die Bibelübersetzung ‚Het Leven van Jezus' (die auch indirekt auf Luther
gewirkt hat) gehören zu dem Bedeutendsten, was die mittelalterliche dt. Literatur hervorgebracht hat. Aber das Mnl. befand sich damals schon auf dem Wege der schriftsprachlichen
Absonderung vom übrigen Deutschen. Die niederfrk. Dialekte
erhielten eine eigene Schrift- und Hochsprache neben dem
Deutschen. Dadurch daß in Flandern der Adel keinerlei Neigung zum Hochdeutschen hatte (also anders als in Norddeutschland) und die landschaftliche und soziologische Basis
des Mnl. wesentlich fester war als die des weiträumigen
hansischen Niederdeutsch, konnte sich das Mnl. in unge-
brochener Kontinuität zur neunl. Kultursprache weiterentwickeln. Nach dem Niedergang der flandr. Städte unter
span. Herrschaft zogen viele Südniederländer nach dem Norden
und nahmen viel von ihrer Kultur und Sprache mit. So wurde
aus dem flandr. Mnl. (*dietsch;* vgl. engl. *Dutch*) bald das *Hollands*,
das seit 1815 amtlich *Nederlands* heißt. Diese Kontinuität und
Landschaftsgebundenheit brachte es mit sich, daß das Nl.
als eine in engem Beieinander von Sprechen und Schreiben
natürlich gewachsene Sprache sich im Vergleich zum Nhd. so
viel urwüchsige Frische bewahrt hat.

Das Ausscheiden des Nl. aus dem Zusammenhang der
dt. Sprachgeschichte ist also nicht erst eine Folge der politischen Trennung des Landes vom Reich im 16. und 17. Jh. Die
Schweiz hatte sich schon wesentlich früher vom Reich gelöst

und ist trotzdem im dt. Sprachzusammenhang verblieben. Hier gab es nicht die Voraussetzung, die für die nl. Sprachentwicklung entscheidend war: die schon mittelalterliche städtische Eigenkultur. — Der (schon im Spätmittelalter einsetzende) Einfluß des Nl. auf das Deutsche zeigt sich in Lehnwörtern wie *Matrose, Jacht, Schleuse, Düne, Stoff, Packen, Süden* (für hd. *Sund* und *Mittag*).

In diesem Zusammenhang ist noch die Eigenentwicklung einer anderen Tochtersprache des Deutschen zu erwähnen, die aber vom Hochdeutschen ausging: des Jiddischen (s. Textprobe 12). Die seit dem Frühmittelalter in Deutschland lebenden Juden haben das Deutsche als diasporale Verkehrssprache angenommen. Seit dem 13. Jh. finden sich dt. Texte in hebräischer Schrift, die sich zunächst noch kaum vom Mhd. unterscheiden. Sie widerspiegeln wahrscheinlich viel von den (uns sonst nicht überlieferten) städtischen Umgangssprachen Süd- und Mitteldeutschlands. Da in der früheren Zeit in der hebr. Schrift die Vokale nicht oder nur ungenau angegeben wurden, sind diese Texte nicht leicht zu lesen. Infolge dieser schriftgeschichtlichen Ausschließung von der dt. Schriftsprachentwicklung, der Einrichtung der Gettos im 12./13. Jh. und der Auswanderung vieler Juden nach Osteuropa hat sich daraus ein eigener Zweig des Deutschen entwickelt, der die meisten Entwicklungen des Deutschen seit dem 14. Jh. nicht mehr mitgemacht hat, vor allem nicht mehr den lat., franz. und gelehrt-normativen Einfluß des 16.—18. Jh., so daß man am Kontrastbeispiel des Jidd. ablesen kann, wie sich die dt. Sprache ohne diese Einwirkungen hätte weiterentwickeln können. Trotz beträchtlicher slaw. und hebr. Einflüsse sind im Jiddischen bis heute etwa 75 Prozent dt. Wortschatz, z. T. sehr altertümlicher, erhalten. Während das Jiddische in Deutschland durch die Judenemanzipation des 19. Jh. fast ganz untergegangen war, wurde es in Osteuropa und bei Auswanderern in Amerika seit Ende des 19. Jh. zu einer Literatursprache entwickelt. Von den etwa 12 Millionen Jiddischsprechenden der Vorkriegszeit (über zwei Drittel aller Juden) sind nach der Judenausrottung des dt. Faschismus etwa 6—7 Mill. übriggeblieben, hauptsächlich in Israel, in den

USA und in der Sowjetunion. Diese dt. Judensprache hat sich
in Israel nicht als Staatssprache durchsetzen können. —
Jiddische Lehnwörter im Deutschen sind *Stuß, Pleite, mies,
schofel, Schmiere(stehen), flöten(gehen), schachern, schmusen,
schäkern* u. a. In der Auswahl dieser (direkt oder über die
Gaunersprache) entlehnten Wörter spiegelt sich das jahrhundertealte soziale Verhältnis und die Haltung der Deutschen
zu den Jiddischsprechern, die allerdings in den letzten zwei
Jh. nicht mehr repräsentativ für die Mehrheit der jüdischen
Deutschen waren. — Als Sprachname hat sich statt des laut-
gerechteren *Jidisch* nach Vorbild der engl. Schreibung *Yiddish*
(mit *-dd-* als graphischem Signal für nichtdiphthongische
Aussprache des *-i-*) die vom Dt. und Jidd. her falsche Schreibung *Jiddisch* eingebürgert.

7. Hochdeutsche Kanzleisprachbereiche

In dem süd- und mitteldeutschen Gebiet, das nicht unter
dem Einfluß der niederdeutschen oder niederländischen
Schreibsprachentwicklung stand, vollzog sich im Spätmittelalter ein sprachlicher Ausgleichsprozeß, der die nhd. S c h r i f t -
u n d H o c h s p r a c h e (beides zusammen im Sinne von ‚Nationalsprache' oder ‚Standardsprache') vorbereitete. Diese Entwicklung konnte — bedingt durch die Quellenlage — bisher
nur im Bereich der Kanzleisprache (umfassender: Geschäftssprache, nach L. E. Schmitt) beobachtet werden. Folgende
lautliche Kriterien spielten dabei eine besondere Rolle (vgl.
IV, 1): Für die mhd. Langvokale $\bar{\imath}$, $\bar{u}$ und *iu* (sprich $\bar{u}$) schreibt
man mehr und mehr die D i p h t h o n g e *ei, au, eu,* eine Er-
scheinung, die sich im Bairisch-Österreichischen schon im
12. oder 13. Jh. nachweisen läßt, andererseits für die alten
Diphthonge *ie, ue üe* die im Mitteldeutschen herrschenden
M o n o p h t h o n g e *i, ü, ü* o. ä. Ein Anzeichen md. Einwirkung
ist es auch, daß die in älteren Urkunden häufigen od. *p* statt *b*,
ch für *k* gegen md. *b, k* zurücktreten (vgl. 2. Lv., II, 1).
Die allmähliche Ausbreitung solcher graphematischer Gewohnheiten, vor allem das Vordringen von *ei, au, eu* im
14./15. Jh., braucht aber nicht mit tatsächlichem Lautwandel

in der gesprochenen Sprache zusammenzuhängen. Die Diphthongierung muß sich z. B. im Obersächsischen und Moselfränkischen schon vorher unabhängig von Schreibeinflüssen allmählich entfaltet haben, da die von dort im 13. Jh. ausgewanderten Siedler im Hochpreußischen (südl. u. südwestl. Teil Ostpreußens) und in Siebenbürgen mindestens die Ansätze dazu bereits mitgenommen haben müssen. Dieser Lautwandel, mit dem man früher vergeblich versucht hat, eine zeitliche Grenze zwischen Mhd. und Nhd. festzulegen, war ein polygenetischer Vorgang aus innersprachlichen Ursachen (Veränderungen im Silbenakzent mit vielen Übergangsstufen). Er zeigt sich in den oft allzulange an alten Schreibtraditionen festhaltenden Kanzleisprachen mitunter erst Jahrhunderte nach seinem Auftreten in der Mundart oder gar nicht, so wie das Englische noch heute, fast 500 Jahre nach seiner Diphthongierung, an der Schreibung *i* für *ai* festhält. Man hat in der älteren Forschung (zuletzt K. B. Lindgren) angenommen, die Diphthongierung habe sich von Kärnten und Tirol her wellen- oder strahlungsartig durch Nachahmung in Deutschland ausgebreitet. Dies ist jedoch nur das täuschende Bild des ersten Auftretens der Graphien, das grundsätzlich unabhängig von der Lautung ist, da die Relation zwischen Phonem und Graphem beliebig ist (arbiträr in F. de Saussures Sinne). Das frühe Auftreten der Diphthongschreibung in Tirol und Kärnten mag nur damit zusammenhängen, daß die Schreiber dort in dt.-romanischer Zweisprachigkeit auf das Mißverhältnis zwischen der dt. und der rom. Relation der lat. Grapheme *i* und *u* zu den volkssprachlichen Lautvarianten früher aufmerksam wurden und es durch Diphthongschreibung beseitigen mußten (H. Lüdtke).

Man hat in der Erforschung der nhd. Schriftsprachgeschichte immer wieder aufs neue nach den Orten, Räumen, Personen oder Institutionen gesucht, die entscheidenden Einfluß auf diesen Vorgang gehabt hätten. Dieses Problem ist fürs Dt. schwieriger zu fassen als etwa fürs Engl. oder Frz.. Durch den häufigen Wechsel der Machtzentren und -gruppen und durch die Schwächung der Reichsgewalt infolge des territorialherrschaftlichen Prinzips im Spätmittelalter war die gemein-

sprachliche Entwicklung stark behindert. Ein vorbildliches
Zentrum der gesprochenen wie geschriebenen Sprache, das
man etwa mit Paris oder London und derenBedeutung für die
sprachliche Einigung in Frankreich und England vergleichen
dürfte, gab es nicht. Ein Begriff wie *king's English* konnte sich
in Deutschland nicht entwickeln. Der gescheiterte Versuch
K. Müllenhoffs (Vorrede zur 2. Ausgabe seiner ‚Denkmäler dt.
Poesie u. Prosa a. d. 8.—12. Jh., 1871), den Weg zur dt.
Schrift- und Hochsprache darzustellen als eine Kontinuität
von einer ‚karolingischen Hofsprache' (vgl. II, 3) über Ent-
sprechendes bei Ottonen, Saliern, Staufern und die Kanzleisprache der Luxemburger in Prag bis zur Wiener Kanzleisprache der Habsburger einerseits und Meißener Kanzleisprache der Wettiner andererseits, mag nationalem Wunschdenken der frühwilhelminischen Zeit entsprungen sein.

Einen sprachlich normierenden Einfluß der kaiserlichen
Kanzlei können wir zur Zeit Ludwigs d. Bayern noch kaum
feststellen. Einen solchen auszuüben war sie zunächst noch
wenig geeignet, da in ihr nicht nur Bayern arbeiteten, sondern
auch Angehörige anderer Dialektgebiete, die sich bei der Aus-
fertigung der Urkunden unbedenklich ihrer verschiedenen
Heimatmundarten bedienten. Dazu kam, daß damals, wie
auch schon früher, zahlreiche Dokumente aus der kaiserlichen
Kanzlei hervorgingen, die nicht in der Sprache ihrer Beamten
abgefaßt waren, sondern im Dialekt des Empfängers; wer um
ein Privileg ansuchte, pflegte einen Urkundenentwurf einzu-
reichen, der dann im Falle der Bewilligung von der Kanzlei
ohne sprachliche Neuredigierung bestätigt wurde. So bietet
die Sprache dieser Urkunden ein zu buntes Bild dar, als daß
eine über die Einzeldialekte hinausstrebende Vereinheitlichung der Verkehrssprache dadurch hätte erreicht werden
können.

Eine gepflegte, für die Schriftsprachentwicklung vorbildliche Kanzleitradition ist dagegen von der älteren Forschung
(K. Burdach) für die Prager Kanzlei Karls IV. vermutet
worden. Dieser dt. König und Kaiser aus dem Hause Luxemburg regierte von 1346 bis 1378. Böhmen, das Kernland der
luxemb. Hausmacht, sei zur Ausbildung einer zwischen den

einzelnen Schreibdialekten vermittelnden Verkehrssprache schon deshalb besonders geeignet gewesen, weil seine Bewohner, soweit sie Deutsche waren, zwei verschiedenen Dialektgebieten angehörten: Im Norden herrschten md. Mundarten, während die dt. Gebiete im Süden sich sprachlich von Bayern und Österreich herleiteten. In den Städten, vor allem in Prag, lebten auch Bürger aus den verschiedensten Teilen Deutschlands. Charakteristisch für die bunte Zusammensetzung dieser städtischen Bevölkerung ist es, daß in der Prager Altstadt nach bayerischem, auf der ‚Kleinseite' nach Magdeburger Recht geurteilt wurde. Für das Prager Deutsch als gesprochene Sprache sind sehr unterschiedliche Epochen anzusetzen: Vor der Periode der hussitischen Tschechisierung der Stadt war das Prager Dt. sehr wahrscheinlich nicht so eindeutig österreichisch geprägt wie seit dem 17. Jh.

Die Untersuchung von L. E. Schmitt hat jedoch ergeben, daß der Schreibgebrauch der Prager Kanzlei Karls IV. durchaus nicht einheitlich und gepflegt war. Selbst in der erwähnten Diphthongierung läßt sich keine klare Regelung erkennen. Der größte Teil der Schreiber und Notare stammte gar nicht aus Böhmen, sondern aus dem Gebiet von Trier über Mainz bis Nürnberg, viele auch aus dem Bayerisch-Österreichischen. Von einem besonderen Interesse des in Paris aufgewachsenen und mehrere Sprachen sprechenden Kaisers für die dt. Sprache ist nichts bezeugt. Eine Wirkung der Prager Kanzlei auf die Meißnische läßt sich an Schreiberbeziehungen nicht nachweisen. Ein Vorbild der Prager Kanzleisprache hat allenfalls in der Stilistik gewirkt. Unter dem Einfluß der ital. Renaissance trat das rhetorische Element stark in den Vordergrund. Nicht nur der Kaiser selbst, sondern auch seine Umgebung, vor allem der langjährige Leiter seiner Kanzlei, Johann v. Neumarkt, waren eifrige Anhänger der humanistischen Ideen und natürlich auch der prunkvollen, an klassischen Vorbildern geschulten Rhetorik, die damals von Italien aus ihren Siegeszug durch die lateinkundige Welt antrat. Der Gedanke, den neuen Stil auch auf die dt. Sprache zu übertragen, lag um so näher, als ja auch auf diesem Gebiet die ital. Renaissance vorangegangen war. Die wachsende Wertschätzung der Muttersprache, *nobilis illius*

linguae germanicae', wie es in einem aus diesem Kreis hervor-
gegangenen Schreiben heißt, regte dazu an, daß man, auch
wenn man deutsch schrieb, auf die Vorzüge der neulat. Kunst-
prosa nicht verzichten wollte. Aber das alles ist kein Beweis
für eine Pflege der dt. Kanzleisprache in bezug auf gemeinsprachliche Schreibregelungen. Der Prager Frühhumanismus
war in der dt. Geistesgeschichte wie Sprachgeschichte nur ein
Zwischenspiel.

Der Einfluß der kaiserlichen Kanzlei wird ohnehin durch den
Verfall der luxemb. Hausmacht unter Wenzel und Sigismund, vor
allem auch durch die Hussitenwirren, stark abgeschwächt. In
den Kanzleien der Habsburger Albrecht II. und Friedrich III.
treten begreiflicherweise die süddt. Einflüsse wesentlich stärker
hervor. So finden wir hier sehr häufig *p* für *b*, *kch* oder *kh* für *k*,
oder bairisch *ai* für *ei*. Als sich später unter Maximilian I.
die kaiserliche Hausmacht stark ausdehnte, unter anderem
auch auf nd. Gebiete, wurde das Problem einer einheitlichen, in allen Teilen des Reiches lesbaren Kanzleisprache
wieder aktuell, und tatsächlich wird das Verdienst Maximilians
und seines Kanzlers Niclas Ziegler um die Entstehung einer
vorbildlichen dt. Schreibweise von der Folgezeit sehr hoch ein-
geschätzt. Wie nicht anders zu erwarten, äußerten sich diese
Einheitsbestrebungen in der Zurückdrängung der ausgesprochen süddt. Züge zugunsten von mitteldeutschen. So er-
wuchs in Süddeutschland eine bald auch den Buchdruck umfassende Schreibtradition, die man das ,Gemeine Deutsch'
nannte und die noch langezeit eine Konkurrenz für die sich
immer mehr durchsetzende ostmd. Tendenz der nhd. Schriftsprachentwicklung darstellte.

Die Forschung der 30er Jahre (Th. Frings, L. E. Schmitt,
E. Schwarz, H. Bach) hat gegen Burdach die Bedeutung des
mitteldeutschen Ostens für die Schriftsprachentwicklung her-
vorgehoben und z. T. (Frings, Schwarz) an die Stelle des
Vorbilds der kaiserlichen Kanzleisprache die Sprachmischung
in der Volkssprache dieses Neusiedelraumes gesetzt.

Die hervorragende Bedeutung des ostmd. Schreibsprach-
typus, der vom 15. bis zum 18. Jh. als ,Meißnisches
Deutsch' vorbildlich war, läßt sich nicht von einem Ein-

fluß der kurzlebigen Prager Kanzlei herleiten. Die sprach-
geographischen und kultursoziologischen Voraussetzungen
waren im Territorium der Wettiner selbst gegeben. Hier waren
seit dem 13. Jh. Siedler aus Hessen, Thüringen, Ostfranken,
teilweise auch dem Rheinland und den Niederlanden, zusam-
mengetroffen. Die obersächs. Mundarten sind das Ergebnis von
Ausgleichsvorgängen jener Zeit. Allerdings hat sich die wettinische Kanzleisprache nicht direkt aus einer solchen ‚kolonialen
Ausgleichssprache' (Frings) entwickelt, denn sie hat von
vornherein gewisse alte obersächs. Dialektmerkmale fast ganz
gemieden, z. B. $\bar{e}$, $\bar{o}$ für mhd. *ei*, *ou* (*Bēn* ‚Bein', *Bōm* ‚Baum'),
$\bar{\imath}$, $\bar{u}$ für mhd. $\bar{e}$, $\bar{o}$ (*Schnī* ‚Schnee', *Brūt* ‚Brot'), *a* für mhd. *e*
(*racht* ‚recht'). Der Ausgleich der Kanzleisprache hat sich auf
schriftlicher Ebene vollzogen, mit Rücksichten auf die thüring. Landesteile, die jene Lautentwicklungen (wie auch die
Diphthongierung) z. T. bis heute nicht durchgemacht haben.
Die meisten Schreiber und Notare der wettinischen Kanzleien
kamen aus Thüringen (Schmitt). Die Mark Meißen bildete eine
Klammer zwischen thüring. Altland und meißn. Neuland und
war verkehrsmäßig nach Süden und Norden offen. Die Leipziger Messe hatte schon im Spätmittelalter große Bedeutung
für den Fernhandel auf der Linie Nürnberg-Magdeburg. Das
erst 1392 zur Universität erhobene Studium generale in Erfurt
zog schon im 13. Jh. zahlreiche Studenten aus ganz Deutschland an. Thüringen hatte seit der höfischen Zeit ein bedeutendes
Bildungsleben mit gelehrter und geistlicher Literatur. Schon
das Festhalten des preußischen Deutschritterordens am
ostmd. Schreibgebrauch zeugt von der kulturellen Anziehungs-
kraft des Meißnischen.
    Die Pflege einer vereinheitlichenden Schreibsprache hängt
auch mit der straffen wettinischen Ämterverfassung zusammen.
Als mächtiges Neulandterritorium hat die Mark Meißen im
sprachlichen Bereich in ähnlicher Weise Neues schaffen und
auf das Altreichsgebiet einwirken können wie in der Politik
die Habsburger und (später) Preußen. Weiträumigkeit und
Traditionslosigkeit des Neusiedelraumes und zentrale Lage
zwischen Süd- und Norddeutschland haben in diesem Gebiet
die Gemeinsprachtendenz sicherlich gefördert. Freilich ist

auch die wettinische Kanzleisprache auf dem Wege zum
vorbildlichen ‚Meißnischen Deutsch' dem süddeutsch-kaiser-
lichen ‚Gemeinen Deutsch' teilweise entgegengekommen.
Einige obd. Einflüsse im Meißnischen seit dem 15. Jh. (das
Diminutivsuffix -*lein* und vielleicht der Entschluß, die neuen
Diphthonge *ei, au, eu* nun auch in der Schrift zuzulassen)
hängen sicher nicht allein mit der Herkunft einiger wetti-
nischer Kanzleibeamter des späten 15. Jh. aus Nürnberg und
Würzburg zusammen. Es hat sich in der jüngsten Forschung
ergeben, daß auch die mittelrheinischen und fränkischen
Kanzleien, bis hin nach Regensburg (E. Skála), zur sprachlichen Vereinheitlichung beigetragen oder unabhängig vom
Meißnischen die gleichen naheliegenden Ausgleichsvorgänge
schon viel früher vollzogen haben. Die später ständig wachsende
Bereitschaft Süd- und Westdeutschlands, das meißn. Vorbild
anzuerkennen, ließe sich jedenfalls nicht recht verstehen, wenn
die ostmd. Lösung des Gemeinsprachproblems nur etwas Eigen-
williges gewesen wäre.

Die Forschungsentwicklung auf diesem wichtigen Gebiet der
dt. Sprachgeschichte widerspiegelt ein Stück der politischen
Geistesgeschichte Deutschlands im letzten Jahrhundert: Der
‚kaiserliche' Standpunkt bei Müllenhoff im Jahre 1871, dessen
‚humanistische' Variante bei Burdach um die Jahrhundertwende, der ‚Neusiedelraum'—Standpunkt in den 30er Jahren — mit der Fringsschen These „eine Schöpfung des Volkes,
nicht des Papiers und des Humanismus", der sich später die
sowjetrussische Germanistin M. M. Guchmann mit einer
Polemik gegen den bürgerlichen ‚Kanzleistandpunkt' an-
schloß — und schließlich eine (von L. E. Schmitt eingeleitete)
neue, intensivere Phase der Geschäftssprachforschung (R.
Schützeichel, W. Besch, W. Fleischer, E. Skála), die erstens
den impressionistischen Schlüssen von modernen Mundartver-
hältnissen auf das Mittelalter (Th. Frings) die minutiöse Ur-
kundenforschung (mit Fragen wie denen nach der Herkunft
von Schreibern und Empfängern und nach dem Verhältnis
zwischen Laut und Schrift) entgegensetzt und zweitens dem
sog. ‚Altland' westlich von Saale und Böhmerwald bis zum
Rhein hin, vor allem seinem städtebürgerlichen Wirtschafts-

leben im Spätmittelalter, mehr an sprachlicher Einigungskraft zutraut als die einstigen Germanistenschulen von Berlin, Leipzig und Prag es taten. Von ideologischen oder provinziellen Motiven wird man diesen Forschungsbereich allerdings erst dann ganz befreien können, wenn einmal an die Stelle der kursorisch-philologischen Arbeitsansätze metatheoretische Vorüberlegungen von der Soziologie und der Linguistik her gesetzt werden können: über die statistische Repräsentativität der Texte (deren Auswahl ja nicht beliebig sein darf) und über die sehr unterschiedliche Bedeutung der einzelnen sprachlichen Merkmale für den Sprachwandel als Strukturwandel (vgl. IV 1).

IV. Älteres Neuhochdeutsch

1. Phonologische und morphologische Veränderungen

Das überfüllte System der mhd. Hochtonvokale wurde beim Übergang zu der Sprachstufe, die man ohne scharfe Abgrenzung ‚Neuhochdeutsch' nennt, allmählich etwas vereinfacht durch den Zusammenfall der Phoneme $\langle \ddot{a}, \ddot{e}, e \rangle$ zu ε[1] und $\langle \bar{\ddot{a}}, \bar{e} \rangle$ zu e: (z. B. mhd. *vrävele, reht, setzen, lēre, mēre* zu nhd. *Frevel, recht, setzen, leer, mehr*), wobei sich eine Koppelung phonetischer Merkmale in der Weise ergab, daß — auch außerhalb der *e*-Laute — alle langen Vokale eng, alle kurzen offen gesprochen werden[2]. Weiterhin verringerte sich die Zahl der Diphthonge durch den Zusammenfall von $iu = \langle iu \rangle$ mit $y: = \langle iu \rangle$ und vor allem durch die Monophthongierung $\langle ie, \ddot{u}e,$ $uo \rangle$ zu $i:, y:, u:$ (z. B. mhd. *lieb, brüeder, huot* zu nhd. *lieb* [gespr. *li:p*], *Brüder, Hut*). Dieser Reihenwandel führte aber nicht zum Zusammenfall mit den alten Langmonophthongen $i:, y:, u:$, da diese (wahrscheinlich enger gesprochenen) Laute zu $ae = \langle ei, ai \rangle$, $\vartheta e = \langle eu, \ddot{a}u, oi \rangle$ und $ao = \langle au \rangle$ diphthongiert wurden und mit altem mhd. $\langle ei, \ddot{o}u, ou \rangle$ zusammenfielen (z. B. mhd. *wīde* ‚Weidenbaum', *weide* ‚Viehweide' zu nhd. ¹*Weide,*

---

[1]) Im Kapitel ‚Nhd.' wird die Lautschrift der International Phonetic Association benutzt.
[2]) Zu langem offenem $\langle \alpha \rangle$ vgl. Kap. IV, 5!

²*Weide;* mhd. ¹*hiute,* ²*hiute, fröute* zu nhd. *heute, Häute, freute;*
mhd. *rūm, boum* zu nhd. *Raum, Baum*). Damit wurde das
Vokalsystem von 24 Phonemen auf 17 vereinfacht:

I	Y	U		i:	y:	u:			
ɛ	œ	ɔ		e:	ø:	o:		ae ɔe	ao
	a			ɑ:					

Die zwar für Silbenakzent und Silbenstruktur wichtige
Dehnung aller mhd. Kurzvokale in offener Silbe (z. B. mhd.
vane, nemen, siben usw. zu nhd. *Fahne, nehmen, sieben*) blieb,
ebenso wie einige Kürzungen, ohne Einfluß auf die Struktur
des Phonemsystems, da diese Längen bzw. Kürzen jeweils
mit den anderen Längen und Kürzen zusammenfielen. Diese
quantitativen Vorgänge ließen — wie die anderen Zusammen-
fälle von Phonemen — in einigen Fällen Homonyme entstehen (z. B. mhd. *mālen, malen* zu nhd. *malen, mahlen*);
deren punktuelle orthographische Differenzierung durch die
normativen Grammatiker (s. IV, 5!) ist sprachstrukturell
irrelevant.

Eine Konsolidierung des Konsonantensystems stellt die
Phonemisierung des velaren Nasals ŋ dar. Im Mhd. war er nur
eine Stellungsvariante des *n* (komplementäre Verteilung: ŋ
nur vor *g* und *k; n* niemals vor *g* und *k*). Im Mhd. wurde
nämlich in Fällen wie *singen* und *jung* das *g* noch gesprochen
(*siŋgen, juŋg*), was sich darin zeigt, daß die Phonemverbindung
ŋg infolge der sog. mhd. ,Auslautverhärtung' (Neutralisation
der Opposition zwischen Stark- und Schwachverschlußlaut im
Auslaut) als ⟨*nc, nk, ngk*⟩ geschrieben wurde, vereinzelt bis
ins 16. Jh. Im Nhd. dagegen spricht man — trotz der Beibehaltung der Buchstabenverbindung ⟨*ng*⟩ — nur noch *zɪŋən,*
juŋ. Jetzt ist das Distributionsverhältnis zwischen *n* und *ŋ*
nicht mehr komplementär. Beide Laute können nun in gleicher
Umgebung und in Opposition zueinander vorkommen: z. B.
⟨*Wanne ≠ Wange, sing ≠ Sinn*⟩. Der velare Nasal ist also zu
einem eigenen Phonem geworden. Jetzt treten die bis dahin
im System isolierten Nasale ganz zu dem Korrelationsbündel
der Verschluß- und Engelaute hinzu, das durch den Wandel
der mhd. Halbvokale ⟨*w*⟩ und ⟨*j*⟩ zu den nhd. stimmhaften

Engelauten (= Reibelauten) v und j ohnehin schon bereichert
worden ist:

$$
\begin{array}{ccccc}
p & b & f & v & m \\
t & d & ss & s/z & n \\
k & g & c/x & j & \eta
\end{array}
$$

Das System ist dadurch vervollständigt worden. Das neue
Phonem η wirkt sich im zwischensprachlichen Verkehr mit
Sprachen, die es nicht oder in anderer Distribution haben,
dahingehend aus, daß Deutsche z. B. Schwierigkeiten haben,
ein Wort wie *English* oder die französischen Nasalvokale richtig
auszusprechen, und viele Nichtdeutsche beim Deutschsprechen
das dt. Phonem η wegen der irreführenden Buchstabenverbindung *ng* meist als ηg aussprechen. Während im Mhd. bei
französischen Lehnwörtern wie *tanz, aventiure, garzun, schanzun*
die frz. Nasalierungen der Vokale nicht mitentlehnt, sondern
als Vokal$+n$ wiedergegeben wurden (da ja der Laut η im
Mhd. nur ein Allophon war), wird bei solchen Entlehnungen
in der Neuzeit in der Umgangssprache der velare Nasal zum
nichtnasalierten Vokal hinzugesetzt (z. B. *Balkon, Terrain,
Orange* mit $\mathit{o}\eta$, $\varepsilon\eta$, $a\eta$ gesprochen), ein Zeichen dafür, daß die
Phonemisierung des η im nhd. Lautsystem automatisch wirkt.

Eine komplizierte Umgruppierung des Systems ist bei den
dentoalveolaren Engelauten vor sich gegangen. Im Mhd. be-
standen nebeneinander das apikale s (aus germ. s), und das
dorsale s (aus germ. t durch die 2. Lautverschiebung), z. B. *es*
(Gen. sg. m. n.), *ez* (Nom. Akk. sg. n. des Personalpronomens),
was ,war‘, *waz* ,was‘. Dazu trat ein neues Phonem $\int$, das sich
im Laufe der mhd. Zeit aus der Phonemverbindung *sk* entwickelt hatte (z. B. ahd. *skōni*, mhd *schoene*), wahrscheinlich
über die noch heute in westfäl. Mundarten und im Niederländischen erhaltene Zwischenstufe *sx*. Das alte apikale (mit
der Zungenspitze artikulierte) s stand aber dem $\int$ recht nahe
(etwa wie noch heute das s im Ndl.), was wir aus Lautsubstitutionen bei Entlehnungen wie mhd. *Orense* aus franz.
Orange oder dem Ortsnamen *Sebnitz* (in Sachsen) zu sorbisch
žaba ,Frosch‘ schließen können. Dadurch bestand in diesem
Bereich die Gefahr des Zusammenfalls der Phoneme. Dies

geschah teilweise, aber in Verbindung mit einer Neuverteilung der Oppositionen in diesem Systembereich: Zwischen den beiden *s*-Lauten blieb nur inlautend zwischen Vokalen eine Opposition, z. B. *reisen* ≠ *reißen, Muse* ≠ *Muße*, mit dem Merkmalsgegensatz schwach ≠ stark. Die Opposition zwischen *s* und *ſ* wurde beibehalten und phonetisch verstärkt, z. B. *sein* ≠ *Schein, Rasse* ≠ *rasche, laß* ≠ *lasch*. Nur anlautend vor Konsonant wurde jedes *s* zu *ſ* (*Spiel, Stiel, Schrei, Schlag, Schnee, Schmutz*). Diese Eigenart des Nhd., die beim Fremdsprachunterricht und bei der Entlehnung von Wörtern wie *stop, Snob* Schwierigkeiten bereitet, hat nur das Gebiet Bremen-Hamburg-Hannover nicht mitgemacht, wo die Leute — wie man sagt — über den *s-pitzen S-tein s-tolpern*. Daß sich die Schreibung ⟨*sch*⟩ (drei Buchstaben für ein Graphem) bei *ſt* und *ſp* nicht durchgesetzt hat, hängt sicher mit der hohen Frequenz dieser beiden Lautverbindungen und ihrem (den Kanzleischreibern gewohnten) Vorkommen auch im Latein zusammen.

Die im Mhd. durch die Endsilbenabschwächung eingeleitete Entwicklungstendenz der Substantivflexion wirkt im Nhd. weiter in der Weise, daß die Kasusunterschiede noch stärker zugunsten des Numerusunterschiedes zurückgedrängt werden. Hatten wir es im Mhd. schon mit der Klassifizierung nach der Pluralbildung mit oder ohne Umlaut zu tun, so wird dieses Numerusprinzip im Nhd. vervielfacht dadurch, daß mit neuen Pluralendungen (besser: Plural-Stammerweiterungen) neue Klassen entstehen. Bei unserem Beispiel der starken Maskulina (vgl. III, 2) verdoppelt sich die Zahl der Klassen durch das Pluralzeichen *-er*, das sich von den Neutra des mhd. Typs *lamb — lember* (aus der idg. *es/os*-Deklination) her ausgebreitet hat:

		I 1a	I 1b	I 2a	I 2b
Sg.,	NA	*Tag*	*Lehrer*	*Leib*	*Bösewicht*
	G	*Tag-e-s*	*Lehrer-s*	*Leib-e-s*	*Bösewicht-s*
	D	*Tag(-e)*	*Lehrer*	*Leib(-e)*	*Bösewicht*
Pl.,	NA	*Tag-e*	*Lehrer*	*Leib-er*	*Bösewicht-er*
	G	*Tag-e*	*Lehrer*	*Leib-er*	*Bösewicht-er*
	D	*Tag-e-n*	*Lehrer-n*	*Leib-er-n*	*Bösewicht-er-n*

		II 1a	II 1b	II 2a	II 2b
Sg.,	NA	*Bart*	*Apfel*	*Wald*	*Strauch*
	G	*Bart-e-s*	*Apfel-s*	*Wald-e-s*	*Strauch-s*
	D	*Bart(-e)*	*Apfel*	*Wald(-e)*	*Strauch*
Pl.,	NA	*Bärt-e*	*Äpfel*	*Wäld-er*	*Sträuch-er*
	G	*Bärt-e*	*Äpfel*	*Wäld-er*	*Sträuch-er*
	D	*Bärt-e-n*	*Äpfel-n*	*Wäld-er-n*	*Sträuch-er-n*

Der Klassenunterschied zwischen Formen mit und ohne
e-Erweiterung im Singular (a- und b-Klassen) ist bei II 2 nicht
scharf (auch *Strauches, Strauche* ist möglich) und überhaupt
so unwesentlich, daß er in der Entwicklung des Nhd. (vgl. IV 5)
allmählich weiter zurücktritt. Dadurch wird das *-e* im Plural
der Klassen I 1a und II 1a immer mehr zum Pluralzeichen
wie der Umlaut und das *-er*.

Dieses System, bei dem das Kasusflexionsprinzip immerhin
noch mit dem *-s* im Gen. sg. und dem *-n* im Dat. pl. rudimentär
erhalten ist, wird weiter abgebaut durch Deklinationsklassen,
in denen es im Plural gar keine Kasusendung mehr gibt. In
Einzelfällen wie *Balken* (zu I 1b) und *Garten* (zu II 2b) kann
man das Fehlen des *-n* im Dat. pl. noch rein lautlich aus dem
Zusammentreffen mit dem Stammausgang *-n* erklären. Analo-
gische Systematik hat dagegen zu der sog. ‚gemischten'
Deklination des Nhd. geführt, wo — von der alten schwachen
Deklination her — sich ein Pluralzeichen *-(e)n* durchgesetzt
hat (z. B. *Staat — Staaten, See — Seen*). Diese nur vom diachronischen Standpunkt her ‚gemischt' genannte Klasse
gliedert sich dem System der nhd. starken Maskulina synchronisch als Klasse I 3 ein. Schließlich muß für neuere Jahrhunderte noch als Klasse I 4 der vielumstrittene *s*-Plural hinzu-
genommen werden. Er wird zwar — abgesehen von ursprünglich niederdeutschen Beispielen wie *Jung(en)s, Decks, Fallreeps,
Wracks* usw. — auf den starken frz. Einfluß im 17. und 18. Jh.
und den englischen im 19. und 20. Jh. zurückgeführt werden
müssen und erklärt sich bei vielen Lehnwörtern (*Hotels,
Streiks* usw.) eben aus der Einzelwortentlehnung. Aber in
vielen anderen Fällen ist der *s*-Plural synchronisch gesehen
heute ein unentbehrlicher Bestandteil des dt. Flexionssystems.

Er ist nämlich nach bestimmten Distributionsregeln obligatorisch geworden: bei Buchstaben-Abkürzungswörtern (*Pkws*, *Kfzs*, *BHs*, usw.), bei Substantivierungen ohne Ableitungsmorphem (*Hochs*, *Tiefs*, *Neins*, *Hurras*, *Lebehochs* usw.) und vor allem bei Wörtern mit Stammausgang auf vollen Vokal (*Uhus*, *Nackedeis*, *Taxis*, *Nazis*, *Fotos*, *Dias* usw.). Es ist ein automatisches Wirken der Sprachökonomie — ohne jede Beeinflussung durch bewußte Sprachnormung, ja sogar gegen sie —, daß (nach dem Untergang der alten vollen Endsilbenvokale durch die mhd. Endsilbenabschwächung) neue Wörter mit neuartigen vollen Endsilbenvokalen nach einem besonderen Pluralzeichen verlangen und dafür das neue, durch Wortentlehnungen ins Dt. gelangte Plural-*s* an sich ziehen und damit in das System integrieren.

Bei den Feminina der schwachen Deklination ist diese Tendenz zur Kristallisation der Substantivflexion um die Numerusfunktion (R. Hotzenköcherle) am weitesten vorangeschritten: endungsloser Singular, Plural auf -(*e*)*n*. Man sollte sie synchronisch gar nicht mehr zur ‚schwachen' Deklination rechnen, die auf Restklassen wie die von *Mensch*, *Graf*, *Bote*, *Hase* usw. beschränkt ist. — Ein analoger Systemwandel vollzieht sich im Nhd. bei der Flexion der Verben: Verstärkung der Tempusfunktion auf Kosten der Unterscheidung nach Person, Numerus und Modus. Dabei ist vor allem der Ablautunterschied zwischen Sg. und Pl. des Präteritums der starken Verben ausgeglichen worden. Noch Luther schrieb (wie im Mhd.) *er bleyb — sie blieben, er fand — sie funden* (nhd. *blieb — blieben, fand — fanden*). So ist auch der grammatische Wechsel (vgl. Verners Gesetz, I,2) beseitigt worden in Fällen wie *er was — sie wären, er verlōs — sie verlurn, er zōch — sie zugen* (nhd. *war — waren, verlor — verloren, zog — zogen*). Durch Systemausgleich sind im Konjunktiv Präsens einige im Mhd. noch bestehende Oppositionen im Nhd. homophon geworden, also untergegangen (vgl. O. Werner). Im Mhd. hieß es z. B. noch *ich spriche* (Ind.) ≠ *ich spreche* (Konj.), *sie sprechent* (Ind.) ≠ *sie sprechen* (Konj.), wo es heute beidemal nur *spreche* bzw. *sprechen* heißt. Der letzte Rest von Opposition, der heute noch bei allen Verben besteht (3. sg. *er liebt* ≠ *er liebe*),

ist so schwach, daß das Nhd. die alte flexivische Kategorie
des Konj. Präs. fast ganz aufgegeben hat. Im Präteritum ist
sie auf die umlautfähigen Verben beschränkt (z. B. *sprach* ≠
spräche). Die Reste des flexivischen Konjunktivs werden im
Nhd. — zusammen mit Hilfsverbfügungen mit *würde, möge,
sei, wäre, habe, hätte* usw. — zu einem ganz neuen System
umgebildet, das sich von der alten Bindung an die Tempora
(Konj. Präs., Konj. Prät. usw.) löst, das dem traditioneller
Normgrammatik zugrundeliegenden lateinischen System
nicht entspricht und dessen semantische Kategorien bis heute
nur annähernd durchschaubar sind.

2. Wirkungen des Buchdrucks

Die Geschichte der dt. Sprache nähert sich in ihrer nhd.
Periode immer mehr der Gleichsetzung von ,Deutsch' und
,Hochdeutsch'. Das Niederdeutsche unterlag nun in der Kultur-
sprachentwicklung endgültig, wenn auch allmählich, durch die
Zurückdrängung des alten (nd. geschriebenen) Volksrechts seit
der Rezeption des Römischen Rechts im Spätmittelalter, ferner
durch den Untergang der Hanse und die Reformation. Heute
kann das Niederdeutsche nur noch in der dt. Dialektologie
behandelt werden. Der Beginn des Nhd. oder ,Neudeutschen'
gehört zu den schwierigsten Periodisierungsfragen. Man
hat einen Übergangsbegriff ,Frühneuhochdeutsch' geprägt,
aber der war ganz willkürlich für die Zeit von der Mitte des
14. Jh. bis zum 16. Jh. angesetzt worden. Lautliche Kriterien
(die sog. ,nhd.' Diphthongierung, Monophthongierung und
Vokaldehnung) bieten keinen verläßlichen Anhaltspunkt, da
diese Lautvorgänge sich ganz allmählich in den einzelnen
Landschaften früher oder später in den Jahrhunderten seit dem
Hochmittelalter vollzogen haben.
Wenn man die erste Periode des Deutschen mit der Christianisierung und den Anfängen des Deutschschreibens im 8. Jh.
beginnen läßt und die zweite Periode mit der ersten Blütezeit
weltlicher Sprachkultur kurz vor 1200, dann sollte man auch
für die dritte, zur Gegenwart hinführende Periode ein sprach-
soziologisches Kriterium wählen: Seit der Mitte des 15. Jh.

wird geschriebene dt. Sprache durch die Erfindung des Buchdrucks einem unvergleichlich größeren Teil der Sprachgemeinschaft zugänglich. Der Weg zur Gemeinsprache und Hochsprache war vorher auf die mühevolle Herstellung einer be-
grenzten Anzahl von Handschriften angewiesen, die nur ein
kleiner Kreis von Fachleuten oder Begüterten lesen oder
kaufen konnte. Die Erfindung Gutenbergs machte es nun möglich, daß Bücher und Flugschriften in beliebig vielen und verhältnismäßig billigen Exemplaren vom Druckort aus in alle
Teile des Sprachgebiets gingen. Von welcher Bedeutung das
für die Entwicklung der Schriftsprache war, läßt sich am besten
ermessen, wenn man sich vergegenwärtigt, daß auch heute
unsere Gemeinsprache weit weniger auf dem mündlichen Verkehr als auf der gedruckten Literatur beruht, ja daß eigentlich
auch jetzt nur das Bücherdeutsch als eine einigermaßen einheitliche Gemeinsprache gelten kann, während die mündliche
Verkehrssprache (auch der Gebildeten) in den verschiedenen
Gegenden und sozialen Gruppen erhebliche Unterschiede zeigt.

Die geschäftlichen Interessen des Buchhandels wirkten
darauf hin, daß man sich immer mehr bemühte, grob Dialek-
tisches aus der gedruckten Sprache fernzuhalten. Je mehr es
einem Verleger gelang, das sprachliche Gewand der von ihm
veröffentlichten Werke von solchen Zügen zu reinigen, um so
größere Aussichten hatte er, daß seine Verlagsprodukte in
allen Teilen Deutschlands gelesen und gekauft wurden. Wir
finden daher bald, daß sich zahlreiche Druckereien um die
Normalisierung der Orthographie ihrer Verlagserzeugnisse bemühen, mitunter sogar gegen den Schreibgebrauch der
Autoren. Schon Tatsachen wie die, daß im Zeitraum bis 1582
von neunzehn in Wien tätigen Druckern nur einer geborener
Wiener war und daß ein Drucker wie Anton Koberger nicht
weniger als dreizehn Pressen und Vertriebsstellen in verschiedenen Städten von Mittel- und Süddeutschland unterhielt,
zeigen wie selbstverständlich sich ausgleichende Tendenzen
geltend machen mußten.

Im 16. Jh. konkurrierten noch mehrere druckersprachliche
Formen, je nach Druckort und Verleger, miteinander. Man
unterscheidet, allerdings mit vielen Überschneidungen, einen

südostdt. Typus (Wien, Ingolstadt, München) von einem schwäbischen (Augsburg, Ulm, Tübingen), einem oberrheinischen (Straßburg, Basel), einem schweizerischen (Zürich), einem westmitteldeutschen (Mainz, Frankfurt, Köln), einem ostfränkischen (Nürnberg, Bamberg) und einem ostmitteldeutschen (Leipzig, Wittenberg). Aber der Drang nach der sprachlichen Einheit, d. h. nach weitreichender Verkäuflichkeit, war stärker als der Lokalstolz der Verfasser und des engeren Leserkreises. So ging Basel schon vor der Reformation und Zürich schon 1527 zu den Diphthongen über, obwohl in diesen Städten noch heute in Mundart und Umgangssprache die alten Monophthonge gesprochen werden (vgl. *Schwīzerdūtsch*).

3. Luther und die Reformation

Wie die Reformation, die eine neue Epoche in Kirche und Staat einleitende Bewegung des 16. Jh., ohne das neue Publikationsmittel des Buchdrucks sich nicht so schnell und folgenreich in einem großen Teil Deutschlands hätte durchsetzen können, so ist auch die Leistung des Reformators Martin Luther für die dt. Sprachgeschichte nicht denkbar ohne die gedruckte Bibel, die die Entstehung der dt. Gemeinsprache einen großen Schritt voranbrachte. So verkehrt es ist, das an eine lange Tradition anknüpfende Wirken Luthers als den allein ausschlaggebenden Antrieb zur Entstehung des Neuhochdeutschen hinzustellen, so sicher ist es, daß sich Art und Umfang seiner Pflege der Muttersprache in wesentlichen Punkten von der Tätigkeit seiner Vorgänger unterscheidet. Eine tiefgreifende Wirkung war den Bestrebungen der Kanzleien und Buchdrucker schon deshalb versagt geblieben, weil ihnen in Stil und Inhalt der Einfluß auf die großen Massen fehlte. Auch Luther war zwar von Haus aus ein Gelehrter, dessen Tischgespräche in einer uns heute unvorstellbaren Weise Deutsch und Latein miteinander mischten (vgl. IV, 4!). Aber von dem Augenblick an, wo ihm seine reformatorische Berufung klar zum Bewußtsein gekommen war, betrachtete er sich als Seelenfischer, dem das Heil des geringsten unter seinen Brüdern in Christo mehr gilt als der Beifall von Fürsten und

Prälaten. So findet er denn auch, während ihn die höchsten
Mächte des Reichs und der Kirche verfolgen und viele von den
Humanisten verächtlich auf ihn herabblicken, seine mächtigste
Stütze in der begeisterten Anhängerschaft der breiten Massen.
Auf diese aber kann er nicht mit kunstvoll gedrechselten Perioden und Redefiguren einwirken; der schlichteste, geradeste, oft
auch der derbste Ausdruck ist ihm der beste. Das hat Luther
nicht nur von Anfang an gefühlt, sondern später auch klar erkannt. Leitet er doch seine 1523 erschienene Übersetzung der
Bücher Mosis mit dem Bekenntnis ein, weder er selbst noch
irgendein anderer, am allerwenigsten aber die fürstlichen
Kanzleien hätten bisher die Kunst verstanden, deutsch zu
schreiben. Er selbst hat sich diese Kunst mühsam und allmählich erarbeitet in einer schriftstellerischen Praxis von be-
deutendem Umfang, vor allem aber in jahrzehntelangem Ringen mit dem Urtext der Bibel. Ihr hat er ein lebendiges dt.
Gewand geschaffen, in immer neuer Arbeit, die, im ganzen von
hinreißendem Schwung getragen, doch im einzelnen von uner-
hörter Genauigkeit und Gewissenhaftigkeit zeugt.

Das äußere sprachliche Gewand seiner Schriften näherte
Luther den Gebräuchen der kursächs. Kanzlei an, die er für
identisch hielt mit den in der kaiserlichen Kanzlei üblichen.
Die Bemühungen seiner Drucker und Korrektoren um die an-
fänglich ganz inkonsequente Orthographie seiner Schriften
hat er sich gern und dankbar gefallen lassen. Luther hat auf
die äußere Sprachform seiner Schriften wenig Wert gelegt.
Die nicht autorisierten Bibeldrucke haben sich in der Wiedergabe ihres Vorbildes viele Freiheiten gestattet. Allein in den
Jahren 1524 und 1525 sind neben 14 autorisierten Nach-
drucken 66 nichtautorisierte erschienen. Als scharfe und
gegen Ende des Jahrhunderts erfolgreiche Konkurrenz zur
Wittenberger Bibel erschien in Frankfurt im Verlag Feyer-
abends eine weit verbreitete Bibelübersetzung, die in vielen
Dingen bewußt von der Lutherschen abweicht. Aber was die
nhd. Schriftsprache aus solchen Werken schließlich übernommen hat, sind hauptsächlich orthographische Züge, wie z. B.
komm für *kom*, *Gäste* für *Geste*, *ältester* für *eltester*. Luthers eigene
Orthographie war dem Nhd. noch sehr fern. Er stand noch auf

dem Höhepunkt der Verwilderung im willkürlichen Setzen von überflüssigen Buchstaben (*vnnd*, und', *auff* ,auf', *ysß* ,iß'). Auch das berühmte ,lutherische' *-e* (*Seele* statt *Seel*, *im geiste*), das noch im 18. Jh. katholischen Schriftstellern Süddeutschlands verdächtig erschien, ist erst nach Luther zur festen Regel geworden (Martin Opitz). Viele Eigenheiten der ohnehin schon vorbildlichen ostmitteldt. Schreibtradition sind nachträglich mit der Autorität Luthers und der Bibel verknüpft worden. Andererseits sind gewisse ostmd. Einflüsse in der später wegen der einflußreichen Reichstagsabschiede so wichtigen Mainzer Kanzleisprache wohl darauf zurückzuführen, daß seit 1480 Albrecht v. Meißen Erzbischof von Mainz und Reichskanzler war.

Die große Wirkung der Lutherbibel über das ganze dt. Sprachgebiet hin beruht auf einer umfassenden sprachsoziologischen Bewegung, der Luther nicht durch philologische Akribie oder Eigenwilligkeit, sondern durch seine mutige Tat eines volksnahen Übersetzungsstils zum Durchbruch verholfen hat. Nur so ist es zu verstehen, daß die Grammatiker seit dem 16. Jh. nicht müde werden, die Sprachgestalt von Luthers Schriften als Vorbild zu empfehlen. Gerade die verbreitetste unter den älteren dt. Grammatiken, die des Johannes Claius, bekennt sich als eine „*Grammatica germanicae linguae... ex bibliis Lutheri germanicis et aliis eius libris collecta*". Luthers Sprache ist kein Neuanfang, sondern das Sammelbecken aller damals lebendigen dt. Sprachtraditionen. Er hat ausgiebig aus den Leistungen seiner Vorgänger und Zeitgenossen geschöpft, von den Mystikern und älteren Bibelübersetzungen — vor ihm gab es schon 14 gedruckte dt. Bibeln, seit der des Straßburgers J. Mentel von 1466 — über die Perikopen und die Erbauungsliteratur bis zur mündlichen dt. Predigersprache seiner Zeit. Wenn Luthers Wörter und Wendungen in großer Zahl auch in Bibelübersetzungen seiner Gegner wiederkehren, so war das nicht immer Plagiat. Luther war nur der erste, der es wagte, in der Bibelübersetzung den allgemeinen, lebendigen Sprachgebrauch, auch der Alltagssprache, zu verwenden und sich der abstrakten Künsteleien des latinisierenden Humanisten- und Mönchsdeutsch zu ent-

halten. Sicher ist, daß eine Reihe ursprünglich dialektischer
Wörter, wie z. B. *Splitter, schüchtern, Spuk, Motte, Knochen,
schimmern, lüstern, Scheune, bange, Wehklage, Wehmutter* durch
seinen Einfluß sich in der Gemeinsprache durchsetzten
und daß zahlreiche aus der Bibel stammende Phrasen, wie
etwa *sein Licht unter den Scheffel stellen, sein Scherflein bei-
tragen, sein Pfund vergraben, mit seinem Pfunde wuchern, ein
Stein des Anstoßes* durch seine Übersetzung verbreitet worden
sind. Er hat aus einer eigens angelegten Sprichwörter-
sammlung geschöpft. Sein Wortschatz ist erstaunlich reichhaltig. Er konnte in einem einzigen Satz z. B. zwischen *beschirmen, behüten* und *bewahren* variieren.

Als zweisprachiger Nordthüringer (seine Eltern stammten aus
Westthüringen und er selbst ist im niederdeutschen Mansfeld
aufgewachsen, in Magdeburg und in Eisenach zur Schule gegangen) hat Luther sich nach dem in den Tischreden bekannten Grundsatz gerichtet: „Ich habe keine gewisse, sonderliche,
eigene Sprache im Deutschen, sondern brauche der gemeinen
deutschen Sprache, daß mich beide, Ober- und Niederländer,
verstehen mögen". Durch seine Bibelübersetzung haben sich
nd. und md. Wörter gegen oberdeutsche im Nhd. durchgesetzt: *Lippe/Lefze, Peitsche/Geißel, Ziege/Geiß, prahlen/
geuden, Ufer/Gestad*, u. a. — Auch manche wortinhaltliche
Entwicklung geht auf Luther zurück. Wenn uns heute die Verwendung von *Grund* in der Bedeutung ‚Ursache' so geläufig
ist, so hat dazu Luthers Bestreben wesentlich beigetragen, für
alles, was er glaubte und tat, einen Grund (d. h. ursprünglich
eine ‚Grundlage') in der Heiligen Schrift nachzuweisen. Und
wenn heute das Wort *Beruf* nicht mehr ‚Ruf, Berufung', sondern ‚Lebensstellung, Amt, Handwerk' und dergleichen bedeutet, so läßt sich dieser Bedeutungswandel schwer verstehen, wenn man nicht weiß, wie hoch Luther die kärgliche
Lohnarbeit auch der niedern Stände als etwas dem Menschen
von Gott Angewiesenes, ein ihm wohlgefälliges Werk ein-
schätzte.

Mit dem Begriff ‚Lutherdeutsch' ist uns ferner noch heute
die Vorstellung eines einfachen, ungekünstelten Satzbaus
verbunden. Luthers Schreibstil ist noch nicht von der späteren

Strenge schriftsprachlicher Wortstellungsregeln (vgl. IV, 4).
Als Beispiel eine in einfachen, kleinen Schritten fortschreitende
Luthersche Satzperiode aus der berühmten Reformationsschrift
‚An den christlichen Adel deutscher Nation' (1520):

> *Wen ein heufflin fromer Christen leyen wurden gefangen vnnd*
> *in ein wusteney gesetzt/die nit bey sich hetten einen geweyheten*
> *priester von einem Bischoff/vnnd wurden alda der sachen*
> *eyniß/erweleten eynen vnter yhn/er were ehlich odder nit/vnd*
> *befilhen ym das ampt zu teuffen/meß halten/absoluieren/vnd*
> *predigenn/der wer warhafftig ein priester/als ob yhn alle*
> *Bischoffe vnnd Bepste hetten geweyhet.*

Hier würde man in korrektem Gelehrtendeutsch etwa des
19. Jh. die finiten Verben so weit wie möglich ans Ende setzen
und auch die Attributerweiterung *von einem Bischoff* ein-
klammern:

> **Wenn ein Häuflein frommer Laienchristen, die keinen von*
> *einem Bischof geweihten Priester bei sich hätten, gefangen und*
> *in eine Wüste versetzt würde und sie sich dort darüber einig*
> *würden, daß sie einen unter sich — er wäre verheiratet oder*
> *nicht — erwählten und sie ihm das Amt, zu taufen, Messe zu*
> *halten, zu absolvieren und zu predigen, anbefehlen würden, so*
> *wäre der wahrhaftig ein Priester, wie wenn ihn alle Bischöfe*
> *und Päpste geweiht hätten.*

In Luthers Bibeldeutsch — vor allem in der ersten Übersetzung des Neuen Testaments, der sog. Septemberbibel von
1522 — scheint die weitgehend klammerlose Wortfolge zwar
stark von der Wortfolge der grch. Vorlage abhängig zu sein
(vgl. Textprobe 4). Man hat aus dem Vorwiegen von Rahmen-
konstruktionen in Luthers Flugschriften und Fabeln schließen
wollen, daß gerade das Rahmenprinzip, und nicht die freiere
Wortfolge in kleinen Schritten, der Volkssprache am nächsten
gestanden habe (W. G. Admoni, B. Stolt). Aber diese Texte
beweisen nichts für die damalige Volkssprache; und einem
Luther wird man in der Bibelübersetzung ein bloßes Unge-
schick des Wort-für-Wort-Übersetzens (in der Art der Fuldaer
Tatianübersetzer des 9. Jh.) nicht zutrauen dürfen. Das Vorkommen vieler Rahmendurchbrechungen auch in seinen freien

Schriften und weiterhin in populärer Literatur des 15. und 16. Jh. machen es sehr wahrscheinlich, daß sich Luther — gegen den schon stark ‚schachtelnden' Latein- und Gelehrtenstil seiner Zeit — die klammerlose Wortfolge des Urtextes insoweit zunutzegemacht hat, als sie auch einer freieren Variabilität der Wortfolge des Alltagsdeutsch seiner Zeit entgegenkam, von der man in der Mundartsyntax und besonders im Jiddischen noch heute viel antrifft.

Jedenfalls bedeutet — im Rückblick nach vier Jahrhunderten einer ganz anderen Stiltendenz der dt. Hoch- und Schriftsprache — Luthers Sprachstil in der dt. Sprachgeschichte den auf lange Zeit letzten Versuch, den ungezwungenen Sprachgebrauch, auch den der ‚Ungebildeten', als literaturfähig anzuerkennen und selbst die Bibel in einer zeitgemäßen und allen verständlichen Sprachform darzubieten. Darin lag auch der rasche Erfolg der Lutherbibel. Später wurde es immer mehr üblich, sich vom bloßen ‚Sprachgebrauch' zu distanzieren und nur der hohen, gelehrt oder dichterisch geprägten Stilebene die Sprachrichtigkeit zuzuerkennen. So kam es, daß immer wieder dt. Dichter — vom Sturm und Drang bis zu Bert Brecht — aus der akademisch-preziösen Richtung der nhd. Schriftsprache ausbrachen und gern auf das ‚urwüchsige' Deutsch Luthers und seiner Zeit zurückgriffen.

4. Lateinischer Spracheinfluß

Buchdruck und Reformation haben zwar mit Volksbüchern, Flugschriften, Bibel, Predigt und Schulunterricht das Latein als Literatur- und Bildungssprache ein wenig zurückgedrängt. Aber das darf nicht darüber hinwegtäuschen, daß das Deutsche in vielen kulturell wichtigen Bereichen noch lange nicht ernsthaft mit der Sprache konkurrieren konnte, die nun über die kirchlichen Traditionen hinaus als Sprache der neuen weltlichen Bildung gepflegt wurde. Im Zeitalter des Humanismus war das Latein nach wie vor die Schreib- und Verhandlungssprache der Wissenschaften und des nun ganz auf röm. Traditionen eingestellten Rechtswesens. Im Jahre 1518 waren nur 10 Prozent der deutschen Buchproduktion deutsch geschrieben, und noch 1570 waren es nicht mehr als 30 Prozent. Die Zahl der lat. geschriebenen dt. Bücher betrug im Jahr 1740 noch 28 Prozent und 1770 noch 14 Prozent. In die Hörsäle der Universitäten drang das Deutsche erst seit 1687 durch Christian Thomasius in Leipzig. Noch bis ins 19. Jh. mußten in einigen Fächern Doktordissertationen lateinisch verfaßt werden. Diese weit über das Ende des Mittelalters hinaus andauernde kulturelle Vorherrschaft des Lateins im geistigen Leben Deutschlands mußte ihre Spuren auch in der neueren dt. Sprache hinterlassen.

Am stärksten hat der lat. Einfluß natürlich im lexikalischen Bereich gewirkt. Der Terminologie- und Zitierzwang hat auch in der mündlichen Rede der dt. Gelehrten seit dem frühen Mittelalter eine dt.-lat. Mischsprache entstehen lassen, die beispielhaft in Luthers Tischgesprächen überliefert ist. Ein sehr beliebter Typus war es dabei, den mit dt. Prädikatsverb gegründeten Satzplan in den anderen syntaktischen Positionen mit lat. Lexemen anzufüllen (nach B. Stolt) ; z. B.

Spiritus sanctus *sezt* mortem *ein* ad poenam.
Ergo *mus* fides in hac carne infirma *sein*.
In articulo remissionis peccatorum *ligt die* cognitio Christi.

So sind in der Humanistenzeit — und ebenso früher und später — aus dem Latein der Gelehrten, der Schulen, Gerichte und Behörden zahllose lat. Wörter ins Dt. entlehnt worden: *Universität, Professor, Kollege, Humanität, Pensum, Text, diskutieren, demonstrieren, präparieren, Prozeß, protestieren, appellieren, konfiszieren, Akte, legal,* usw. Neu ist seit dem Humanismus der Anteil an griechischen Wörtern und deren Ableitungen im dt. Lehnwortschatz: *Akademie, Bibliothek, Gymnasium, Pädagoge, Apotheke, Technik, Horizont, erotisch, panisch,* usw. Viele von ihnen können allerdings auch aus lat. Texten ins Deutsche gelangt sein. Dieser Lehnworteinfluß aus den klassischen Sprachen war so groß, daß bis zur Gegenwart hin in allen Lebensbereichen moderner Zivilisation mit lat. oder griech. Wortstämmen oder Wortbildungsmitteln immer neue dt. Wörter gebildet werden konnten: *Elektrizität, Photographie, Philatelie, Graphologie, Germanist, Sozialist, Materialis-*

mus, Antifaschist, nuklear, multilateral usw. Damit hat sich aber im dt. Wortschatz nichts anderes ereignet als auch in den anderen westeuropäischen Kultursprachen. Die Zahl der verfügbaren Wortstämme, mit denen man Wörter für neue Begriffe bilden konnte, ist damit in vielen Wortschatzbereichen fast verdoppelt worden, und zwar durchaus nicht in überflüssiger Weise, denn aus dem Nebeneinander von Erbwort und Lehnwortstamm ergaben sich oft nützliche Begriffsdifferenzierungen (vgl. *sozial* und *gesellschaftlich, Telegramm* und *Fernschreiben*). Solche Lehnlexeme nennt man Internationalismen.

Wesentlich hintergründiger (und bis heute in der Forschung noch nicht vollständig erkannt) hat das Latein auf den S a t z - b a u und die S t i l i s t i k der werdenden dt. Schrift- und Hochsprache eingewirkt. Zur Verbreitung der klassisch beeinflußten Schreibweise hat schon im Spätmittelalter eine Gattung von Werken viel beigetragen, die, zunächst lateinisch abgefaßt, vom 15. Jh. an auch auf dem dt. Büchermarkt zahlreich vertreten ist: die ‚Rhetoriken‘, ‚*Artes dictandi*‘, ‚Formularien‘, die sich bemühen, ital. Theorien über die kunstgerechte Abfassung von Briefen und Urkunden auch in die dt. Praxis einzuführen. Diese Werke verlangen deshalb Beachtung, weil sie zu einer Zeit, wo die grammatische Darstellung der Muttersprache noch in den ersten Anfängen steckte, als eine Art Lehr- und Musterbücher für den Gebrauch der dt. Sprache gelten können, deren Einfluß auf den dt. Urkunden- und Briefstil und mittelbar auf die dt. Prosa überhaupt kaum überschätzt werden kann. Hatten die böhm. Frühhumanisten bewiesen, daß klassischer Redeschmuck mit Schönheit und Durchsichtigkeit des dt. Ausdrucks wohl vereinbar sei, so setzte sich nun, zum guten Teil unter dem Einfluß jener Fomularien, die langatmige und verschnörkelte Redeweise fest, die der dt. Spracherziehung als ‚Amtsstil‘ noch heute zu schaffen macht.

Wir können Schritt für Schritt verfolgen, wie die Stilmittel der klassischen Rhetorik — der parallele Bau der verschiedenen Satzteile, die rhetorische Frage, der Kunstgriff, einen einfachen Begriff durch Verwendung von zwei oder drei synonymen Ausdrücken nachdrücklich hervorzuheben usw. — in der dt. Prosa

immer mehr an Boden gewinnen, begleitet allerdings von Stil-
elementen, die nicht wie die eben aufgezählten in der boden-
ständigen dt. Prosa Parallelen und Anknüpfungspunkte
hatten, sondern sich als reine Latinismen darstellen, wie etwa
der zunehmende Gebrauch von undeutschen Partizipial- und
Infinitivkonstruktionen nach lateinischem Muster. Gegen Ende
des 15. Jh. ist dann dieser Prozeß so weit fortgeschritten, daß
Nikolaus v. Wyle den Grundsatz aufstellen kann:

> *daz in der latinischen Rhetorick wenig ... zu zierung und hoff-*
> *lichikait loblichs Gedichts diende zu finden ist, daz nit in dem*
> *tütsche ouch stat haben und zu zierung sölicher tütscher gedichten*
> *als wol gebrucht werden möcht, als in dem latine.*

Es finden sich aber auch abfällige Urteile über das unter
lat. Einfluß stehende Gelehrtendeutsch. So schreibt Aventinus
in der Vorrede zu seiner Bayerischen Chronik (1526):

> *... in dieser Verteutschung brauch ich mich des alten lautern*
> *gewöhnlichen jedermann verstendigen teutsches; dan unser*
> *redner und schreiber, voraus so auch latein künnen, biegen,*
> *krümpen unser sprach in reden und schreiben, vermengens*
> *felschens mit zerbrochen lateinischen worten, machens mit*
> *großen umbeschwaifen unverständig, ziehens gar von ihrer auf*
> *die lateinisch art mit schreiben und reden, das doch nit sein*
> *sol, wan ein ietliche sprach hat ir aigne breuch und besunder*
> *aigenschaft.*

In der 2. Hälfte des 16. Jh. setzte im Stil der Rechtsprechung
und Verwaltung eine Veränderung der deutschen Wortstellungsregeln ein, die im 17. Jh. auch andere Stilbereiche,
vor allem das Gelehrtendeutsch und die Prosadichtung, er-
faßte (vgl. das Luther-Beispiel in IV 3): Die Endstellung des
2. Prädikatsteils (Infinitiv, Partizip, Präverb) im Hauptsatz
und die Endstellung des finiten Verbs im Nebensatz werden
von den Grammatikern seit dem 16. Jh. als alleinige Norm
gelehrt. Von der Möglichkeit, Satzglieder auszuklammern und
hinter das Verb bzw. den 2. Prädikatsteil zu stellen, wird seit
dem 17. Jh. immer weniger Gebrauch gemacht. In diesen Zusammenhang gehört auch die erweiterte Attributgruppe
(vgl. H. Weber), die in (nicht von lat. Vorlagen beeinflußten)

Texten des mittelalterlichen Deutsch allenfalls mit nur einem
Adverb als Erweiterung möglich war (z. B. *die wol gelobeten
vrouwen*, Kudrun 43, 3), bei mehrgliedriger Erweiterung fast
nur mit Nachstellung (z. B. *gestrichen varwe ûfez vel*, Parzival
551, 27). Auch im Kanzleistil konnten solche erweiterten
Adjektiv- und Partizipialattribute bis gegen Ende des 16. Jh.
nach lat. Vorbild nur appositiv hinter das übergeordnete Substantiv gestellt werden. Nachdem aber im Humanistenlatein
auch die Voranstellung üblich wurde, ahmte man dies in dt.
Übersetzungen nach, und so wurde die vorangestellte erweiterte
Attributgruppe nach 1600 sehr schnell zu einer der beliebtesten
syntaktischen Fügungen auch im Deutschen, während die
nachgestellte Partizipialgruppe im 17. Jh. fast gar nicht mehr
auftrat und seit dem 18. Jh. auf den Stil der schönen Literatur
beschränkt blieb. Die Attributerweiterung ist eine der wesentlichen Ursachen dafür, daß seit dem 17. Jh. der Umfang des dt.
Elementarsatzes allgemein zunahm (W. G. Admoni). Im Kanzleistil waren der Häufigkeit und dem Umfang der erweiterten
Attribute kaum Grenzen gesetzt; ein keinesfalls seltenes
Beispiel:

> ... *die hin und wieder im Reich erst-gedachten Commercien und
> gemeinem Nutzen zu Nachtheil, mit Gelegenheit des Kriegs,
> wider die Rechte, Freyheiten und ohne Bewilligung eines
> Römischen Kaysers und der Churfürsten neuerlich eigenes
> Gefallens eingeführt- und erhöheten Zölle* ... (Reichs-Abschied
> 1670).

Das erweiterte Attribut und die obligatorische Endstellung
des Verbs bzw. 2. Prädikatsteils sind Erscheinungsformen der
gleichen sprachstrukturellen Veränderung: Die Wortstellungs-
freiheit des mittelalterlichen Deutsch (vgl. Textprobe 3) wird
eingeschränkt zugunsten der zentripetalen Wortfolge (vgl.
Textprobe 6): Das syntaktisch untergeordnete Wort geht dem
übergeordneten voraus, im Gegensatz zur zentrifugalen Wortfolge etwa des Französischen (vgl. L. Tesnière, Eléments de
syntaxe structurale, 1959, S. 22f). Ausgenommen von der
zentripetalen Wortfolge bleiben jedoch diejenigen Wörter, die
die syntaktische Funktion der ganzen Gruppe angeben. Die

untergeordneten Wortgruppen werden so in eine Klammer ein-
geschlossen, die im Nebensatz von der Konjunktion und dem
finiten Verb, im Hauptsatz vom finiten Verb und dem 2.
Prädikatsteil und im erweiterten Attribut vom Artikel und
dem Substantiv gebildet wird. Versuche der Humanistenzeit,
auch im Hauptsatz die Endstellung des finiten Verbs einzuführen, konnten sich darum nicht durchsetzen. Jenes Wort-
folgeprinzip setzte sich zwar unter dem Einfluß des Huma-
nistenlateins durch. Es wäre jedoch falsch, es deshalb als
‚undeutsch' zu betrachten. Mit dem Gesetz der zentripetalen
Wortfolge war vielmehr eine wichtige strukturelle Voraussetzung in der deutschen Sprache selbst gegeben. Für den Sprachstil in Wissenschaft und Verwaltung hat sich die zentripetale
Wortfolge aber nachteilig ausgewirkt. Da der abstrakte und
komprimierte Stil dieser Sachbereiche die Anfüllung des Satzes
mit übermäßig vielen und langen Nominalgruppen förderte,
führte die restlose Einklammerung von umfangreichen Satz-
gliedern, ja sogar von Nebensätzen und satzwertigen Infinitiven
mit *zu*, das Prinzip der zentripetalen Wortfolge schließlich
ad absurdum. So entstand unter indirekter Einwirkung des
Lateins der berüchtigte dt. ‚Schachtelsatz-' oder Klammer-
stil, gegen den sich seit dem 19. Jh. Widerstand erhob (vgl.
V, 3).

Auf lat. Vorbild beruhen auch die zunehmende Verwendung
von *welcher* als Einleitung von Relativsätzen, das Weglassen
des Hilfsverbs (z. B. *das Buch, das ich gelesen*) und die systematische Kategorisierung der Zeitformen des Verbs, die nicht
immer mit der dt. Sprachstruktur übereinstimmt, z. B. *er wird es
gelesen haben*, nach lat. Auffassung temporal (Futurum exac-
tum), nach deutscher modal (‚ich nehme an, daß er es gelesen
hat'). Man gewöhnte sich daran, nach lat. Schema zu flektieren
(z. B. *Mann, Mannes, Manne, Mann, bei dem Mann, oh
Mann !*). Erst seit jüngster Zeit ist die dt. Grammatikforschung
darum bemüht, die dt. Sprachlehre von den lat. Kategorien zu
befreien und neue, dem dt. Sprachbau angemessenere Betrach-
tungsweisen zu finden, und zwar in den beiden Richtungen der
sog. ‚inhaltbezogenen' (H. Glinz, L. Weisgerber, J. Erben, P.
Grebe, H. Brinkmann) und der sog. ‚strukturalistischen'

Grammatik (H. Glinz, J. Fourquet, M. Bierwisch, H. J. Heringer, G. Helbig, U. Engel u.a.).

Was vom lat. Einfluß als wertvolle Bereicherung der dt. Sprache unangefochten geblieben ist, sind vor allem die syntaktischen Mittel begrifflicher Klarheit und Präzision. So wird nach lat. Vorbild vom 16. bis 18.Jh. die dt. Möglichkeit der doppelten Verneinung und der unlogischen Apokoinukonstruktion in der dt. Schrift- und Hochsprache verdrängt, die Kongruenz von Numerus, Kasus, Person und Geschlecht im Satz durchgeführt. Ohne das lat. Vorbild und den gelehrten Stil hätte sich das System der syntaktischen Unterordnung von Nebensätzen im Satzgefüge sicher nicht so systematisch und differenziert ausbilden können. Im Mischstil von Luthers Tischgesprächen ist gerade bei konjunktionalen Nebensätzen deutlich das Überwechseln zum Latein zu beobachten (nach B. Stolt), z. B.:

Sonst kund niemand den Teuffl ertragen, sicut videmus in desperatis.

Zu letzt hebt Staupitz zu mir über tisch an, cum essem sic tristis *und erschlagen.*

Demgegenüber sind die verschiedenen Arten von *daß*-Sätzen und attributiven Relativsätzen in Luthers Redeweise viel häufiger deutsch konstruiert. Die Möglichkeiten des Mittelhochdeutschen für syntaktische Unterordnung von Sätzen waren noch sehr beschränkt und frei. Oft genügte statt einer Konjunktion (wie im Nhd.) einfach der Konjunktiv beim Nebensatzverb oder ein *und,* oder es fehlte jedes Unterordnungszeichen, z. B.

Ouch trûwe ich wol, si sî mir holt. (Wolfram, Parzival 607, 5; ‚Auch vertraue ich fest darauf, daß sie mir hold ist‘)

Ich erkande in wol, unde sœhe ich in. (Hartmann v. Aue, Gregorius 3896; ‚Ich würde ihn sicher erkennen, wenn ich ihn sähe‘)

Ir sult wol lâzen schouwen, und habt ir rîche wât. (Nibelungenlied 931, 3; ‚Ihr sollt nun sehen lassen, ob ihr prächtige Kleidung habt‘)

Von iu beiden ist daz mîn ger, ir saget mir liute unde lant.
(Thomasin, Welscher Gast 1581; ,Euch beiden gegenüber
ist es mein Wunsch, daß ihr mir von Leuten und Land er-
zählt')

Als Rest dieser einfachen altdt. Hypotaxe ist der vorangestellte konjunktionslose Konditionalsatz mit Spitzenstellung
des Verbs bis heute geblieben (z. B. *Hilfst du mir, helf ich dir*).
Die reich differenzierte Ausbildung eines Systems von Neben-
satzkonjunktionen nach Vorbild des lat. Gelehrtenstils ist zu
einem wesentlichen Kennzeichen der höheren Bildungssprache
geworden, so daß sie auch über Konjunktionen verfügt. die
viele Sprachteilhaber nie oder kaum verwenden (*zumal, indem,
falls, sofern, sowie, soweit, soviel, insofern — als, als daß, auch
wenn*).

5. Normative Grammatik

Wenn man Luthers Bibeldeutsch im Originaltext mit
unserer heutigen Schriftsprache und schon mit der unserer
Klassiker vergleicht, wird deutlich, daß sich in der Zwischen-
zeit in der dt. Grammatik noch sehr viel gewandelt hat.
Daß die Sprache Luthers und seiner Zeit noch zum sog.
Frühneuhochdeutschen gehört, darüber ist man sich in der
Forschung einig. Aber wie weit reicht diese Periode? Bis zu
Opitz oder bis zu Gottsched und Adelung? Jedenfalls hat die
grammatische Form der dt. Sprache vom Ende des Mittelalters
bis ins 18. Jh. in vielen Dingen eine gewisse Rationalisierung
durchgemacht. Manche der im folgenden angeführten Erscheinungen wird bereits in der freien Sprachentwicklung angebahnt
gewesen sein. Ohne Zweifel haben aber dabei die dt. Grammatiker und Stillehrer des 16. bis 18. Jh. regulierend und vereinheit-
lichend eingegriffen, von Joh. Claius (1578) über Martin Opitz
(,Buch von der dt. Poeterey', 1624), Justus Georg Schottel
(1641, 1663), Joh. Bödiker (1690) und Joh. Chr. Gottsched
(,Deutsche Sprachkunst '1748) bis zu Joh. Chr. Adelung (1774).
Diese Gelehrten und ihre Vorgänger, die spätmittelalterlichen
Kanzleibeamten, die oft zugleich Lehrer an den städtischen
Schulen waren, haben nicht nur sklavisch am lat. Vorbild ge-

hangen. Sie haben sich auch ernsthafte Gedanken über die ‚Sprachrichtigkeit' im Deutschen gemacht. Dabei sind, neben vielen (ihnen noch verzeihlichen) Fehlurteilen manche nützlichen Regeln aufgestellt worden, die sich über den Schulunterricht und viele Schriftsteller schließlich durchgesetzt haben und bis heute gültig geblieben sind.

In der Orthographie hat sich ein Prinzip entwickelt, das sich sehr wesentlich von der mhd. Verfahrensweise unterscheidet. Man gewöhnte sich daran, die Buchstaben nicht mehr nur nach der Lautqualität zu wählen, sondern auch nach der etymologischen Zusammengehörigkeit von Wortstämmen und nach Bedeutungsunterschieden. So ist die (in der Aussprache noch heute vorhandene) mhd. Auslautverhärtung in der Schrift beseitigt worden, damit der Wortstamm in allen Flexionsformen und Ableitungen gleich geschrieben werden konnte: mhd. *gap — gāben*, nhd. *gab — gaben*; mhd. *tac — tage*, nhd. *Tag — Tage*; mhd. *leit — leiden*, nhd. *Leid — leiden*. Die mhd. Verteilung der Buchstaben *e* und *ä* (ursprünglich *ặ*) auf zwei verschiedene Lautwerte (Primär- und Sekundärumlaut: mhd. *geste* ‚Gäste', *mähtec* ‚mächtig', *geslähte* ‚Geschlecht') wird aufgegeben, weil es diesen Unterschied in dem nun so einflußreichen Mitteldeutschen nicht gab. Das sich von süddt. Druckereien her verbreitende *ặ* wurde nun in den Dienst grammatisch-semantischer Unterscheidung gestellt. Schon in der ‚Orthographie' des Fabian Frangk (Wittenberg 1531) heißt es: „*ặ* wird gebraucht in derivativis", d. h. wie heute in umlautenden Flexionsformen und Ableitungen von Wortstämmen mit *a* (*Gäste* zu *Gast*, *mächtig* zu *Macht*, *rächen* zu *Rache*, aber *Rechen*). Diese graphemische Differenzierung hat beim langen *ä* dazu geführt, daß das nhd. Vokalsystem um ein Phonem bereichert wurde, das weder diachronisch aus der Lautentwicklung berechtigt war noch synchronisch in das Vokalsystem hineinpaßte. Die jahrhundertelange Übung, Wörter wie *Ehre* und *Ähre*, *Gewehr* und *Gewähr*, *Reeder* und *Räder* auf dem Papier durch die Graphem-Opposition *e ≠ ä* zu unterscheiden, hat auch in der Aussprache der meisten Deutschen (nicht aber in Berlin und im Nordosten, wo man in

beiden Fällen meist beim engen ē geblieben ist) eine Opposition
zwischen engem ē-Phonem und offenem ǟ-Phonem entstehen
lassen, die der sonstigen Korrelation zwischen Enge und Länge
im nhd. Vokalsystem widerspricht. Dies ist ein seltener — aber
für die sprachgeschichtlichen Bewegkräfte im Papierzeitalter
offenbar symptomatischer — Einfluß des Schreibens auf das
Sprechen (nach W. Fleischer).

Dem gleichen orthographischen Prinzip zuliebe sind im Nhd.
auch bei anderen Vokalen für viele gleichlautende Wörter
(Homonyme) differenzierende Schreibungen eingeführt
worden: z. B. *leeren / lehren, Moor / Mohr, malen / mahlen,
Leib / Laib*. Syntaktisch motiviert ist die seit der Mitte des
16. Jh. aufkommende orthographische Differenzierung zwischen *das* und *daß* (beide aus mhd. *daz*). Solche Regeln er-
schweren zwar noch heute den Rechtschreibunterricht und
sind sprachstrukturell unnötig, da die Bedeutung von Homo-
nymen durch Kontextbedingungen genügend determiniert
wird (z. B. *Die ¹Weide steht auf der ²Weide*, aber nicht umgekehrt). Ihre Tendenz entspricht aber einem bewußten, wenn
auch sehr inkonsequent durchgeführten Prinzip philologisch
gebildeter Sprachnormer: visuell-lexematischer statt phonematischer Schreibung. Man hält nun die Gliederung des Textes in
kleinste Sinneinheiten (Morpheme, Lexeme) für wichtiger als
die in Phoneme. Dem entspricht auch die seit dem 16. Jh.
stärker werdende Tendenz zur Zusammenschreibung der
Komposita (Zusammensetzungen), die die vollzogene Sinn-
einheit der Morphemverbindung hervorhebt und die Frage
‚zusammen oder getrennt?‘ unnötigerweise als eine der Haupt-
schwierigkeiten deutscher Rechtschreibung erscheinen läßt.
Auf einer höheren Ebene der Grammatik zeigt sich dies auch in
der Entwicklung der Interpunktion: Im 16. Jh. (etwa bei
Luther, vgl. Textprobe 4) wurden innerhalb des Satzes noch
meist nur satzphonetische Sprechabschnitte angezeigt, und
zwar durch die Virgel (/), die in unseren Textneudrucken vielfach irreführend durch das Komma ersetzt ist, das erst in der
Aufklärungszeit an ihre Stelle tritt. Das Komma ist aber mit
einem ganz anderen Interpunktionsprinzip verbunden: der
Gliederung nach logischen bzw. von Grammatikern und Schul-

meistern als logisch aufgefaßten Einheiten wie Nebensatz,
asyndetische Reihung usw. Dieses von anderen Sprachen in
vielen Punkten abweichende Prinzip ist erst im 19. Jh. zur
verbindlichen Norm geworden.

Ebenso abstrakten Erwägungen entspricht die Einführung
der Großschreibung der Substantive, die zeitweise auch im
Ndl. und Dän. üblich war. War die Majuskel (der Großbuch-
stabe) bis in die Barockzeit hinein noch im Wesentlichen ein
graphisches Mittel zur freien äußeren Textgestaltung wie die
Initiale oder der Typenwechsel, nämlich für den Satzanfang,
für die Hervorhebung von Eigennamen, besonders der sakralen
(vgl. Textproben 1—5), oder von wichtigen Stichwörtern, so
wurde sie — vereinzelt seit dem 16. Jh., verbindlich erst seit
Gottsched und Adelung Mitte des 18. Jh. — zunehmend in den
Dienst der Kennzeichnung einer Wortart, also einer syntaktisch definierten Kategorie gestellt. Es ist nicht ausgeschlossen, daß die Einführung der Großschreibung mit dem langen
Festhalten an der spätmittelalterlichen Frakturschrift zu-
sammenhängt, die einerseits gerade in der Barockzeit zur Ver-
schnörkelung der Großbuchstaben und deshalb zu ihrem ver-
mehrten Gebrauch verlockte, andererseits wegen diffuser und
oft zu ähnlicher Minuskelformen wohl mehr nach Hervorhebung bestimmter Wortanfänge verlangte als die strengere
und viel leichter lesbare Antiqua-Schrift, die — als Erneuerung
der Karolingischen Minuskel in der Humanistenzeit — sich z. B.
in den romanischen Ländern viel früher durchgesetzt hat. Auf
jeden Fall hat die Zunahme der Substantive und Attributgruppen im dt. Gelehrtenstil in der Aufklärungszeit (s. auch
IV, 4 und IV, 8) das Bedürfnis nach graphischer Hervorhebung
dieser Wortart gefördert, was sich symptomatisch in Gottscheds Terminus ‚Hauptwort' zeigt, aber nichts für die sprachstrukturelle Notwendigkeit dieses Prinzips beweist. Da sich
semantische und syntaktische Kategorie mitunter nicht dek-
ken (z. B. *das wesentliche Argument, das Wesentliche, im wesentlichen*), führte die Vermischung syntaktischer und semantischer Kriterien zu unnötigen Lernschwierigkeiten, die bis
heute keine Rechtschreibreform hat beheben können. Eine
kuriose Überschneidung des alten mit dem neuen Prinzip

stellen pietistisch-barocke Schreibungen wie *GOtt der HErr* dar.
— Auf der anderen Seite haben die Grammatiker, vor allem
Schottel und Gottsched, mit ihrer normativen Systematik viel
Ballast in der Rechtschreibung beseitigt wie das Wuchern von
Konsonantenverbindungen oder Doppelkonsonanten, die seit
dem Schwinden phonemischer Geminaten funktionslos geworden waren (z. B. *auff, Gedancken, eintzig, todt* usw. im 16.
und 17. Jh.) und die Regelung, daß *v* nur noch für Konsonanten
verwendet werden darf (vgl. Luthers *vnnd* für *und* in Textprobe 4). Dadurch ist die deutsche Orthographie im ganzen
wesentlich systematischer geworden als etwa die französische.

Rationalisierungen bedeuten auch gewisse Entwicklungen
in der Flexion, ganz gleich, ob hier die Grammatiker bewußt
eingegriffen oder durch Vereinheitlichung des noch schwanken-
den und landschaftlich verschiedenen Sprachgebrauchs nur
nachgeholfen haben. Dem erwähnten Wortstammprinzip zuliebe wurden lautliche Unterschiede wie Vokaldehnung und
Vokalwechsel innerhalb der grammatischen Kategorie oft
durch Systemzwang beseitigt (*Hof* — *Hōfes, krieche* — *kreuchst*
werden zu *Hōf* — *Hōfes, krieche* — *kriechst*).

Dem Pluralzeichen -*e* bei den Substantiven ist es zugute gekommen, daß Opitz in der Schriftsprache dem obd. *e*-Schwund
bewußt Einhalt gebot (*die Füße* statt *die Füß*). So ist das -*e* im
Plural bis heute fest geblieben, während es als Kasuszeichen
des Dativs sg. noch in den letzten Jahrzehnten weiter zurückgegangen ist (Noch Fontane schrieb *beim Könige, allem An-
scheine nach*). Für das Festwerden der (ursprünglich eine Ak-
tionsart kennzeichnenden) Vorsilbe *ge*- beim Partizip der Vergangenheit hat sich Opitz ebenso eingesetzt wie für den strikten
Unterschied zwischen endungsloser Singularform des starken
Präteritums und der Endung -*te* bei der des schwachen (so
schon Claius). Noch Luther schrieb *than* ‚getan‘, *er sahe* ‚er sah‘,
er bracht ‚er brachte‘. Bödiker regelte den Unterschied zwischen
vor und *für* und gab mit seiner in der Zeit vor Gottsched sehr
einflußreichen Grammatik dem Diminutivsuffix -*chen* den Vor-
zug vor dem süddeutschen -*lein*.

Ein systematisierender Eingriff in die Wortbildung überhaupt war die lautgesetzwidrige Bewahrung oder Restitution

der vollen Endsilbenvokale in Ableitungssuffixen wie *-lich*, *-isch*, *-ig*, *-in*, *-sam*, *-bar*, die im Spätmittelalter — wie in heutigen Mundarten und im Jiddischen — vielfach zu ə abgeschwächt waren. Daß diese Vokalkonservierung bei Präfixen und bei Flexionsendungen nicht gewirkt hat, läßt auf ein konsequent lexematisches Prinzip schließen.

Das Zeitalter der normativen Sprachbetrachtung ist auch von sprachsoziologischen und stilistischen Kriterien gekennzeichnet. Zwar beruhten die Normsetzungen meist auf der Beobachtung des Sprachgebrauchs, allerdings nur eines bestimmten, nicht des allgemeinen. Anfangs und teilweise noch bis Adelung galt das ‚Meißnische‘ und die Sprache der Lutherbibel als Maßstab, seit Opitz aber schon mehr der Schreibgebrauch der kaiserlichen Kanzlei, vor allem der Reichstagsabschiede und der Entscheidungen des Speyerer Reichskammergerichts, im späten 17. und 18. Jh. auch die Sprache hervorragender Schriftsteller, das „Schreiben der Gelehrten und Reden vieler vornehmer Leute" (Bödiker) oder die „Eigenthümlichkeiten der obern Classen der ausgebildetsten Provinz" und die „Gesellschaftssprache des gesittetsten Theiles der Nation" (Adelung). Beim damaligen uneinheitlichen Zustand des allgemeinen Sprachgebrauchs bedeutete diese Auffassung der ‚Sprachrichtigkeit‘ zugleich eine Distanzierung vom Sprachgebrauch des ‚Pöbels‘; und der Grundsatz ‚Sprich wie du schreibst!‘ war weithin anerkannt. Die sprachliche Überfremdung Deutschlands durch klerikales und akademisches Latein und aristokratisches Französisch und das Fehlen eines politischen, wirtschaftlichen und kulturellen Zentrums ließen im Deutschen, mehr als etwa in Frankreich und England, einen Sprachstandard entstehen, der verhältnismäßig gelehrt, schreibsprachlich und pedantisch geprägt war.

Die Herausbildung einer einheitlichen Nationalsprache war an sich ein Erfordernis, das — wie die Entstehung der ‚Nationen‘ überhaupt — mit dem wirtschaftlichen System des Bürgertums im Frühkapitalismus (Fernhandel, Marktsicherung) zusammenhing und dessen Erfolg darum in Deutschland sogar der politischen Einigung vorausging (D. Nerius, M. M. Guchmann). Das starke Nachwirken feudaler Gesellschaftsstruktur an den vielen Fürstenhöfen hat diese Entwicklung nicht nur zeitlich behindert, sondern auch qualitativ beeinflußt im Sinne einer (das Prestige der fremden ‚Standessprache' kompensierenden) Hochtreibung der normativen Ansprüche und einer weitgehenden Entfernung vom spontanen allgemeinen Sprachgebrauch. Wenn sich seit Herder und dem Sturm und Drang und erst recht später im Zeitalter der Demokratie, der Technik und der Massenkommunikationsmittel Widerstand gegen die sprachliche Reglementierung erhebt und so manche alte Norm der traditionellen dt. Literatursprache ins Wanken zu geraten scheint, so sollte man sich vor der (bereits bei Adelung einsetzenden) ‚Sprachverfalls'-Ideologie hüten und vielmehr beachten, daß viele dieser Normen nicht auf freier Sprachentwicklung beruhen, sondern auf willkürlicher Einengung des Bereichs der sozialstilistischen Varianten aufgrund von Entscheidungen weniger Personen oder bestimmter Personengruppen und auf längst veränderten sprachsoziologischen Voraussetzungen.

6. Französischer Spracheinfluß

Die Beziehungen zwischen frz. und dt. Literatur und die Entlehnung frz. Wörter haben seit der staufischen Zeit nicht aufgehört. Im 16. Jh. steigt der frz. Einfluß wieder an. Die Gründe dafür sind nicht in erster Linie auf dem Gebiet der Literatur zu suchen, sondern auf dem der Politik. Die dt. Fürsten haben, angezogen von dem Glanz des frz. Hofes und dem Beispiel des spanisch erzogenen und universalistisch regierenden Kaisers Karl V., den Grund zu dem Dogma gelegt, daß Frankreich in allen Fragen der Bildung und des Geschmacks als unerreichbares Vorbild zu gelten habe. Schon unter Karl V. (reg. 1519—1556) wird die Korrespondenz zwischen dem kaiserlichen und anderen dt. Höfen vielfach französisch geführt. Als dann infolge der Hugenottenkriege Scharen von vertriebenen Protestanten in Deutschland Zuflucht finden, erfährt der frz. Einfluß eine weitere Steigerung. Vor allem wird er nun, da ja die Flüchtlinge den verschiedensten Ständen angehörten, in weitere

Kreise der dt. Gesellschaft getragen. Während früher die Kenntnis der frz. Sprache in erster Linie durch kostspielige Reisen erworben werden mußte, gibt es nun in Deutschland zahlreiche frz. Sprachlehrer, z. T. in angesehener Stellung. Daneben gab es nach wie vor viele Deutsche, die zu Studien- und Bildungszwecken, oft auch als Soldaten und Kaufleute nach Frankreich gingen und dort das Französische aus erster Hand kennen lernten. So läuft der frz. Einfluß dem während des ganzen 16. Jh. noch starken spanischen und italienischen allmählich den Rang ab, der dem Deutschen viele Wörter des Handels, der Schiffahrt und des Militärwesens eingebracht hat (z. B. *Bank, Konto, Kasse, Kredit, Kapital, Risiko, netto, Post, Arsenal, Armada, Fregatte, Kompaß, Pilot, Geschwader, Alarm, Kanone, Granate, Kavallerie, Infanterie, Brigade*). Viele ur- sprünglich aus dem Italienischen und Spanischen entlehnten Wörter haben später die Lautform des entsprechenden fran- zösischen angenommen.

Zu Anfang des 17. Jh. setzt dann der frz. Einfluß übermäch- tig ein, vor allem im Wortschatz jener höfisch-galanten Lebensweise, die man unter der Bezeichnung Alamode- wesen zusammenzufassen pflegt. Die frz. Kleidung, Wohn- kultur und Küche, die neuen gesellschaftlichen Verkehrs- formen und das um diese Zeit an den Höfen um sich greifende amouröse Treiben haben uns eine Reihe von Fremdwörtern gebracht, die zum Teil noch heute als Lehnwörter fortleben. Damals drangen z. B. *Mode* (zunächst in der Verbindung *à la mode*), *Dame, Maitresse, Cavalier* in den allgemeinen Sprach- gebrauch ein, und Anreden wie *Monsieur, Madame, Made- moiselle* wurden gang und gäbe. Selbst die dt. Verwandtschafts- bezeichnungen *Vater, Mutter, Oheim, Muhme, Vetter, Base* wurden durch französische ersetzt (*Papa, Mama, Onkel, Tante, Cousin, Cousine*). Gesellschaftliche Wertschätzung wurde französisch ausgedrückt: *galant, charmant, curiös, nobel, nett, interessant.* Man machte sich *Complimente*, trieb *Plaisir, Coquetterie* oder *Conversation*, man *amüsierte* sich mit *Kares- sieren, Parlieren, Maskieren* und *logierte* im *Palais, Hôtel, Kabinett, Salon* oder in der *Etage*, mit *Möbeln, Sofa, Gobelin, Stuck, Galerie, Balkon, Terrasse*, usw. Und diejenigen, die dies alles nicht auf Französisch benennen konnten, wurden als *Parvenus* oder als *Pöbel* verachtet.

Natürlich hat bei dieser ganzen sprachlichen Bewegung der Dreißigjährige Krieg, der Unmengen von fremden Truppen ins Land brachte, einen bedeutenden Einfluß gehabt, vor allem dadurch, daß er den ursprünglich nur in den höheren Kreisen der Gesellschaft heimischen Fremdwörtern bis tief in die unteren Volksschichten hinein Eingang verschaffte. „Wie Buren ... mötet dei *Contribuzie* dem einen sowol als dem andern her *spendieren*" seufzt ein nd. Bauer in Schottels Freudenspiel ‚Des Friedens Sieg' (1648), und in der Tat wird es damals in Deutschland nicht viele Gegenden gegeben haben, in denen man nicht Fremdwörter wie *Kontribution, Gage, fouragieren, Service* aus bitterer Erfahrung kennenlernte. In den Mundarten haben sich z. T. bis heute viele frz. Lehnwörter erhalten, die in der Standardsprache längst untergegangen sind.

Der frz. Einfluß ist dann gegen Ende des 17. Jh. weiter und in bedenklichen Formen angewachsen. In dem immer mächtiger werdenden Frankreich herrschte Ludwig XIV., an dessen Hof sich Gesellschaftsleben, Kunst und Wissenschaft rasch zu einer Höhe entwickelten, die den frz. Einfluß in allen zivilisierten Ländern Europas überwältigend machte. Jetzt lag die Gefahr für die dt. Sprache nicht mehr nur in der ‚Sprachmengerei', in dem Eindringen einer wenn auch großen, so doch immerhin beschränkten Fremdwörtermenge in den dt. Wortschatz, sondern in der völligen Verdrängung des Deutschen aus dem gesellschaftlichen Verkehr der Gebildeten. In bestimmten Gesellschaftsschichten herrschte damals in Deutschland eine vollkommene französisch-deutsche Zweisprachigkeit. Das Französische ist um die Wende des 17. und 18. Jh. nicht nur Diplomatensprache, Verhandlungssprache gelehrter Körperschaften, Sprache des gesellschaftlichen Umgangs; immer verbreiteter wird die Gewohnheit, daß selbst im Bürgertum die Kinder von frühester Jugend an dazu angehalten werden, mit ihren Eltern und untereinander französisch zu sprechen, während die Muttersprache auf den Verkehr mit dem Gesinde beschränkt wird. Fast ohne Widerspruch haben sich gerade die besten Geister der Zeit diese Tyrannis einer

fremden Sprache gefallen lassen. Thomasius, der im Jahre 1687
die Kühnheit hatte, das schwarze Brett einer dt. Universität
durch den Anschlag eines Programms in dt. Sprache zu ent-
weihen, und der dt. Stilübungen in den Plan seiner umfassenden akademischen Lehrtätigkeit aufnahm, geht doch nicht so
weit, daß er der frz. Sprache ihre Eroberungen ernsthaft
streitig machen möchte: „Bey uns Teutschen ist die französische Sprache so gemein worden, daß an vielen Orten bereits
Schuster und Schneider, Kinder und Gesinde dieselbige gut
genug reden; solche eingerissene Gewohnheit auszutilgen,
stehet bey keiner privat-Person, kommt auch an derselben im
geringsten nicht zu". Und Leibniz, der in seinen eigenen
Publikationen weithin beim Französischen oder Latein blieb,
hat zwar in zwei gedankenreichen Schriften Vorschläge zur
Hebung der Muttersprache niedergelegt, diese aber nie ver-
öffentlicht, wohl weil er selbst sein ungeheures Ansehen nicht
für ausreichend hielt, um den Kampf gegen eine so tiefgehende
Zeitströmung aussichtsreich zu führen. Voltaire berichtete 1750
aus Potsdam: „Ich befinde mich hier in Frankreich. Man
spricht nur unsere Sprache, das Deutsche ist nur für die Soldaten und die Pferde". So dauert also der französische Einfluß fort, bis er am Hof Friedrichs II. einen Gipfelpunkt erreicht: die ausdrückliche Verachtung der dt. Sprache gerade
aus dem Munde des großen Preußen-Königs, dessen staats-
männische und kriegerische Erfolge schließlich doch eine Entwicklung einleiteten, die der sprachlichen Überfremdung ein
Ende setzte.

7. Sprachreinigung und Sprachpflege
vom 17. bis 19. Jahrhundert

Mit zunächst nicht dauerhaftem Erfolg setzt schon vor Be-
ginn des Dreißigjährigen Krieges die Gegenwehr gegen das
Überhandnehmen des Fremdwörtergebrauchs ein, und Hand in
Hand mit ihr das Bestreben, durch sorgfältige Pflege die
Landessprache auf eine Höhe zu heben, die sie gegenüber den
verfeinerten Kultursprachen Latein und Französisch kon-

kurrenzfähig machen sollte. 1617 schrieb der junge Martin Opitz in lat. Sprache seinen ersten Protest gegen die Vernachlässigung der Muttersprache nieder (*„Aristarchus sive de contemptu linguae germanicae*‘). 1624 bringt sein ‚Buch von der teutschen Poeterey‘ ein kurzes aber wohldurchdachtes Programm für die Behandlung des dt. Ausdrucks in der Poesie, das in seiner Gedrängtheit und Klarheit um so größeren Eindruck machte, als der Autor in der glücklichen Lage war, seine Lehren durch sorgfältige Umarbeitung einer schon früher veröffentlichten erfolgreichen Gedichtsammlung mit einem damals unübertrefflichen Musterbeispiel zu versehen. Zierlichkeit und Würde des Ausdrucks sind die positiven Vorzüge, nach denen seine Forderungen gehen. Das Gebot der Vermeidung von Dialektischem, von Übelklingendem (Hiatus, Häufung einsilbiger Wörter), von inhaltsleeren Flickwörtern, von Unklarheiten und Gewaltsamkeiten in der Wortfolge ergänzt das Programm nach der negativen Seite hin. Daß die ‚unsaubere‘ Art, in dt. Gedichte fremde Wörter einzumengen, streng verurteilt wird, ist selbstverständlich. Für den Reim verlangt Opitz größere Reinheit als sie seinerzeit üblich war. Er legte den Grund für die Metrik und Stilistik der neudt. Dichtung. Es ist eine pedantisch vernünftelnde, mehr als billig an Einzelheiten haftende Theorie der Wortkunst, die Opitz vorträgt. Aber da ihre Fehler zugleich die des Jahrhunderts sind, schadeten sie ihrem Erfolg um so weniger, als auch sein redlicher Wille, zum Ruhm der Muttersprache beizutragen, bei den besten seiner Zeitgenossen kräftigen Widerhall fand.

Schon im Jahre 1617 war nämlich zu Weimar nach ital. Muster eine Ordensgesellschaft gegründet worden, die sich die Pflege der Muttersprache zur Hauptaufgabe gestellt hatte. Aus der ernsten Stimmung eines Trauerfestes heraus geschah dort unter der Führung Ludwigs von Anhalt der erste Schritt zur Gründung einer Vereinigung von vaterländisch gesinnten Männern, wie sie Deutschland bis dahin noch nicht gekannt hatte. Schon daß die Aufnahme in die ‚fruchtbringende Gesellschaft‘ nicht hohe Geburt oder Stellung voraussetzte, sondern Liebe zur Muttersprache und den Willen, ihr zu dienen, unterschied diese Vereinigung gründlich und zu ihrem Vorteil

von den seit dem Mittelalter so verbreiteten adeligen Ordens-
gesellschaften. So hat sie denn auch wirklich erreicht, daß die
besten Geister des damaligen Deutschland ihr entweder, wie
Opitz, Moscherosch, Schottel, Logau, Gryphius, als Mitglieder
angehörten oder sich wenigstens mit Entschiedenheit als
Freunde der vaterländischen Sprachbewegung bekannten, wie
dies z. B. Grimmelshausen in seinem ,Teutschen Michel' getan
hat. Daß sich in das poetische und gesellschaftliche Treiben
des Ordens Züge von uns unerträglicher Geschmacklosigkeit
mischten, ist freilich ebenso unbestreitbar, wie daß die auf
Veranlassung der Gesellschaft entstandene Deutsche Sprachlehre von Gueintz sich schon durch ihre zwischen Spitzfindig-
keit und Stumpfsinn schwankende Einteilungssucht als ein
Werk der schlimmsten Pedanterie darstellt. Aber die ernste
Arbeit, die die Mitglieder in ihren umfangreichen Korrespon-
denzen an die Erörterung sprachlicher Probleme wandten, und
die durch sie geförderte Übung im Beobachten der Sprache
sind doch die notwendigen Voraussetzungen für die grammatischen Arbeiten von Schottel. Der Zusammenhang dieser
Arbeiten mit den Bestrebungen der Fruchtbringenden Gesellschaft erweist sich schon äußerlich dadurch, daß Schottel zahlreiche Verdeutschungen grammatischer Kunstwörter von
seinen Vorgängern übernommen hat. Ein großer Teil unserer
grammatischen Terminologie, wie z. B. die Wörter *Mundart,*
Wurzel, abwandeln, Ableitung, Beistrich, gehen auf Schottel
oder seine unmittelbaren Vorgänger zurück.

　　Nach dem Vorbild des ,Palmenordens' (wie die Fruchtbringende Gesellschaft nach ihrem Sinnbild genannt wurde) entstanden eine Reihe von anderen Sprachgesellschaften, die
durch die Ähnlichkeit ihrer Ziele und die Personen ihrer Gründer ihre nahe Zusammengehörigkeit mit jener erkennen lassen:
die Aufrichtige Gesellschaft von der Tannen (1633), die
Deutschgesinnte Genossenschaft (1642), der Pegnesische
Blumenorden (1644), der Elbschwanenorden (1656) und andere.
Von den Hauptpersonen dieser Gesellschaften ist ohne Zweifel
die hervorstechendste Philipp von Zesen, ein Mann, der
durch seinen übertriebenen Eifer in der Beseitigung auch
längst einheimisch gewordener Lehnwörter der Sprachbewe-

gung manche gefährliche Blöße gegeben hat, der aber offenkundig ein bedeutendes sprachschöpferisches Talent besaß. Neben vielen gewaltsamen und daher wieder verschwundenen Verdeutschungen scheint eine Reihe noch jetzt allgemein gebräuchlicher Wörter auf ihn zurückzugehen oder wenigstens durch ihn zu Ansehen gelangt zu sein, z.B. *Blutzeuge, Bücherei, Gesichtskreis, Schaubühne, Sinngedicht, Vollmacht*. Diese Verdeutschungsbestrebungen werden begleitet und ergänzt durch die Wiederbelebung alter dt. Wörter (wie *Minne, Degen, Vogt, Recke*), ähnlich wie später im Sturm und Drang und vor allem in der Romantik.

Hand in Hand mit den Bestrebungen der Sprachgesellschaften gehen immer häufigere Versuche, der Muttersprache im Schulbetrieb die ihr gebührende Stellung zu sichern. Schon einige Jahre vor der Gründung der Fruchtbringenden Gesellschaft hatte Wolfgang Ratichius (Radtke) verlangt, daß die Grammatik der dt. Sprache unter die Gegenstände des Elementarunterrichts aufgenommen werde. Die so erworbenen Kenntnisse sollten dann die Grundlage für den fremdsprachlichen Unterricht bilden. Von der Wichtigkeit seiner Aufgabe überzeugt, durfte Ratichius es wagen, seine Grundsätze dem Reichstag zu Frankfurt 1612 in einer Denkschrift vorzulegen, und in der Tat gelang es ihm, eine Reihe hochstehender Persönlichkeiten für seine Pläne zu gewinnen. Seit 1618 er als Rektor der unter dem Schutz Ludwigs von Anhalt gegründeten Köthener Schule darangehen, seine Theorien in die Wirklichkeit umzusetzen. Seither wirkt die Schule als ein Faktor ersten Ranges an der Ausbildung der dt. Sprache mit. Besonders die Vereinheitlichung der gebildeten Schrift- und Hochsprache wurde durch den Einfluß des dt. Sprachunterrichts gefördert.

Die religiöse Bewegung des Pietismus und seiner Abarten förderte in allen Schichten der Bevölkerung ein außerordentlich gesteigertes Ausdrucksbedürfnis. Nicht nur Angehörige der gebildeten Stände, sondern auch Handwerker und Bauersleute finden wir unter den Brief- und Memoirenschreibern der neuen Mystik. So ist es verständlich, daß die Spracherziehung, die von dieser Geistesrichtung ausgeht, sehr tiefgehend und

Parallele: Chassidismus

nachhaltig war. Indirekt gewann sie einen bedeutenden Einfluß auf die Entwicklung der dt. Sprache dadurch, daß sich die vom Waisenhaus in Halle, einer pietistischen Gründung, herausgegebenen deutschgeschriebenen Lehrbücher eines hohen Ansehens erfreuten, so daß ihre sprachlichen Eigentümlichkeiten die besten Aussichten hatten, zunächst für die Schule, dann für die gebildete Sprache überhaupt maßgebend zu werden. Zwei Wirkungen der Hallensischen Lehranstalten sind hervorzuheben: Für die Regelung der dt. Orthographie war ihre Tätigkeit von großer Bedeutung; und in dem Wettbewerb zwischen Deutsch und Lateinisch stellten sich August Hermann Francke und seine Mitarbeiter auf die Seite der Muttersprache, nicht nur in Halle, sondern schon in Leipzig, einer Hochburg der Orthodoxen, von wo Thomasius 1690 vertrieben wurde. Zeitgenössische Streitschriften stellen außer Zweifel, daß Thomasius, der in die Leipziger ‚pietistischen Händel' als Sachwalter Franckes direkt eingegriffen hatte, von den Strengkirchlichen als ein ‚Advocat der Pietisten' betrachtet wurde. Andererseits spielt in den Angriffen gegen die Pietisten der Vorwurf eine Rolle, daß sie den Gebrauch der dt. Sprache in den ‚Collegiis' befürworteten.

Die ordnende, Systeme schaffende Tätigkeit, die während der Aufklärungszeit den verschiedensten Wissenschaften zugewendet wurde, kam auch der Sprachlehre und -pflege zugute. Der Sammlung des dt. Wortschatzes in Wörterbüchern wird zunehmende Aufmerksamkeit gewidmet (Stieler, Der dt. Sprache Stammbaum und Fortwachs, 1691, Steinbach, Deutsches Wörterbuch, 1725, Vollständiges dt. Wörterbuch 1734). Die umfassende Bearbeitung des dt. Wortschatzes in J. Chr. Adelungs ‚Versuch eines vollständigen grammatisch-kritischen Wörterbuchs der hd. Mundart' (1774—81) hat durch weite Verbreitung und bezeugte Benutzung durch bedeutende Schriftsteller in der Zeit um 1800 großen Einfluß auf die lexikalische Standardisierung der dt. Literatursprache gehabt. Gottscheds ‚Deutsche Sprachkunst' versuchte, die Gesetze des Sprachgebrauchs nicht nur festzustellen, sondern auch vernunftgemäß zu beweisen, und in seinen Rezensionen und polemischen Schriften spielt die sprachliche Kritik eine große Rolle.

Gottsched und Adelung haben sich als letzte für das ostmitteldeutsche (‚meißnische')Vorbild der dt. Schriftsprache eingesetzt. Im Grunde war diese Entwicklung damals schon längst abgeschlossen, und man begann schon darüber zu spotten, wie Schiller mit seinem Distichon über die Elbe in den ‚Xenien':

All ihr andern, ihr sprecht nur ein Kauderwelsch —
unter den Flüssen
Deutschlands rede nur ich, und auch in Meißen nur, deutsch.

Die Verbissenheit, mit der Adelung gegen den heftigen Protest bedeutender Zeitgenossen wie J. Fr. Heynatz, J. H. Voß, Klopstock, Wieland, Jean Paul, Fr. L. Jahn u. a. die Vorbildlichkeit der obersächsischen „Gesellschaftssprache" behauptete, kann nur aus theoretischen bzw. ideologischen Überzeugungen dieses letzten der normativen Sprachgelehrten verstanden werden. Auf der einen Seite stand der pommersche Pfarrerssohn als Redakteur in Leipzig und Oberbibliothekar in Dresden unter dem Eindruck der Kulturblüte im königlichen Sachsen „in dem Zeitpuncte von 1740 bis auf den verderblichen siebenjährigen Krieg", in dem „Deutschland sein Athen nicht verkannte". Für ihn konnte also ‚Hochdeutsch' nur das sein, was mit ‚Geschmack' und ‚Gesittung' verbunden, also nur in den „obern Classen" und nur in Obersachsen möglich war, zumal er seit 1774, dem Erscheinungsjahr von Goethes ‚Werther', dieses „classische" Literatursprachideal durch eine neue literarische Bewegung — wie überhaupt durch den Rückgang des politisch-militärischen Ansehens Sachsens gegenüber Preußen — gefährdet sah und von da an seinen ‚meißnischen' Standpunkt noch verschärfte (D. Nerius). Dies war der erste Versuch einer nationalsprachlichen Kanonbildung unter der konservativen Idee des ‚Klassischen'. Auf der anderen Seite war Adelung aufklärerischer Sprachtheoretiker, der strukturlinguistische Anschauungen des 20. Jh. (F. de Saussure) auf naive Weise vorwegnahm (H. Henne): Eine intakte Hochsprache war ihm nur als mündlich praktiziertes Sprachsystem einer ganz bestimmten Sprechergemeinschaft (eben der besseren Gesellschaft Sachsens) denkbar (weshalb er bewußt von hochdeutscher „Mundart" schrieb), nicht als abstrakter Ausgleich zwischen allen deutschen Mundarten oder gar nur auf der Ebene des Schreibens. Von dieser sprachsoziologischen Theorie her vernachlässigte er völlig die sehr wesentlichen Unterschiede zwischen der Gebrauchsnorm der schon damals abschätzig beurteilten obersächsischen Sprechweise und der Idealnorm der überlandschaftlichen Schreibsprache.

In dem Kampf Gottscheds mit seinen schweizerischen Gegnern um die Sprachnorm entschied in Wirklichkeit nicht ein spezifisch obersächsisches Übergewicht, sondern ein längst bewährter Schriftsprachtypus, der durch stillschweigende Anpassung in allen Teilen des dt. Sprachgebietes zustande gekommen war. Wie ernst selbst die Schweizer diese Auseinandersetzung nahmen, zeigen die verschiedenen Bearbeitungen von Bodmers und Breitingers ‚Discoursen der Mahlern‘ ebenso deutlich wie die unermüdliche Sorgfalt, mit der Haller den ursprünglichen Wortlaut seiner Gedichte immer wieder im Sinne der Gemeinsprache änderte. Wenn die Schweiz seit der Mitte des 18. Jh. imstande war, die deutsche Literatur um bedeutende Leistungen zu bereichern, so sind die sprachlichen Voraussetzungen hierfür ohne Zweifel durch sprachläuternde Bemühungen dieser Art geschaffen worden. Trotz eines sehr starken sprachlichen Eigenbewußtseins, das sich noch heute im ‚Schweizerdeutsch‘ zeigt, der fast ausschließlich üblichen übermundartlichen Sprechsprache aller Gesellschaftsschichten, haben die Deutschschweizer keine eigene Schriftsprache entwickelt, sondern sich an die der anderen deutschsprachigen Länder angeschlossen, entsprechend der Entwicklung in den französisch- und italienischsprachigen Kantonen.

Die seit dem Ende des 18. Jh. nicht mehr akute sprachsoziologische Bedrängnis der dt. Sprache durch die fremden Bildungssprachen hat die Bemühungen um eine ‚Sprachreinigung‘ bis ins 19. Jh. nicht abreißen lassen. Diese auch als ‚Purismus‘ oder ‚Fremdwortjagd‘ verspottete Bewegung erreichte ihren Höhepunkt mit Joachim Heinrich Campe, der 1807 ein ‚Wörterbuch der dt. Sprache‘, 1801 und 1813 ein ‚Wörterbuch zur Erklärung und Verdeutschung der unserer Sprache aufgedrungenen fremden Ausdrücke‘ herausgab. Durch die allgemeine Richtung der Zeit unterstützt, haben diese und andere Arbeiten Campes einen beträchtlichen Einfluß auf den dt. Wortschatz ausgeübt. Für viele Begriffe, die man sonst durch Fremdwörter auszudrücken pflegte, sind unter seinem Einfluß dt. Wörter eingeführt worden, die heute neben den entsprechenden fremden oder statt derselben allgemein gebräuchlich sind. Zu den von Campe befürworteten und größtenteils wohl auch geschaffenen Verdeutschungen gehören z. B. *Eßlust (Appetit)*, *Zerrbild (Karikatur)*, *Kreislauf*, *Umlauf (Zirkulation)*, *Farbengebung (Kolorit)*, *Freistaat (Republik)*, *Angelpunkt (Pol)*, *Bittsteller (Supplikant)*, *Heerschau (Revue)*, *Stelldichein (Rendezvous)*. Natürlich hatte Campe in diesen Bestrebungen eine Menge von Bundesgenossen, z. B. den ‚Turnvater' Fr. L. Jahn, von dessen Neubildungen zwar eine große Zahl (wie z. B. *Gottestum* für *Religion*, *Leuthold* für *Patriot*) ohne Erfolg blieb, der aber andererseits durch Wörter wie *Besprechung* für *Rezension*, *Volkstum* für *Nationalität* den dt. Wortschatz bereichert hat.

Die wissenschaftliche Beschäftigung mit der dt. Sprache beginnt — wenn man die Periode der normativen Grammatik (s. IV, 4) als Vorbereitung auf anderer Ebene nimmt — mit der Leistung der Brüder Jacob und Wilhelm Grimm. Ihnen verdanken wir die Begründung der Wissenschaft von dt. Sprache und Literatur (‚Germanistik'), in vielen bahnbrechenden Untersuchungen auf allen ihren Gebieten (außer der Syntax), und vor allem die große Sammlung des dt. Wortschatzes, das ‚Deutsche Wörterbuch' (ab 1854), von dessen 32 Bänden nach der entsagungsvollen Fortsetzungsarbeit mehrerer Forschergenerationen erst im Jahre 1961 der letzte Band erschienen ist. Die Brüder Grimm kamen von der Romantik her. Bezeichnenderweise war es nicht die Sprache als solche, sondern die altdt. Dichtung, die sie zunächst anzog. Die erste Periode ihrer literarischen Tätigkeit ist ganz ausgefüllt von Bemühungen um die Hebung alter Literaturschätze und um die Erhaltung von Volksüberlieferungen, die sie als Überreste einer verschwundenen Poesie ehrten. Erst ein scharfer Zusammenstoß mit der kritischen Seite des romantischen Geistes, die ihnen in einer Rezension A. W. Schlegels 1815 sehr unfreundlich entgegentrat, veranlaßte sie zu eingehender und methodischer Betrachtung der Sprache im Anschluß an die kurz zuvor durch Franz Bopp begründete ‚indogermanische' Sprachwissenschaft. Als sie aber den Schritt von der Literaturforschung zur Sprachwissenschaft taten, war der Standpunkt, den sie der Sprache gegenüber einnahmen, der einzige, der sich mit der romantischen Auffassung des Sprachlebens vertrug. Sie wollten nicht, wie frühere Grammatiker, der gegenwärtigen Sprache Regeln geben, sondern sie so darstellen, wie sie durch jahrtausendelanges Wachstum geworden ist, vor allem wie sie in den ältesten Zeiten war und in welcher Weise sie diesen als ‚ursprünglich' oder ‚urtümlich' erschließbaren Zustand bewahrt, gewandelt oder aufgegeben hat, wobei auf neuartige Erscheinungen, die mit den alten Sprachzuständen nichts mehr zu tun hatten (z. B. Hilfsverbfügungen, präpositionale Fügungen statt Kasus), zu wenig achtgegeben wurde. Die Rolle der Sprachwissenschaft als Hilfsdisziplin der Textphilologie brachte es auch mit sich, daß man sich mehr für Einzelelemente wie Buchstaben, Laute, Silben, Suffixe, Präfixe, Wörter und für Mikrosyntagmen wie die für Kasus, Numerus, Tempus, Modus interessierte, weniger für Syntax, Kontextbedingungen, Phraseologie, Stilistik. Diese historistische und atomistische Auffassung beherrschte im 19. und beginnenden 20. Jh. die gesamte Forschungsarbeit, nicht nur der Germanistik, sondern der Sprachwissenschaft überhaupt. Wissenschaftliche Sprachbetrachtung bedeutete langezeit fast ausschließlich Erforschung historischer Sprachzustände und ihrer erkennbaren Einzelerscheinungen. Diese diachronische Arbeitsweise hat den Blick von den Sprachproblemen der Gegenwart und den synchronen Strukturzusammenhängen und gesellschaftlichen Bedingungen abgelenkt. Ohne die großartigen Leistungen der historischen Methode zu schmälern — nur durch sie wissen wir von einer Geschichte der dt. Sprache — darf festgestellt werden, daß dadurch die praktische Lehre und Pflege der lebenden Sprache von der Wissenschaft meist vernachlässigt oder mit zu einseitiger Methodik betrieben worden ist. Diese Gebiete blieben langezeit der Schulpädagogik und der publizistischen Sprachkritik (s. V, 4) überlassen.

8. Der Weg zur klassischen Literatursprache

Das Neuhochdeutsche hat sich vom 16. bis zum 19. Jh. nicht nur zu einer geregelten und vereinheitlichten Schriftsprache entwickelt; es hat im Laufe dieser Zeit zugleich auch den Gipfel des Weges zur Hochsprache (im Sinne von ‚gehobener' Sprache) erreicht. Das war die Leistung der Dichter, Dichtungstheoretiker und sonstigen belletristischen Schriftsteller. Diese stilistische Verfeinerung und Vergeistigung der dt. Sprache setzt eine Entwicklungslinie fort, die wir bei der ritterlich-höfischen Dichtersprache und bei den spätmittelalterlichen Mystikern verlassen mußten (III, 3, 4).

Die bewußte Pflege einer vom Gebrauchsdeutsch abgehobenen Dichtersprache beginnt, nach der theoretischen Grundlegung durch Opitz, erst wieder im Barockzeitalter. Der Sprachgeist des Barock findet seinen bezeichnendsten Ausdruck in jenem Stil, der durch Weckherlin, Harsdörffer u. a. vorbereitet, durch die zweite Schlesische Dichterschule auf seinen Gipfel gehoben wird. Prunkvoll und überladen, wie die gleichzeitigen Werke der bildenden Kunst, verrät dieser Stil in jeder Zeile, daß er nicht auf den gebildeten Durchschnittsleser berechnet ist, sondern auf die Angehörigen einer kleinen Oberschicht, deren ästhetische Forderungen in erster Linie durch ein feudales Luxusbedürfnis bestimmt sind. Kein Mittel einer pathetischen Rhetorik, das nicht in den Versen eines Hofmann v. Hofmannswaldau bis zum Überdruß gehäuft wäre, kein Requisit höfischer Pracht, von Marmor und Alabaster bis zu Ambra und Bisam, das nicht zu immer wiederholten pompösen Metaphern herhalten müßte. Im ganzen genommen eine Wortkunst, die uns heute schon beim Lesen weniger Seiten unerträglich wird, der man aber immerhin einen starken Willen zu ausgesprochen kunstmäßiger, die Prosa tief unter sich lassender Gestaltung der Sprache nicht aberkennen kann. Wenn sich auch noch oft genug Ausdrücke einmischen, die uns heute wie flachste Prosa klingen, darf doch die Tatsache nicht übersehen werden, daß die Leistungen der Schlesier einen großen Schritt vorwärts führen auf dem Wege zu der dichterisch erhöhten Sprachgestalt, die der Zeit nach Klopstock und Goethe von der Vorstellung des poetischen Kunstwerks untrennbar erschien. Vergleicht man die Werke der zweiten Schlesischen Schule mit solchen aus dem Beginn des Jahrhunderts, so merkt man leicht, daß die Scheidewand zwischen Poesie und Prosa nicht mehr in der metrischen Form allein besteht, sondern daß ein durchgehendes Streben nach gewählteren, gehaltvolleren Ausdrücken im Begriff ist, eine Dichtersprache zu schaffen, die nach abermals zwei Generationen stark genug geworden ist, um die Krücke des Reims vollständig entbehren zu können.

Daß dieser hochgeschraubte Stil der Versdichtung schließlich auch auf die Prosa zurückwirkte, ist selbstverständlich. Wenn Christian Weise in seiner Satire von den drei Erznarren einen Liebesbrief beginnen läßt:

Schönste Gebieterin,
Glückselig ist der Tag, welcher durch das glutbeflammte
Carfunckel Rad der hellen Sonnen mich mit tausend süßen
Strahlen begossen hat, als ich in dem tiefen Meere meiner
Unwürdigkeit die köstliche Perle ihrer Tugend in der Muschel
ihrer Bekanntschaft gefunden habe,

so hat er den galanten Briefstil seiner Zeit zwar vielleicht gesteigert, aber sicher nicht bis zur Unkenntlichkeit übertrieben. Die Stilart, die durch die zweite Schlesische Schule in Deutschland vertreten wird, schließt sich mehr an ital. als an frz. Muster an. Auch in Frankreich hatte ja eine Richtung geblüht, deren Vertreter absichtlich „anders reden als das Volk, damit ihre Gedanken nur von denen verstanden werden, die eine über der des gemeinen Haufens stehende Bildung besitzen". Aber auch hier hatte sich der manieristisch-preziöse Stil rasch überlebt, und gesiegt hatte eine Richtung, die, von Molières Satiren eingeleitet und durch Boileau theoretisch festgelegt, vielmehr Klarheit, Präzision und *bon sens* als stilistische Haupttugenden hinstellte. Auch diese Prinzipien haben nach Deutschland hinüber gewirkt und hier einen wohltuend ernüchternden, oft allerdings auch verflachenden Einfluß ausgeübt, dem es ohne Zweifel zuzuschreiben ist, daß die schwerfällige, dem Gedankengang nur mit Mühe folgende Prosa der ersten neuzeitlichen Jahrhunderte einer flüssigeren, gefälligeren, klareren Schreibart Platz machte. Der bekannteste Vertreter dieser Opposition gegen die „gestirnte, balsamierte und vergüldte Redensart" der Schlesier ist Christian Weise, der verlangt, „man müsse die Sachen also vor bringen, wie sie naturell und ungezwungen seien, sonst verlören sie alle grace, so künstlich als sie abgefaßt wären", und sich in striktem Widerspruch zu den Bestrebungen der Schlesier sogar zu Aussprüchen versteigt wie: „welche Construction in Prosa nicht gelitten wird, die sol man auch im Verse davon lassen".

Durch diese und ähnliche Aussprüche gibt sich Weise unverkennbar als Vorläufer und Wegbereiter der Aufklärungsprosa zu erkennen; auch darin, daß die Sprache für ihn nicht eine spontane Lebensäußerung darstellt, sondern ein Mittel, dessen sich der ‚Politische', d. h. gesellschaftlich Gewandte bedient, um im Verkehr mit Vorgesetzten und Gleichgestellten seine Absichten leichter zu erreichen. Mit dieser für die Zeit höchst charakteristischen Auffassung hängt es zusammen, daß ein guter Teil der Phrasen, die noch heute den Formelschatz des Verkehrs unter Gebildeten ausmachen, in jene Periode zurückgeht, z. B. die Anrede mit *Sie*, die Titel *Herr, Frau, Fräulein*, Bescheidenheitsformeln wie *meine Wenigkeit*.

Auch von anderer Seite als von Gelehrten des Typus Weise erhob sich, weniger hörbar, aber vielleicht um so wirksamer, gegen den schwülstigen Prunkstil der Barockzeit Opposition. Anschließend an die niemals unwirksam gewordenen Einflüsse der mittelalterlichen Mystik, die durch Werke wie Johann Arndts ‚Wahres Christentum' und den ‚Cherubinischen Wandersmann' des Angelus Silesius wiederbelebt und verstärkt werden, zog gegen Ende des 17. Jh. die Weltanschauung des Pietismus immer weitere Kreise. Wie die Mystik ist auch diese religiöse Bewegung aus der Abkehr von einer glänzenden, aber allzu äußerlichen Kultur hervorgegangen. Wo immer wir Schriften aus dem Kreise der Pietisten aufschlagen, begegnet uns eine anfangs natürliche und unbewußte, später oft gewollte Schlichtheit des Ausdruckes, die im grellsten Gegensatz steht zu dem pompösen Schwulst, der die am meisten bewunderten Schriften der zeitgenössischen Literatur auszeich-

net. Zeugnisse der Zeit beweisen zur Genüge, daß wir es mit
einer ganz bewußten Ablehnung der barocken Redekunst, in
Predigt wie Dichtung, zu tun haben. Die Schilderung seelischer Zustände und Erlebnisse, für die
weder der Wortschatz der Dichtung noch des alltäglichen
Lebens genügende Ausdrücke zur Verfügung stellte, erforderte
neue Wortbildungen, vielleicht überwiegend im Bereich des
Verbums, wo zu den Grundwörtern eine Menge von ableiten-
den Zusammensetzungen kamen. Besonders beliebt waren die
Bildungen auf *ein-*, *hinein-* und *durch-*, die dem ganzen Stil
einen bewegten, dynamischen Charakter gaben; z. B. *ein-
drücken, einfließen, einnehmen, einleuchten, hineinsenken, hinein-
pflanzen, durchdringen, durchglühen, durchstrahlen.* Aber auch
die weniger auf Tätigkeit als auf Zustandsschilderungen gerichteten Ableitungen auf *-ung*, *-heit*, und *-keit* wurden beträchtlich vermehrt; (z. B. *Gnadenrührung, Erleuchtung, Gemüts-
fassung, Herzensneigung; Eigenheit, Nahheit, Gelassenheit;
Gleichförmigkeit, Empfänglichkeit, Unempfindlichkeit*). Neuere
Untersuchungen machen deutlich, wie stark der Einfluß des
Pietismus auf die Sprache der Empfindsamkeit und des Sub-
jektivismus des 18. und 19. Jh. war und wieviel von diesem
Wortschatz in unserer modernen Sprache weiterlebt. So
scheint unsere Phrase *über etwas Aufschluß geben* in diesem
Kreis ihre Wurzel zu haben: die pietistischen Memoiren er-
zählen immer wieder, wie sich die Gläubigen mit dunklen
Stellen der Schrift abquälen, bis Gott sie ihnen *aufschließt*,
ihnen darüber *Aufschluß* gibt. Auch Zusammensetzungen mit
eigen (*Eigensinn, Eigenliebe*) und *selbst* (*Selbstverleugnung,
selbstgefällig* und *Selbstbetrug*), wie auch das Substantiv *das
Selbst* gehören der pietistischen Terminologie an und lassen
sich aus ihr früher belegen als aus anderen Quellen. Die spezifische Bedeutung und der starke Gefühlston unseres *rühren*
scheint gleichfalls auf die Pietisten zurückzugehen, in deren
Schriften gerade dieses Wort, ebenso wie sein Synonym *bewegen*,
in seiner Anwendung auf seelische Vorgänge überaus häufig
begegnet. In dieselbe Kategorie gehört *gemütlich*, das (nach
einer Äußerung Klopstocks zu schließen) der Herrnhutischen
Redeweise entstammt. Manche für Klopstock und die Genie-

zeit charakteristische Ausdrucksweise findet sich bei den Pietisten vorgebildet; z. B. die eigentümliche Verwendung von *ganz* zur Bezeichnung völliger Hingabe (*Siehe, da hast du mich ganz, süßer Seelenfreund*) und die verbalen Zusammensetzungen mit *entgegen* zum Ausdruck seelischer Empfangsbereitschaft. — Ein großer Teil der Neubildungen ist allerdings in der Folgezeit wieder verschwunden; aber beträchtlich ist die Anzahl der Wörter, die sich schließlich durchgesetzt haben, zum großen Teil Wörter, bei denen der Pietismus nur die Rolle eines Vermittlers zwischen der mittelalterlichen Mystik und der modernen Sprache spielt.

Großen Einfluß auf die Ausbildung des dt. Prosastils in der schönen wie der wissenschaftlichen Literatur hatten im 18. Jh. die großen, von Frankreich herkommenden Strömungen des Rationalismus und der Aufklärung. Der maßgebende Philosoph der Aufklärung, Christian Wolff, hat die dt. Terminologie der Philosophie und anderer Wissenschaften auf eine neue Grundlage gestellt, indem er zahlreiche Fachwörter, wenn nicht neu erfand, so doch durch klare Definitionen für den wissenschaftlichen Gebrauch tauglicher machte. Der außerordentliche Einfluß Wolffs erklärt es, daß viele dieser Wörter (z. B. *Umfang, Aufmerksamkeit, Verständnis, Bedeutung*) aus seinen Schriften und in dem von ihm festgelegten Sinn in den Wortschatz der Allgemeinheit übergingen.

Im Zusammenhang mit den ethischen Tendenzen der Aufklärung taucht damals zum erstenmal eine Reihe von Wörtern auf, denen im Schrifttum der folgenden Zeit noch eine große Rolle beschieden war. Der früheste bisher bekannte Beleg für *Menschenliebe* z. B. stammt aus dem Jahre 1724; Justus Möser bezeugt uns ausdrücklich, daß das Wort in seiner Jugend noch unbekannt war. Es gehört zu einer Gruppe von weltanschaulichen Wörtern, die, wie z. B. *Menschenkenntnis, Teilnahme, Verhältnis*, im Dienst der humanitären Bestrebungen der Zeit stehen und durch die ihnen deshalb anhaftende starke Gefühlsbetonung damals schnell Verbreitung finden.

Verglichen mit den vorhergehenden Strömungen ist die wortschöpferische Tätigkeit der Aufklärung verhältnismäßig gering. Das Streben nach Deutlichkeit verbietet eben den Gebrauch neuer, ungewöhnlicher Wörter, und gegen den Neologismus, besonders nach dem Auftreten Klopstocks, kämpfen Gottscheds Anhänger mit aller Schärfe. Trotzdem war der Einfluß der Aufklärung auf den geistigen Wortschatz außerordentlich groß. Bei den Gebildeten wurde die Verwendung von aufklärerischen Fachwörtern der Philosophie und der anderen Geisteswissenschaften geradezu Modesache. Daß dasselbe für den Predigtstil galt, geht daraus hervor, daß wir Listen von zum großen Teil aufklärerisch gefärbten Ausdrücken besitzen, vor deren Gebrauch der Prediger gewarnt wird, da die Gefahr bestehe, daß diese Ausdrücke von seinen weniger gebildeten Hörern nicht verstanden würden. Unter den in diesem Sinne bedenklichen Wörtern finden wir eine ganze Reihe, die uns heute unentbehrlich sind; z. B. *Begriff, Ursache, Wirkung, Zweck, Verhältnis, Fähigkeit, Endlichkeit, Unendlichkeit, Leidenschaft, entwickeln.* Daß die Aufklärung am Bekanntwerden dieser Wörter großen Anteil hatte, ist nicht zu bezweifeln.

Der logische Zug in der Sprache des Rationalismus hat bestimmte syntaktische Verfahrensweisen des r a t i o n a l i s i e r t e n S p r a c h s t i l s gefördert. Die Vielfalt der Bezeichnung kausaler und konsekutiver Beziehungen blüht auf, mit häufigem *da, weil, denn, daher, zufolge, auf Grund,* usw. Die wissenschaftliche Notwendigkeit, auch über Vorgangsbegriffe zu reflektieren, brachte die Neigung zum S u b s t a n t i v s t i l mit sich, mit Verbalabstrakten und substantivierten Infinitiven, wie schon in der Mystik (vgl. III, 4), nun aber auch mit neuartigen Fügungen aus Substantiv und F u n k t i o n s v e r b, die im Laufe des 19. Jh. stark zunehmen, für die sich aber erste Spuren in wissenschaftlicher Literatur des 18. Jh. finden, z. B. *Die Bewegung e r f o l g t in dem Augenblick, wenn* ... (Wolff), *Veränderungen e r f o l g e n nach dem Gesetz der Bewegung* (Gottsched). Gegenüber der Verwendung der Grundverben *sich bewegen, sich verändern* bietet diese Möglichkeit den Vorteil, den Vorgang selbst zum Subjekt des Satzes zu machen, um über ihn etwas aussagen zu können, und vom Subjekt des Grundverbs zu abstrahieren. Auch für präpositionale Funktionsverbfügungen finden sich hier die ersten Beispiele: *in Bewegung s e t z e n* (Wolff), *in Betracht z i e h e n* (Leibniz); Adelung bucht

in seinem Wörterbuch von 1774 schon *in Erfahrung / zum
Vorschein / in Erinnerung / zu Fall bringen*. Durch solche
kausativen und andere ähnliche Fügungen konnte man Be-
deutungsnuancen des Vorgangsbegriffs bezeichnen, die mit
dem Grundverbum nicht möglich sind und die sich annähernd
mit den Aktionsarten anderer Sprachen vergleichen lassen
(*betrachten* ist eine andere Vorgangsart als *in Betracht ziehen*).
Solche Möglichkeiten substantivischer Vorgangsbezeichnung,
die von der neueren Sprachkritik immer nur als ‚Verbauf-
spaltung' oder ‚Substantivitis' dem Bürokratenstil angelastet
worden sind, haben sich in der wissenschaftlichen Prosa seit
langem unabhängig von der Kanzleisprache herausgebildet. In
beiden Bereichen sind solche abstrahierenden, zergliedernden
Satzbaumittel unentbehrlich, auch wenn sie in jüngerer Zeit
unnötig zu wuchern begonnen haben und sie in der schöngeistigen Prosa und in der Dichtung mit Recht gemieden werden, da sie den Stempel des Rationalismus und manchmal
auch der Pedanterie tragen.

Die allgemeinen stilistischen Tendenzen der Aufklärungs-
literatur bewegen sich natürlich in der von Weise eingeschla-
genen Richtung. Das Wichtigste ist, was gesagt wird; die
sprachliche Form ist erst in zweiter Linie von Bedeutung.
„Überhaupt ist dieses die Regel im guten Schreiben: daß man
erst die Sache recht verstehen, hernach aber die Gedanken davon so aufsetzen muß, wie sie einem beyfallen, ohne daran zu
denken, ob man es mit einfachen oder zusammengesetzten
Perioden verrichtet." Ein äußeres Kennzeichen für die Auswirkung dieser „Regel im guten Schreiben" ist die starke Ein-
schränkung im Gebrauch der Bindewörter, deren der Barock-
stil eine überaus große Anzahl besitzt, während Gottsched
ihren Gebrauch und damit die künstlichen Satzgebilde der
früheren Zeit vereinfacht wissen will: „Es ist nichts lächer-
licher, als wenn sich einfältige Stilisten immer mit ihrem obwohl, jedoch; gleichwie, also; nachdem als; alldieweil, daher;
sintemal und allermaßen behelfen: gerade als ob man nicht
ohne diese Umschweife seine Gedanken ausdrücken könnte."
Durch Mahnungen dieser Art haben Gottsched und seine Anhänger viel dazu beigetragen, jenen klaren, geradlinigen Stil

zu schaffen, der in Lessings Prosa gipfelt. Zugleich aber bereiten sie den Boden für die bald einsetzende Opposition, denn ihre einseitige Betrachtung der Sprache als Dienerin der Vernunft macht sie unfähig, den Gefühlswerten des Wortes theoretisch oder praktisch gerecht zu werden. Nicht als ob Gottsched übersehen hätte, daß die Sprache auch zum Ausdruck von Gefühlen da ist. Aber auch diese elementare Funktion wird ganz vom Standpunkt des berechnenden Verstandes aus betrachtet und in Regeln gezwängt wie „Der Haß muß mit einer rauhen und verdrüßlichen Stimme ausgesprochen werden ... die Traurigkeit ist sehr matt und schläfrig, das Mitleiden entspringet aus Liebe und aus der Traurigkeit, folglich muß auch der Ton der Stimme sanft und gelinde, doch dabey kläglich und bebend seyn".

Diese Unfähigkeit der Aufklärung, auch nur den gewöhnlichsten Gefühlsregungen mitempfindend gerecht zu werden, war auf die Dauer unmöglich in einer Zeit, wo das Seelenleben weiter Kreise durch den gefühlsseligen Pietismus beherrscht war, und wo Newtons Gedankenflug selbst die Wissenschaft in ersehnte Himmelsfernen lockte. Die Gegenbewegung, die in weniger als zwei Jahrzehnten die diktatorische Stellung des Leipziger Literaturpapstes völlig untergrub, ging von der Schweiz aus. Erst schüchtern, dann immer schärfer und selbstbewußter beginnen Bodmer und Breitinger der Phantasie ihr eigentliches Gebiet, das der Dichtkunst und der Dichtersprache zurückzuerobern.

Die Entscheidung im Kampf der Leipziger und Schweizer kam wuchtig und unerwartet, als im Jahre 1748 die ersten Gesänge von Klopstocks ‚Messias' erschienen, ein Werk, das die Theorien der Schweizer zugleich verwirklichte und steigerte, das dort schuf, wo sie geraten, dort mitriß, wo sie zu überzeugen versucht hatten. Wir wissen, daß Klopstock ursprünglich die Absicht gehabt hatte, die Ausarbeitung seines Epos bis zum vollendeten dreißigsten Jahr aufzuschieben, daß ihm aber die wachsende Arbeitsungeduld das Warten schließlich unmöglich machte — ein Zug, der deutlich zeigt, daß hier der künstlerische Schaffenstrieb erst nach hartem Kampf mit inneren Hemmnissen zum Durchbruch kam. So trägt denn auch

die Sprache des Werks den Stempel einer lange zurück-
gestauten Leidenschaftlichkeit, die bei aller Weichheit und
Sanftmut stark genug ist, um alle Rücksichten auf die Kon-
ventionalität und Regelstarre der herrschenden Literaturrich-
tung hinwegzufegen. Durch seine Sprache noch mehr als durch
seinen Inhalt erweist sich der ‚Messias' als ein dichterischer
Aufschwung, der zum erstenmal das erreichte, was die Zeitgenossen bisher nur ahnend und wünschend gesucht hatten.
Er hat denn auch auf die dt. Dichtersprache und durch sie auf
die allgemeine dt. Hochsprache eine tiefgreifende Wirkung
ausgeübt.

Als das Charakteristische seines Sprachstils ist wohl mit
Recht eine gewisse ‚verbale Dynamik' bezeichnet worden, die
sich u. a. in seiner Vorliebe für zusammengesetzte Verben
und für das Partizip zeigt, besonders die Zusammensetzung von
Partizip mit Nomen und Adverb: *aufwallen, durchherrschen,
hervordonnern, entstürzen, hinwegweinen; tränend, der Erkennende; blütenumduftet, sanftleuchtend.* Viele solcher Bildungen sind
bei Klopstock zuerst belegt und manche wohl auch von ihm
neugebildet (wie z. B. noch: *seelenvoll, entzückungsvoll, zahllos,
vereinsamen*), andere hat er der pietistischen Sprache ent-
nommen. Gerade in den verbalen Präfixbildungen, wie auch
sonst in der Wortwahl und Ausdrucksweise (*Abdruck* Gottes
in Christus, *Bildung*, jemanden *einnehmen, Rührung, zerfließen,
sich verlieren in* einen Anblick) ist er der Sprache der Pietisten
verpflichtet, nicht nur indem er Fertiges übernimmt, sondern
was dort in der Anlage vorhanden ist, weiter entwickelt, beispielhaft deutlich in der weit größeren Zahl von Verben, die
zum Ausdruck seelischer Bewegung ein Richtungspräfix mit
Verblexemen verbinden, die an sich keine Bewegung ausdrücken (*entgegensegnen, aufweinen, nachempfinden* usw.). Als
Vermittler mystisch-pietistischen Sprachgutes und sprachlicher Ausdrucksmittel hat Klopstock den schöngeistigen
Sprachstil seiner Zeit ungemein bereichert. Im ‚empfind-
samen' Stil des Werther vereinigen sich die Klopstockschen
Einflüsse mit englischen, z. B. aus Sterne und Ossian.

Nicht streng von Klopstocks Einfluß zu scheiden ist die
wachsende Einwirkung der engl. Dichtersprache, denn

ihr Medium sind zunächst die durch Klopstock und die Schweizer vermittelten Dichtungen Miltons. Aus ihr stammt z. B. der Gebrauch von *Myriade, ätherisch, Schöpfung* (im Sinne von ,Gesamtheit des Geschaffenen‘), die Gruß- und Glückwunschformel *Heil dir.* Aus anderen engl. Quellen sind später hinzugekommen Wörter wie *Tatsache (matter of fact), Steckenpferd* (= Liebhaberei, *hobby horse), Elfe, Humor* (in dem jetzt gebräuchlichen Sinn), *Bowle* und vieles andere (vgl. V, 3!).

Richtungsbestimmend wird Klopstocks Sprache schließlich auch durch die Gegenwirkungen, die sie erzeugt, einerseits in der die besten Tendenzen der Aufklärung fortsetzenden, das Bild eines Geistes von vollendeter Schärfe und Klarheit ungetrübt widerspiegelnden Sprache Lessings, anderseits im späteren Stil Wielands, der dem schweren und auf die Dauer eintönigen Pathos Klopstocks ein Deutsch von bis dahin ungekannter Leichtigkeit und Frische entgegenstellt, das allerdings selbst in dieser international gerichteten Zeit durch seine französisierenden Neigungen Anstoß erregte.

Die Freude des Jahrhunderts an der wiedergewonnenen Ausdrucksfähigkeit der Sprache läßt sich erkennen an dem wachsenden, durch Klopstock selbst kräftig geförderten Interesse für die Sprachtheorie, nicht minder aber an der hohen Auffassung vom Wesen und von der Aufgabe der Sprache, die von Klopstock zu Herder und von ihm zu den Romantikern immer begeistorterem Ausdruck findet, um schließlich zu gipfeln in der Anschauung vom göttlichen Ursprung und Wesen der Sprache oder von der Poesie als ,Ursprache‘ der Menschen (Hamann, Herder, Fr. Schlegel) oder in Wilhelm v. Humboldts Lehre vom ,inneren Weltbild‘ der Sprache und der Identität von Sprache und Geist.

Zwischen den ersten Gesängen des ,Messias‘ und den Jugendwerken Goethes liegen Ereignisse, die die politische und geistige Struktur Deutschlands stark veränderten: der Siebenjährige Krieg und seine Folgen. In der Generation, die während des Krieges ihre entscheidenden Entwicklungsjahre erlebte, zittern seine Stürme leidenschaftlich nach. Sie befindet sich in offenem Aufruhr gegen jede Autorität des Staates und der

Familie. Kein Wunder, daß sich die Generation des ‚Sturm und Drang' auch ihre eigene Sprache geschaffen hat. Die kraftvolle, aber immer durch den ordnenden Verstand beherrschte Prosa Lessings konnte ihr ebensowenig genügen wie die hochfliegende, aber im innersten Kern weiche und maßvolle Sprache Klopstocks.

Die leidenschaftliche Auflehnung, die die Grundstimmung der Sturm- und Drangliteratur ist, spiegelt sich in einer Ablehnung jedes grammatischen Zwangs wieder. Wie das souveräne Gefühl dem Sprechenden oder Schreibenden die Worte eingibt, so stößt er sie hervor, unbekümmert um jede Regel, oft selbst um die Rücksicht auf die einfachsten Forderungen der Verständlichkeit. Ausrufe, Beteuerungen, Flüche werden maßlos gehäuft. Drängt sich, während man einen Gedanken ausspricht, ein zweiter vor, so läßt man den ersten unvollendet oder nimmt ihn erst später wieder auf (z. B.: *Wenn ich ihrer spotte, Herr — hier haben Sie meinen Hirschfänger — so schinden Sie mich lebendig*). Die semantisch schwachen Elemente der Sprache, die Artikel und sonstigen Formwörter, schmelzen auf ein Minimum zusammen. Statt *dem Turm* heißt es *'m Turm*, statt *auf den: aufn*, statt *zerschmettern: schmettern*. Am deutlichsten tritt die emotionale Tendenz in den unzähligen Kraftwörtern hervor, in denen der Sturm und Drang schwelgt. Man *schreit* nicht, sondern man *wettert, donnert, heult, brüllt*. Ein Reiter wird nicht auf Kundschaft *ausgeschickt*, sondern *ausgejagt*. Man *zerschlägt* nicht, man *zerschmeißt*. Hier bricht das erstemal seit Luther die ungebärdige Alltagssprache wieder in den literarischen Stil ein, noch ehe der Gipfel der dt. Hochsprachentwicklung erreicht war.

Die Begeisterung der Stürmer und Dränger für die große Vergangenheit Deutschlands macht es selbstverständlich, daß sie die schon von älteren Generationen begonnene Wiederbelebung verschollener altdt. Wörter fördern und so eine Tendenz lebenskräftig erhalten, die damals und später in den Tagen der Romantik manches alte Wort wiedererweckt hat. *Minne, Verließ, Fehme, Fehde, Hort, Gau, Märe, Recke, anheben, Aar, küren* und viele andere werden so aufs neue dem dt. Wortschatz gewonnen und erweisen sich trotz vielfachen

Einspruchs von seiten gelehrter Autoritäten, unter anderen
Adelungs, als lebenskräftig. Hand in Hand damit geht das Bestreben, die Schriftsprache durch Aufnahme treffender
Dialektwörter zu bereichern. Es liegt ganz in der Entwicklung
der Zeit, wenn Justus Möser den mangelnden Zusammenhang
der dt. Büchersprache mit den gesprochenen Mundarten rügt
und ihr die Lebendigkeit und Beweglichkeit der letzteren als
Muster vorhält. Im übrigen wird uns durch zahlreiche Zeugnisse bewiesen, daß auch die Gebildeten damals noch viel
größere Schwierigkeiten zu überwinden hatten als heute, um
von dialektischen Eigentümlichkeiten ihrer Heimat einigermaßen frei zu werden. Direkt wird es uns bezeugt durch
Goethes Erinnerungen an seine Leipziger Studentenzeit und
durch Schillers Erlebnisse in Mannheim, wo ihn seine schwäb.
Aussprache beinahe um den Erfolg des Fiesko gebracht hätte.
Goethe reimte noch *ach neige, du Schmerzensreiche* . . .
    Die höchste und seither nicht wieder erreichte Stufe der dt.
Hochsprachentwicklung bedeutet der von der Nachwelt als
‚klassisch' bewertete dichterische Sprachstil G o e t h e s und
S c h i l l e r s. Es ist unmöglich, in einem kurzen Abriß den ganzen Reichtum des Goetheschen Wortschatzes und die Fülle
seiner stilistischen Möglichkeiten auch nur annähernd zu be-
schreiben. Eine außergewöhnliche Belesenheit und unversieg-
bare dichterische Begabung, mit oft geradezu traumwandleri-
scher Treffsicherheit in Sprachklang wie Sprachinhalt, haben
nach jahrhundertelanger Vorbereitung in Goethe eine dt.
Sprachkultur heranreifen lassen, die für lange Zeit Maßstäbe für
den Stil des sprachlichen Kunstwerks gesetzt hat. Aber die Un-
wiederholbarkeit dieses sprachgeschichtlichen Ereignisses läßt
es sehr schwer und auch unpassend erscheinen, zum Nachweis
eines Einflusses von Goethes Sprache auf die Folgezeit Einzelheiten ausfindig zu machen. Sie könnten der Bedeutung
Goethes für die dt. Sprachgeschichte nicht wirklich gerecht
werden. Goethe bot nicht Musterstücke und Rezepte für das
eigene Dichten und Denken der Nachwelt; sein Vorbild wirkte
vielmehr mittelbar durch seine ganze Stilhaltung des vor-
nehmen Maßes, die zum Inbegriff des ‚Klassischen' und der
rational nicht faßbaren Sprachgewalt geworden ist. Goethe

konnte niemals in der gleichen Weise wie Schiller als sprach-
stilistisches Vorbild für den gehobenen Sprachgebrauch der
Gebildeten pädagogisiert werden. Das Festkleid der dt. Sprache,
das dann im ganzen 19. Jh. und weiterhin bei allen möglichen
Anlässen gern zur Schau getragen wurde, war weit mehr aus
Schillerschem Stoff geschneidert.

Schiller hat sich um eine höchste Norm geistgereinigter
Sprache bemüht, weil er selbst sein Leben lang schwer und
ganz bewußt mit einer Sprachnot hat ringen müssen. Schelling
hat einmal über Schillers Gesprächsstil geäußert, er sei ,,oft
um das geringste Wort verlegen und müsse zu einem französischen seine Zuflucht nehmen, wenn das deutsche ausbleibt".
Dies wird durch Schillers fremdwortreichen Briefstil bestätigt.
Und dennoch hat er in seinen dichterischen und historio-
graphischen Werken immer wieder ersetzbare Fremdwörter
durch deutschstämmige ersetzt, aber nicht pedantisch und
verschroben wie die Puristen, sondern mit glücklichem Spürsinn für schlichte Sprachschönheit (z. B. *inhaltsschwer* für
prägnant, Fehlschlag für *faux-coup, Gaukelbild* für *Illusion* oder
Phantom, schlagfertig für *prompt*). Sein Wortschatz ist begrenzt, verglichen etwa mit dem des Goethes. Er ,,herrscht nur
über ein ausgewähltes Heer von Worten, mit denen er Taten
verrichtet und Siege davonträgt" (J. Grimm). Während bei
Goethe, der den ,Ursinn' der Worte und ihre feinen atmo-
sphärischen Zwischentöne zu erkennen und zu nutzen versteht, sich Hügel *zur Schattenruh buschen*, Vögel *wohlgestängelt*
auf den Zweigen sitzen, ein Jagdlied aus den Büschen *Fülle
runden Tons enthaucht*, der Reisende vom Matrosen dem Schlaf
entjauchzt wird und von Goethe kühne Attributgruppen wie
*gewirkte Ruinen, sturmatmende Gottheit, siegdurchglühte Jüng-
linge* gewagt werden, wählt Schiller mit Vorliebe, oder besser:
in erzwungener Selbstbeschränkung, gerade das typisierende,
naheliegende, vom Leser erwartete und ihn begrifflich über-
zeugende, aber dabei stilistisch höchstmögliche Wort und prägt
damit unübertreffliche ,Gedankenformeln': *ewiges Feuer, schöne
Gefühle, edle Einfalt, köstliche Habe, züchtige Hausfrau, fleißige
Hände, grünender Wald, blühende Au, säuselnde Linden, ge-
schäftige Biene, länderverknüpfende Straße.* Er meidet alles

9 Polenz, Geschichte der deutschen Sprache, 8. Aufl.

Zufällige, Verschwommene und verzichtet auf alle irrationale Magie der Sprache. Das Vorbild des antiken *epitheton
ornans* und des *terme banal* des frz. Klassizismus ist unverkennbar.

Schiller veredelt die Sprache vom Denken her. So schrieb er
in seiner Schrift ,Über naive und sentimentalische Dichtung,
über die Sprache des Genies, das Genie gebe seinem Gedanken
,,mit einem einzigen glücklichen Pinselstrich einen ewig bestimmten, festen und dennoch ganz freien Umriß ... Hier
springt wie durch innere Notwendigkeit die Sprache aus dem
Gedanken hervor und ist so sehr eins mit demselben, daß
selbst unter der körperlichen Hülle der Geist wie entblößt erscheint". Und dennoch ist ihm die Sprachnot bewußt, die
dieser idealistischen Anschauung entgegensteht:

Warum kann der lebendige Geist dem Geist nicht erscheinen?
Spricht die Seele, so spricht, ach, schon die Seele nicht mehr.

(Votivtafeln)

Aber da die Schillersche Lösung des Sprachproblems der Versuch einer völligen Überwindung der Sprachnot war, einer
Überwindung der Sprache durch den Geist, griff das bildungs-
hungrige Bürgertum des 19. Jh. begeistert nach den Schillerschen Gedankenformeln, nach seinen werthaften Epitheta und
Sentenzen, und nahm sie in den bildungssprachlichen Wort-
schatz auf. Und die r h e t o r i s c h - p a t h e t i s c h e Diktion seines
Versstils verlockte immer wieder zur Nachahmung im patri-
otischen Festgedicht und in der hochstilisierten Festrede. Die
höchste Form einer allgemein verwendbaren Hochsprache, die
nicht mehr Sondersprache der Dichter bleiben wollte, war erreicht. Schiller war einer der letzten, die (auch mit altbewähr-
ten Stilmitteln wie Antithese, Klimax, Apostrophe, Appo-
sition usw.) an die Tradition der klassischen Rhetorik und die
antike Verbindung von Rhetorik und Poesie anknüpften.
Damit hat er einen Akt vollzogen, der für die kulturelle
Legitimation der dt. Sprache als einer abendländischen
Kultursprache einmal notwendig war. Die bildungssoziologi-
schen Folgen blieben nicht aus (s. V, 5).

V. Deutsch im 19. und 20. Jahrhundert

1. Der Weg zur Einheitssprache

Waren die gemeinsprachlichen Tendenzen langezeit im Wesentlichen auf bestimmte Stilarten und Gesellschaftsschichten beschränkt, so bringt das 19. Jh. eine sprachsoziologische Intensivierung dieser Entwicklung. Was die allgemeine Schulpflicht schon angebahnt hatte, wurde seit dem 19. Jh. verstärkt durch die Veränderungen der Sozialstruktur in Deutschland (Industrialisierung, Demokratisierung, nationale Einigung). Jetzt konnte und mußte jeder die Zeitung lesen und war in seinem beruflichen und staatsbürgerlichen Leben zum Lesen und Schreiben gezwungen. Die freie Berufswahl und die Freizügigkeit brachten ebenso wie der Schnellverkehr und der Militärdienst Menschen aus allen Gegenden in enge und ständige Berührung miteinander. Seit 1945 kam noch die Einbürgerung der Heimatvertriebenen und Flüchtlinge hinzu. Die verstärkte Tendenz zur Gemeinsprache und damit die allmähliche Zurückdrängung der Mundarten entsprachen der Notwendigkeit sozialer Anpassung. Die kleinen örtlichen und landschaftlichen Sprachgemeinschaften der älteren Zeit weiteten sich mehr und mehr zur gesamtdt. Sprachgemeinschaft. Wie in Norddeutschland, wo die Mundart schon früher und stärker zugunsten des Hochdeutschen an Boden verlor, ist diese Entwicklung auch in dichtbevölkerten Industrie- und Stadtlandschaften wie Obersachsen und dem Ruhrgebiet schneller vorangeschritten als in Süddeutschland. Die Folge war entweder die Diglossie als eine Art Zweisprachigkeit (mundartliche Haussprache — überlandschaftliche Verkehrssprache), je nach dem Gesprächspartner oder der Gesprächssituation, oder eine Annäherung der Mundart an die Schriftsprache in Form der regionalen Umgangssprache, z. B. Schweizerdeutsch, Honoratiorenschwäbisch, Missingsch (in Norddeutschland), Sächsisch, Kohlenpottdeutsch im Ruhrgebiet. Genaue räumliche Abgrenzungen dieser Ausgleichssprachen haben sich bisher nicht feststellen lassen. Jede Großlandschaft hat einige primäre Mundartmerkmale bewahrt, die sie aber meist mit jeweils verschiedenen anderen Landschaften

9*

gemeinsam hat; z. B.: Schwund des Endungs-*n* bei Verbalformen, Zungen-*r* / Zäpfchen-*r*, Behauchung und Stimmton bei Verschlußkonsonanten, *st* / *scht*, *net* ‚nicht‘, Diminutiva auf -*chen* / -*le* / -*el*, oder lexikalische Unterschiede wie *Samstag* / *Sonnabend*, *Bub* / *Junge*, *Metzger* / *Fleischer*, *Rinde* / *Borke*, *klingeln* / *schellen*, *arbeiten* / *schaffen*. Nur aus der besonderen Art der Mischung solcher Merkmale und vor allem aus den (noch kaum untersuchten) Intonationsverhältnissen läßt sich heute die Herkunft des einzelnen Sprechers ungefähr erkennen. Die künftige Umgangssprachgeographie wird sicher nicht mit so klaren Raumverhältnissen rechnen können wie die herkömmliche Dialektgeographie. Die Umgangssprachen tendieren ja nicht zur räumlichen Abgrenzung gegeneinander, sondern sind alle gleichermaßen auf dem Wege zur dt. Gemeinsprache. Es zeichnet sich sogar schon die Entstehung einer gesamtdt. Umgangssprache ab, einer schriftfernen Alltagssprache, die in ferner Zukunft keine oder nur noch unbedeutende räumliche Unterschiede kennen wird. So sind schon heute allgemein verbreitet Lautungen wie *nich* ‚nicht‘, *nee* ‚nein‘, *is* ‚ist‘, Fügungen wie *dem Vater sein Hut*, Wörter und Wendungen wie *doof, bekloppt, kapieren, das hat geklappt, das haut hin, dolle Masche, geht in Ordnung, krumme Tour, mit achtzig Sachen* oder die Anrede *Mensch*. Die Gemeinsprachtendenz ist jetzt ein Bedürfnis aller Sprachteilhaber auch auf der Ebene des alltäglichen Sprachverkehrs geworden. Was die elitäre und deshalb neuerungs- und affektfeindliche Hoch- und Schriftsprache nicht bieten kann, entsteht spontan im mündlichen Sprachgebrauch und verbreitet sich rasch und teilweise auch ohne Nachhilfe der modernen Kommunikationsmittel über das ganze Sprachgebiet. Die dt. Spracheinheit beruht nicht mehr allein auf der schriftlichen Vereinheitlichung, der sie ihre Entstehung verdankt. Es ist deshalb nicht verwunderlich, wenn sich die Weiterentwicklung der dt. Sprache im öffentlichen wie im privaten Leben mitunter gegen die schriftsprachlichen und bildungssprachlichen Idealnormen vollzieht. Sprachpflege und Spracherziehung dürfen Sprache nicht um ihrer selbst willen zum Gegenstand haben; das hat in der Vergangenheit vielfach zur Fetischisierung der

Sprache als eines nationalen Idols (H. L. Koppelmann) oder eines exklusiven Statussymbols geführt. Eine Beeinflussung der Sprache im Sinne einer Normenkontrolle ist nur dann berechtigt, wenn sie auf linguistischer und soziolinguistischer Grundlage als ‚Sprachplanung‘ (V. Tauli) oder als Sprachkompetenzförderung um der Sprecher willen betrieben wird. Nicht die Sprecher sollen der Sprache dienen, sondern die Sprache den Sprechern, deren Ausdrucks-, Kommunikations- und Handlungsinstrument sie ja ist.

Auf der Ebene der Hoch- und Schriftsprache sind am Ende des 19. Jh. im formalgrammatischen Bereich der Schreibung und Lautung bewußt geplante Vereinheitlichungen möglich gewesen, die das Werk der Grammatiker des 16. bis 18. Jh. abgerundet und auf diesem Gebiet eine Art ‚Einheitssprache‘ geschaffen haben. In der Rechtschreibung (Orthographie) haben im 19. Jh. zwei theoretische Grundsätze miteinander in Widerstreit gestanden: Die alte Regel ‚Schreib, wie du sprichst!‘ war nicht zu verwirklichen, da es noch keine einheitliche Aussprache gab und jahrhundertealte Schreibtraditionen schon zu viele andersartige Schriftbilder gefestigt hatten. Das etymologisch-historische Prinzip, das die Germanisten J. Grimm und K. Weinhold einzuführen versuchten, widersprach den Notwendigkeiten einer lebenden Sprache. Der Grundsatz, der sich dann durchgesetzt hat (Respektierung der besten überkommenen und allgemein anerkannten Formen zugunsten der Einheit), ist vor allem von R. v. Raumer verfochten und seit der Rechtschreibkonferenz von 1876 von dem Schleizer Gymnasialdirektor Konrad Duden verwirklicht worden. Obwohl Bismarck die preußische Schulorthographie des mit Duden befreundeten Germanisten W. Wilmanns den Beamten unter Strafe verboten hatte, wurde sie, nach dem Erfolg von Dudens Orthographischem Wörterbuch (1880) in der Schweiz und anderswo, schließlich auch in Preußen und im Reich staatlich anerkannt (Orthographische Konferenz von 1901), bald darauf auch in Österreich. Dies war nur eine ‚kleine‘ Reform-Lösung. Es wurden nur einige Zweifelsfälle durch Vereinheitlichung beseitigt und einige überflüssige *th* abgeschafft (*Thor, Thür*; aber am *Thron* wurde nicht gerüttelt). Schon damals als brennend angesehene Probleme wie die Abschaffung der Substantivgroßschreibung und die Regelung der Bezeichnung von Vokalquantitäten wurden ausgeklammert.

Ein neuer Ansatz zur Rechtschreibreform auf Initiative des Bundesinnenministers und der Kultusminister der Länder der Bundesrepublik Deutschland rief im Jahre 1956 den Arbeitskreis für Rechtschreibregelung ins Leben, dem Vertreter verschiedener kompetenter Berufe angehörten. Dieser brachte mit einer Mehrheit von 14 zu 3 Stimmen die ‚Wiesbadener Empfehlungen‘ vom 17. Dezember 1958 heraus. Sie empfahlen „gemäßigte Kleinschreibung" — so euphemistisch mußte man die internationale Gewohnheit der Großschreibung von Satzanfängen und Eigennamen unter Hinzunahme der Anredepronomina umschreiben — ferner Reduzierung des Kommas auf rhythmisch-grammatische Einschnitte, Silbentrennung nach Sprechsilben, *f, t, r* statt *ph, th, rh* in häufig gebrauchten Lehnwörtern grch. Ursprungs und Getrenntschreibung ‚unechter‘ Zusammensetzungen. Die Reaktion in der Presse war wegen der Reduzierung der Großschreibung sehr heftig. Zwar schien damals dadurch, daß die Vertreter der DDR sich mit diesen Empfehlungen einverstanden erklärten, die Chance für die längst fällige Reform günstig. Aber die dafür eingesetzte Kommission Österreichs brachte es nur auf Stimmengleichheit mit 10:10, und die schweizerische Kommission entschied sich mit allen gegen eine Stimme für Beibehaltung der Substantivgroßschreibung. In der Bundesrepublik machte sich inzwischen die opponierende Wiesbadener Minderheit durch eine Kampagne in der ‚Frankfurter Allgemeinen Zeitung‘ und ein Votum der Darmstädter Akademie für Sprache und Dichtung stark. Somit war die Reform gescheitert. Die daraufhin erwogene ‚Liberalisierung‘ der Großschreibung im Übergangsbereich der Zweifelsfälle und der Vorschlag, die Großschreibung erst vom 5. Schuljahr an zu lehren, brachten keine Ersatzlösungen, denn das sprachpädagogische Problem wurde dadurch nur noch schwieriger. In der westdeutschen Reformphase um 1970 wurde die Kleinschreibung erneut und heftiger gefordert, vor allem von Linguisten, Grundschulpädagogen und Sozialpolitikern. Auch dieser Ansatz scheiterte,

teils an innenpolitischen Gegensätzen, teils an der Gegen-
argumentation von beruflich und finanziell am Viel- und
Schnellesen Interessierten: Großgeschriebene Substantive
erleichtern das rasche ‚Diagonallesen'. Das bildungspolitische
Problem bleibt kontrovers nach Schreiber- und Leserstand-
punkt.

Im Bereich der Hochlautung (Orthoëpie) ist es das Verdienst des Germanistikprofessors Theodor Siebs, in Verbindung mit Fachkollegen und Theaterpraktikern den besten, d. h.
von Einflußreichen am höchsten bewerteten Lautstil zusam-
mengefaßt zu haben in seinem Buch ‚Deutsche Bühnenaus-
sprache' (1898). Die starke Hinneigung zur norddt. Aussprache
war dabei nicht eine Willkür von Siebs, sondern entsprach einer
lautästhetischen Entwicklung seit dem 18. Jh., die — abgesehen vom Aufstieg Preußens — darauf zurückgeht, daß das
saubere Sprechen der Niederdeutschen nach der Schrift (aus
dem schulmäßigen Erlernen des Hochdeutschen) weithin als
vorbildlich empfunden wurde. Die Siebssche Normung hatte
über die Bühnen hinaus eine große Wirkung in der Schule.
Spätere Änderungen (1933, 1957) betrafen bisher nur unbedeutende Einzelheiten: Die Forderung nach einem lautlichen
Unterschied der (phonematisch neutralisierten) Verschlußkonsonanten im Auslaut und vor stimmlosen Konsonanten (z. B.
ra:t ‚Rad/Rat'; *pfly:kt* ‚pflügt', *pflykt* ‚pflückt') wurde aufgegeben, und das überall vordringende Zäpfchen-*r* (uvulares *r*),
das Siebs noch abgelehnt hatte, wurde als gleichberechtigt
zugelassen. Die deutsche Hochlautung wird aber seit den 20er
Jahren durch Rundfunk und Kino, später auch Fernsehen, an
alle Bevölkerungsschichten herangetragen, ist aber gerade dadurch einem gewissen Wandel ausgesetzt, da für die Mikro-
phonsprecher nicht die gleichen akustischen und physiolo-
gischen Bedingungen gültig sind wie für die auf räumliche
Distanz sprechenden Bühnenschauspieler und Lehrer, an die
Siebs sich wandte. Auch hat das schnellere Sprechtempo und
die unpathetische Haltung des modernen Großstadtmenschen
neue Sprechgewohnheiten gefördert, auch auf der Bühne. Die
einst durch auditive Auswertung von Theateraufführungen
(besonders der klassischen Verstragödie) gewonnenen Ideal-

normen des Siebs haben sich vielfach im Sprachunterricht als
nicht erreichbar und im Sprachgebrauch als fast nie erreicht
erwiesen. Die dt. Sprechkundler haben daraus auf zwei getrennten Wegen Konsequenzen gezogen. Einige westdeutsche,
vor allem die Herausgeber von Siebs und Duden-Aussprache-
wörterbuch, wollen aus ästhetischen und sprachpflegerischen
Motiven an der platonischen Idealnorm als stimulierendem
Leitbild festhalten und allenfalls eine (pauschal formulierte)
„gemäßigte Hochlautung" als Abweichungsspielraum je nach
Situation und Thematik zulassen. Ein ostdeutsches Kollektiv
dagegen hat aufgrund von sprechkundlichen und instrumental-
phonetischen Untersuchungen an zahlreichen Tonbändern aus
der ost- und westdeutschen Rundfunkpraxis und aufgrund
deren Beurteilung durch ostdeutsche Gewährspersonen an den
Universitäten Jena und Halle unter Prof. Hans Krech eine
Annäherung auch der Hochlautung an die Gebrauchsnorm in
der Massenkommunikation vorgeschlagen. Viele der Ergebnisse sind aufgenommen in das ‚Wörterbuch der deutschen
Aussprache', Leipzig 1964, das mit seiner toleranten Haltung
z. B. gegenüber allgemein üblichen Konsonanten-Koartikula-
tionen (*le:bm* ‚leben', *tra:gŋ* ‚tragen' usw.) und Reduzie-
rungen von Tieftonvokalen und *r* Aussicht hat, zu einem
‚Gegen-Siebs' auf breiterer sprachsoziologischer Grundlage zu
werden. Lautnorm ist hier nicht mehr elitäres Statussymbol.

2. Gemeinsprache und Fach- oder Gruppenwortschatz

Eine normative Einigung wie die orthographische und lautliche war und ist im Bereich des Wortschatzes nicht möglich.
Selbst die Terminologie-Normung in Industrie und Technik
(DIN-Ausschüsse) kann sich oft in der Praxis der Betriebs-
sprache nicht ganz durchsetzen. Logisch aufgebaute Be-
nennungssysteme werden da oft von sprachökonomischeren
Ausdrücken gestört (z. B. *Blinker* statt *Fahrtrichtungsan-
zeiger*). Für neue Dinge und neue Begriffe braucht man Benennungen, Wörter für Veraltetes geraten schnell in Vergessenheit, und bei vielen Wörtern verändern sich durch neue Ver-
wendungsweisen die Bedeutungen. Alle diese lexikalischen

Neuerungen setzen sich meist ohne bewußte Sprachregelung in den betreffenden Sprechergruppen durch. Dabei haben seit dem frühen 19. Jh. die modernen Massenkommunikationsmittel eine hervorragende Bedeutung als Medien der Ausbreitung. Jeder Sprachteilhaber kommt als Zeitungsleser oder Hörer von Rundfunk und Fernsehen mit dem Wortschatz sehr vieler Berufe und Lebensbereiche in tägliche Berührung. Beim einzelnen Sprachteilhaber hat sich dadurch das Verhältnis zwischen aktivem und passivem Wortschatz stark zugunsten des letzteren verschoben. Jeder hört oder liest immer wieder Fachwörter wie *Kernenergie, bilaterale Verhandlungen, Sozialpaket, Preisindex, Psychoanalyse, Uraufführung* und lernt allmählich viele solcher Wörter zu verstehen, wird sie aber nicht alle selbst verwenden oder ist in der Gefahr, sie ungenau oder falsch zu gebrauchen oder sie nicht im rechten Augenblick auf der Zunge zu haben. Auf die Übersättigung des passiven Wortschatzes ist es sicher zurückzuführen, daß sich in unvorbereiteter öffentlicher Rede, z. B. im Rundfunkinterview, bei vielen Sprechern oft Sprechhemmungen oder Verlegenheitslaute einstellen, und zwar auch und oft gerade bei vielseitig interessierten und vielwissenden Menschen. Das ständige Hören ohne Antworten und Lesen ohne Sprechen beeinträchtigt bei vielen Menschen die Unbefangenheit gegenüber dem Sprachbesitz und die Sicherheit im Sprachgebrauch. Es besteht die Gefahr, daß die Sprachkompetenz der einzelnen Sprecher zugunsten der bloßen Reproduzierung der Gebrauchsnormen eingeschränkt wird.

Wie das Verhältnis zwischen aktivem und passivem Wortschatz ist auch das zwischen Gemeinwortschatz und Fach- oder Gruppenwortschatz eines der schwierigsten, aber noch kaum untersuchten sprachsoziologischen Probleme des modernen Deutsch. Mit der herkömmlichen Unterscheidung zwischen ‚Fremdwort‘ und ‚Erbwort‘ kann man es nicht lösen. In der Wirklichkeit des Sprachverkehrs spielt die Herkunft eines Wortes grundsätzlich keine Rolle. Es kommt jeweils auf den sprachsoziologischen und stilistischen Gebrauchswert an. Bei den Lehnwörtern aus anderen Sprachen wäre besser zu unterscheiden zwischen Gemeinsprachwörtern

(z. B. *Krise, Formular, Information, Manager, Camping, Hobby Party, fair, testen*) und **Fachwörtern** (z. B. *Formant, Prädikation, Anästhesie, Feature, Blues, Stylist, Output*). Viele Lehnwörter gehören zum gruppenspezifischen Wortschatz der akademisch Gebildeten (z. B. *ästhetisch, jovial, stimulieren, nonkonformistisch*). Eine Klasse für sich, also nicht mehr zu den Entlehnungen zu rechnen sind Zitatwörter, die nur beim Reden über Dinge gebraucht werden, die es nur in dem betreffenden fremden Land gibt (z. B. *Queen, Lord, Black Power, College, Resistance, Siesta, Kolchos, Kibbuz, Geisha, Harakiri*); sie stehen in ihrem lexikalischen Status den Eigennamen nahe (*London, Mississippi, Kreml, Louvre*). Diese sprachsoziologischen (und sich natürlich auch stilistisch auswirkenden) Lexemklassen sind aber keineswegs auf Wörter fremdsprachlicher Herkunft beschränkt. Lehnwörter und Lehnwortbildungen wie *Illustrierte* oder *Ministerium* gehören jedenfalls nicht anders als die aus altdeutschen Bestandteilen gebildeten Wörter *Zeitung* und *Verwaltung* dem Gemeinwortschatz an, während deutschgebildete Wörter wie *Gattungsfrage* oder *Seinsgefühl* in der gleichen Weise zum Fachwortschatz gehören wie die Lehnwortbildungen *Makrostruktur* und *Existenzialität*. Was zu einem bestimmten Zeitpunkt in einer Fachsprache schon ‚Lehnwort' ist, kann in der Gemeinsprache noch ‚Fremdwort' sein.

Der starke Einfluß des Fachwortschatzes auf die Gemeinsprache ist aber nicht nur von den Notwendigkeiten der sachlichen Umwelterschließung im Zeitalter der beruflichen Spezialisierung hervorgerufen. Die Gemeinsprache verhält sich nicht nur passiv wie eine Registratur; man holt sich auch ohne sachlichen Anlaß vieles, was man zur Ausdrucksverstärkung braucht, aus dem Fach- und Gruppenwortschatz. Der lebendige Sprachgebrauch hat sich von jeher Metaphern aus anderen Sachbereichen geholt. Während das ältere Deutsch beispielsweise aus dem Wort- und Formelschatz der Schiffahrt, des Bergbaus, der Landwirtschaft oder des Waidwerks schöpfte, entlehnt man in der modernen dt. Gemeinsprache bildliche Ausdrücke vor allem aus der Technik (*ankurbeln, sich einschalten, Kontakt, Schmalspurstudium, entgleisen, auf vollen Touren*) oder

aus dem Sport (*starten, Starthilfe, Endspurt, Training, Schritt-*
macher, Steigbügelhalter, Sprungbrett, eine Hürde nehmen, ferner
liefen). Und moderne militärische Metaphern wie *Rückzugs-*
gefecht, Defensive, querschießen, Einheitsfront, Marschroute,
Schützenhilfe leisten sind sprachsoziologisch nicht anders zu be-
urteilen als ihre alten Vorläufer *die Klingen kreuzen, eine*
Bresche schlagen, den Laufpaß geben, Lunte riechen, die Trom-
mel rühren, verheerend. Diese Erscheinungen sind weniger ein
Zeichen für eine Technisierung, Versportung oder Militari-
sierung der dt. Sprache als vielmehr ein Beweis dafür, daß
sprachliche Gruppenerlebnisse aus diesen inoffiziellen Massen-
kommunikationsbereichen heute im Spannungsfeld zwischen
Soziolekten und Standardsprache eine besondere Rolle spielen.

3. Englischer Spracheinfluß

Zu einer auffälligen Erscheinung, einer von Sprachkritikern
gerügten „Engländerei in der dt. Sprache" (H. Dunger 1899)
wurde die Einwirkung des Englischen auf das Deutsche erst
im Laufe des 19. Jh. Sie begann aber — wenn man von hanse-
atisch-spätmittelalterlichen Entlehnungen der Schiffahrt wie
Boot, Lotse, Dock absieht — auf literarischer Ebene schon im
17. und 18. Jh. (s. P. F. Ganz), und zwar seit der auf dem
Kontinent Aufsehen erregenden bürgerlichen englischen Revolution von 1640—49. Von daher sind schon im 17. Jh. im Dt.
nachzuweisen Lehnwörter und Lehnprägungen wie *Adresse,*
Akte, Debatte, Parlament, nonkonformistisch, Hochverrat. Im
18. Jh. gab es Zentren des engl. Spracheinflusses in Hamburg
(engl. Handelskolonie, erste Moralische Wochenschrift), in
Zürich (Bodmers und seiner Freunde Übersetzungen von Mil-
ton, Pope, Swift und Balladen), in Leipzig (Beschäftigung mit
Pope und Addison im Gottsched-Kreis) und — *last not least* —
in Göttingen (Studium von Engländern seit der Personalunion
Hannovers mit Großbritannien). Die Entlehnungen finden
sich in dieser Zeit vor allem auf drei Sachgebieten: im Schön-
geistig-Literarischen (z. B. *Schöpfung, ätherisch, Elfe,*
Zahn der Zeit, Robinsonade, Egotismus, Originalität, sentimental/
empfindsam, Heim, Humor, Blankvers, Volkslied, Gemeinplatz,

Steckenpferd), im Politisch-Philosophischen (z. B. *Frei-denker, Pantheist, Materialist, utopisch, Nationalcharakter, Tatsache, Gemeinwohl, Preßfreiheit, Agitator, Legislatur, Majorität/Mehrheit, Opposition, Koalition, Arbeitsteilung, europäisches Gleichgewicht*) und im Bereich der Naturwissenschaften und Technik (z. B. *Spektrum, Zelle, Zirkulation/ Kreislauf, Zentrifugalkraft, Barometer, Ventilator, Dampfmaschine, Blitzableiter, Koks, Patent*).

Das starke Ansteigen des engl. Einflusses im 19. Jh. war auf der einen Seite nur eine innerdeutsche sprachsoziologische Angelegenheit, indem viele der in der philosophischen, politischen oder ökonomischen Fachliteratur längst bekannten engl. Termini nun durch die Industrielle Revolution und die ersten Ansätze der Demokratisierung in weiteren Kreisen Deutschlands bekannt, also zu Lehnwörtern wurden; auf der anderen Seite war es eine neue Art von Lehnbeziehung insofern, als jetzt Theorie und Praxis miteinandergingen und deshalb die Wörter zugleich mit den Sachen entlehnt wurden. England war im 19. Jh. das große Vorbild in Industrie und Handel (*Kartell, Trust, Partner, Standard* usw.), im Verkehrswesen (*Lokomotive, Tunnel, Viadukt, Waggon, Expreß* usw.), im Pressewesen (*Leitartikel, Essay, Reporter, Interview* usw.) und seit der zweiten Hälfte des Jh. auch in der Politik bei der Ablösung der ständischen Demokratie durch die repräsentative in heftigen Kämpfen (*Demonstration, radikal, lynchen, Stimmvieh, Mob, Streik, Imperialismus* usw.).

Die Beziehungen zwischen Deutschland und England im Viktorianischen Zeitalter, dem Höhepunkt bürgerlicher Kultur in Europa, wirkten auch in den äußerlichen Dingen des modischen Gesellschaftslebens. Für die persönlichen Berührungen von Engländern und Deutschen in beiden Ländern waren damals dynastische Verbindungen symptomatisch und auch einflußreich: Königin Viktoria heiratete den Prinzen Albert v. Sachsen-Coburg-Gotha, und der liberal gesinnte preußische Prinz Friedrich (der spätere 99-Tage-Kaiser Friedrich III.) hatte deren Tochter Viktoria zur Frau. Englisch war um 1900 in Berlin als modische Konversations- und Renommiersprache der *oberen Zehntausend* an die Stelle des (seit

Revolution und Napoleon schwindenden) Französischen getreten. Man war *Gentleman, Snob, Dandy* oder *Selfmademan*, gehörte einem *Club* an, benahm sich *fair*, fand die Dinge *allright* oder *tiptop*, trug den *Cutaway, Frack, Smoking* oder die *Breeches*, aß *Beefsteak, Toast, Keks* und *Pudding*, trank in der *Bar* einen *Whisky, Sherry* oder *Cocktail*, trieb *Sport*, spielte *Tennis* oder *Hockey*, machte *Picknick* und erlaubte sich einen *Flirt* oder gar einen *Spleen*.

Im 20. Jh. hat der engl. Lehneinfluß weiterhin ständig zugenommen. Auf vorübergehende Rückläufigkeiten durch puristische Haltung während des 1. Weltkrieges und in der Nazizeit folgten jedesmal neue Wellen der Aufnahmebereitschaft, teils als politische Reaktion gegen Nationalismus und Konservatismus, teils durch den starken wirtschaftlichen Einfluß Amerikas nach dem 1. Weltkrieg und später, n a c h 1 9 4 5 i n W e s t - d e u t s c h l a n d durch die amerikabezogene Bündnispolitik, die mit internationalen Organisationen im politischen, militärischen und wirtschaftlichen Bereich in allen westeuropäischen Staaten (Vgl. das Buch von Étiemble: *Parlez-vous franglais?*) den angloamerikanischen Fachjargon bis zur Mischsprache oder zur Mehrsprachigkeit gefördert hat. Der amerikanische Anteil ist dabei kaum vom britisch-englischen zu unterscheiden, da das britische Englisch seit dem 1. Weltkrieg ebenfalls unter starkem amerikanischem Einfluß steht. Viele moderne Lehnwörter sind bereits in den 20er Jahren im Dt. üblich gewesen (z. B. *Film, Bestseller, Bluff, Jazz, Song, Foxtrott, Pullover, Manager, tanken*). Daß der am.-engl. Einfluß nach dem 2. Weltkrieg bis in die Niederungen des einfachen privaten Gesellschaftslebens reichte (*Teenager, Make-up, Music-Box, Bikini, Sex, Striptease, Callgirl, Playboy, Rocker*), sollte man nicht einfach nach der fragwürdigen alten Wellentheorie (s. Einleitung!) als ‚Einfluß' oder ‚Strömung' auffassen und mit dem Schlagwort *Amerikanisierung* abtun. Es handelt sich bei dieser sprachlichen Interferenzerscheinung um eine aktiv aufnehmende Sprachhaltung der Nachkriegsdeutschen aller sozialen Schichten, wobei man möglichst viele von den kleinen, äußerlichen und als neu, freiheitlich und modern bewerteten Dingen mit engl. Wörtern benannte, im Falle von *Twen* (analog am.-engl. *teen*[*ager*] zu

engl. *twenty*) sogar durch eigene Wortschöpfung (Scheinent-
lehnung). Treibende Kräfte bei dieser Lehnwortschicht waren
und sind die *Manager, Macher* und *Texter* von Werbeprospek-
ten, Rundfunk- und Fernsehsendungen, Filmen, Schlagern,
Illustrierten und Boulevardblättern, die Bedürfnisse, Denk-
und Verhaltensweisen der *Wirtschaftswunder*-Deutschen
manipulieren. Der amerikanische Spracheinfluß hat aber
ebenso stark auch auf höheren kulturellen Niveaus gewirkt;
man denke nur an die vielen Lehnwörter des wissenschaftlichen und technologischen Nachholbedarfs und Fortschritts
(z. B. *Radar, Laser, Computer, Kybernetik, Automation, Input,
Output, Test, Paper, Pattern, Sample, Trend, Team,* oder in der
Sprachwissenschaft: *Linguistik, Morphem, Allomorph, Distribution, generativ, Transformation, Grammatizität* usw.). Man
sollte auch die Zahl der wirklichen Lehnwörter nicht zu hoch
anschlagen. Vieles, was philologischer Sammeleifer in Untersuchungen zusammengetragen hat (Carstensen, Neske), ist
bis heute kaum bekannter Fach- und Zitatwortschatz geblieben (z. B. *Combo, Blues, Full-Time-Job, Highbrow, Hard-
top, Displaced Person*).
   Die weite Verbreitung des Englischen als zweite oder dritte
Fremdsprache in deutschen Schulen seit vielen Jahrzehnten
brachte es mit sich, daß bei der Entlehnung von engl. Wörtern
an Schreibung und Lautung nur wenig geändert wurde. In
älterer Zeit (meist nur vor 1945) sind einzelne Schreibungen
verdeutscht worden: *k* für *c* (*Klub, Koks, kraulen*), *sch* für *sh*
(*Schal, Schock*), *ß* für *ss* (*Boß, Dreß, Stewardeß*). In *Streik,
streiken* ist 1884 die Schreibung *ei* für *i* eingeführt worden.
Solche graphemischen Substitutionen kommen heute kaum
mehr vor, ja es ist in der Wirtschaftswerbung sogar bei älteren
Lehnwörtern das engl. *c* für dt. *k* wiederhergestellt und auf
andere Handelswörter übertragen worden, so daß offenbar die
Marktregel gilt, daß sich gewisse Waren mit amerikanisieren-
dem *c* besser verkaufen lassen (*Cigarette, Camera, Automatic,
Elastic, exclusiv*). Daß andererseits die *Camping-Fans* ihr
Hobby als [*tsampiŋ*] benennen sollen, ist nur ein schlechter
Witz im Munde der *Snobs,* die ihrerseits als [*ʃnɔps*] verspottet
werden. Bei älteren Entlehnungen war man darin noch groß-

zügiger. In den 20er und 30er Jahren sprach man *Jazz* als [*jats*], so noch in *Jazz anno 30*. Solche älteren verdeutschten Aussprachen haben sich bis heute gehalten in *lynchen*: [*lynçən*] statt [*lintʃən*], *USA*: [*uːɛsaː*], *k.o.*: [*kaːoː*] (aber nach 1945: *o. k.* als [*oːkeː*]). Wohl aber gibt es bis heute Lautsubstitutionen, die vom dt. Phonemsystem her regelmäßig bei allen Sprechern mit wenig Übung im Englischsprechen vorkommen: [ʃ] statt [s] vor Konsonant (*stop, Spleen, Snob* usw., wobei die korrekte Aussprache [*st, sp, sn*] als gesellschaftliches Bildungssymptom fungiert), stimmlose Verschlußlaute im Auslaut (*Job, Trend, Shag* usw.), Monophthong [*oː, eː*] statt Diphthong (*Toast, Spray* usw.). Wegen der großen Schwierigkeit, engl. [θ] und [ð] richtig auszusprechen und nicht durch [s] oder [ʃ] zu substituieren, ist offenbar lange Zeit kein einziges engl. Wort mit *th* entlehnt worden. Falls sich das von der Filmindustrie in jüngster Zeit in Anzeigen verbreitete *thriller* allgemein und ohne Lautsubstitution durchsetzen sollte, wäre auch diese Entlehnungsschranke gefallen.

Morphologische Veränderungen bei der Entlehnung sind selten. *Schlips, Koks* und *Keks* sind aus den engl. Pluralformen *slips, cokes* und *cakes* in den Singular umgedeutet worden. Keinesfalls darf man die Verbindung von engl. Lehnlexemen mit dt. Flexionsmorphemen, Ableitungsmorphemen oder Kompositionsgliedern (*test-en/-e/-est*, usw., *test-bar, aus-testen, Verbreitungs-test-s, Test-beginn*) als 'hybride' Formen verurteilen, denn linguistisch ist die Verwendung von Lehnlexemen in den grammatischen Umgebungen heimischer Lexeme gleicher syntaktischer Klasse eine unumgängliche Selbstverständlichkeit in jeder Sprache. Ebenso verhalten sich endungslose Plurale wie *Gangster, Teenager* ganz regelrecht nach den Distributionsregeln entsprechender dt. Lexeme wie *Meister, Richter*. Daß die meisten engl. Lehnwörter den *s*-Plural behalten (*Tests, Partys/-ies, Snobs*), verstärkt die Frequenz dieser nhd. Pluralbildungsweise, stört aber in vielen Fällen die sich im System anbahnenden Distributionsregeln des Plural-*s* (s. IV, 1!). Im allgemeinen sind die engl. Lehnwörter morphematisch stärker in das dt. Sprachsystem integriert als graphematisch und phonematisch.

Vielfach ist bei oder nach der Entlehnung ein B e d e u t u n g s -
w a n d e l eingetreten. Ein *Flirt* ist nur ein Vorgang, engl. *flirt* dagegen daneben auch die diesen Vorgang ausübende Person.
Dem dt. *Keks* entspricht im Engl. nicht *cakes*, sondern *biscuit*.
Ticket wird heute fast nur im Bereich des Flugverkehrs verwendet, hat also eine engere Bedeutung als das engl. Wort. In
ähnlicher Weise blieb *Band* im Dt. auf Tanzkapellen beschränkt, die *heiße* Musik spielen, während *band* im Engl. auch
für dt. *Orchester* oder überhaupt *Bande* stehen kann. Das Verb
killen, dessen engl. Vorbild *to kill* jede Art von Töten auch ohne
abschätzige Beurteilung bezeichnen kann, ist im Dt. eingeschränkt auf eine vorsätzliche, böswillige, hinterlistige Handlung, vielleicht anstelle des veraltenden *meucheln.*
  Viel wichtiger als das abstrakte Verhältnis zwischen beiden
Sprachen und ihren Elementen sind für die Beurteilung des
Lehnwortproblems die i n n e r s p r a c h l i c h e n R e l a t i o n e n, in
denen die Lehnwörter in der entlehnenden Sprache zu ihren
herkömmlichen Elementen und deren Relationen stehen. Diese
Fragen führen meist auf Entlehnungsgründe. Es gibt außersprachliche Ursachen für die Entlehnungswelle: Englisch-
unterricht in der Schule, Übersetzung zahlreicher Fachtexte
aus dem Englischen, Abhängigkeit der dt. Massenkommunikationsmittel von den meist engl. schreibenden Nachrichten-
agenturen und Auslandskorrespondenten, punktueller Über-
setzungsverzicht durch Arbeitseile der Journalisten, wirtschaftliche, politische und kulturelle Internationalisierungs-
tendenz, atlantische Bündnispolitik, soziale Anpassung der
Besiegten an die prosperierenden und subventionierenden
Sieger des 2. Weltkrieges, Imitation zu wirtschaftlichen Werbe-
zwecken oder aus intellektuellem bzw. sozialem Prestigebedürf-
nis, usw. Diese sind in ihrem Zusammenwirken zwar für das
Ausmaß der Lehnwörterflut verantwortlich zu machen, nicht
aber für die Motive der Entlehnung von Wörtern in jedem
einzelnen Falle. Hier muß auf strukturelle Zusammenhänge
innerhalb des Dt. geachtet werden.
  Viele engl. Lehnwörter haben gegenüber ihren (tatsächlichen
oder möglichen) dt. Entsprechungen den Vorteil der K ü r z e des
Ausdrucks: z. B. *Hobby* / *Steckenpferd, Lieblingsbeschäftigung;*

Fan | Liebhaber, Verehrer, Anhänger; Shorts | kurze Hose. Ein
sehr großer Teil der engl. Lehnwörter ist überhaupt einsilbig:
Snob, Sex, Boy, Box, fair, Quiz, Jazz, Pop, Team, Test, Trend,
usw., Lexeme mit diesem Vorteil haben für eine Sprache, die
sich ständig durch neue mehrsilbige Ableitungen und Zusammensetzungen fortzeugt, ohne Zweifel einen formalen
Mehrwert. Nur durch solche Entlehnungen (neben der Kurz-
wortbildung) können die vielen unbesetzten Möglichkeiten von
Morphemsequenzen innerhalb des dt. Phonemsystems ausgenutzt werden, was wiederum die Bildung von mehrgliedrigen
Zusammensetzungen erleichtert. Damit hängt auch der Vorteil
zusammen, innersprachlich motivierte Wörter oder solche,
deren Motivierung sinnlos, irreführend, mehrdeutig oder gleichgültig geworden ist, durch unmotivierte zu ersetzen: *Back-
fisch* durch *Teenager, Steckenpferd* durch *Hobby* (das Spiel-
zeug *St.* gibt es längst nicht mehr!), *Liebhaber* durch *Fan* (*lieb-
haben* ist mehr auf Personen bezogene Erotik!). Bei Lehnwörtern wie *Sex, sexy* kommt noch das stilistische Motiv des
Euphemismus hinzu: Seit man dieses Lexem hat, ist man
nicht mehr auf die genierlichen und obendrein umständlichen
Ableitungen und Zusammensetzungen mit *Geschlecht* angewiesen. Über *Callgirls* läßt sich ungenierter sprechen als etwa
über **Telefonhuren*. Euphemismen waren — zumindest am
Anfang — wohl auch *Dandy, Snob, Playboy, Flirt, Spleen*. Ein
stilistisches Motiv für den Lehnwortgebrauch ist auch das
Oxymoron, für das sich engl. Lehnwörter meist gut eignen,
weil sie den Stilwert des Modernen, Unkonventionellen haben.
Dieser Stilfigur des (oft anachronistischen) Nicht-Zusammen-
passenden bedient sich zu polemischen Zwecken gern das Nach-
richtenmagazin ‚Spiegel‘: *Christus-Fan, Wiedervereinigungs-
Job, Richard-Wagner-Festival* (statt *-Festspiele*), *King-Size-
Kalesche* (für ‚Mercedes 600‘, mit einer Größenbezeichnung der
Zigarettenindustrie und einem veralteten Wort für einen
leichten offenen Pferdewagen, eine schlechte *Kutsche*).

Das wichtigste Entlehnungsmotiv ist die Begriffsdiffe-
renzierung oder überhaupt die Benennung neuer Sachen und
Begriffe. Den *Jazz* oder einen *Swing* konnte man nur mit dem
mitimportierten Wort benennen, weil es die Sache vorher in

10 Polenz, Geschichte der deutschen Sprache, 8. Aufl.

Deutschland noch nicht gab. Ein *Song* ist weder ein *Lied* noch ein *Chanson* noch ein *Schlager* noch eine *Arie. Job* ist weder mit *Beruf* noch mit *Arbeit, Tätigkeit* oder *Anstellung* identisch; es enthält zusätzlich die Merkmale ‚Gelegenheit‘, ‚öfters wechselnd‘, ‚nicht zum Aufopfern ernstgenommen‘, ‚nur zum Geldverdienen‘ usw. Ein *Department* ist etwas anderes als ein deutsches *Institut* oder eine *Abteilung.* Der Anwendungsbereich von *Baby* deckt sich nicht mit denen von *Säugling* oder *Kleinkind*: In der Klinik gibt es offiziell nur *Säuglinge, Säuglingsstationen, -schwestern* usw., aber keine *Babys,* **Babystationen, -schwestern* usw.. Im Privatleben und in der Wäscheabteilung des Warenhauses bevorzugt man dagegen *Baby* und meidet *Säugling.* Dies und *Kleinkind* sind amtliche Bezeichnungen ohne den Gefühlswert, den *Baby* hat und den es allenfalls mit dem Diminutiv (eigentlich Hypokoristikum = Kosewort) *Kindchen* gemeinsam hat. *Baby* hat offenbar eine Lücke im dt. Wortfeld gefüllt; die Verdeutschung *Kleinkind* war ein Mißerfolg. — Nicht Wortfeldbereicherung, sondern Pauschalbenennung zur Ersparung differenzierterer Wortwahl liegt wohl vor bei Lehnwörtern wie *clever, fit, k. o., o. k.*

Die Wortentlehnungen aus dem Engl. ließen im Dt. manchmal neue Homonyme entstehen (gleichlautende Wörter mit verschiedener Bedeutung): Neben das ältere *realisieren* ‚verwirklichen‘ trat nun *realisieren* ‚sich vorstellen, bemerken‘ (*to realize*), neben *toasten* ‚einen Trinkspruch ausbringen‘ *toasten* ‚Weißbrot rösten‘, neben *stoppen* ‚die Zeit messen (beim Sport)‘ *stoppen* ‚anhalten‘, neben *feuern* ‚schießen‘ bzw. ‚Feuer machen‘ *feuern* ‚entlassen‘ (*to fire*), neben *Mop* ‚Staubbesen‘ *Mob* ‚Pöbel‘, neben *Scheck* ‚Zahlungsanweisung‘ *Shag* ‚Tabaksorte‘; bloße Homographen sind (wegen unterschiedlicher Betonung) *Service* ‚Tafelgeschirr‘ und *Service* ‚Kundendienst‘. Die englischen Lehnwörter treten öfters in Konkurrenz zu älteren Entlehnungen aus dem Französischen (A. Burger), wobei das engl. das frz. Lehnwort verdrängt oder zurückdrängt, so etwa bei *Mannequin* und *Modell,* bei *Revue* und *Show,* bei *Bonvivant, Belami, Beau* und *Playboy,* bei *Fete* und *Party,* bei *Hautevoleé* und [*High*] *Society,* bei *Pointe* und *Gag,* bei *Tendenz* und *Trend,* bei *Hausse* und *Boom.* Hier ist aber darauf zu achten, ob nicht doch semantische oder stilistische Unterschiede das ältere Lehnwort am Leben erhalten. Auch verdrängen engl. Schreibungen und Lautungen die der lexematisch ähnlichen älteren Lehnwörter: *Apartment* statt *Appartement*, *Publicity* statt *Publizität*. Wenn sich diese Tendenz auch in der Entwicklung der dt. wissenschaftlichen und technischen Fachterminologie durchsetzen sollte, so wäre das eine bedauerliche Beeinträchtigung des dt. Wortbildungssystems, denn der dt. Fachwortschatz aus lat., grch. und frz. Wurzel hat seit der Aufklärungszeit leistungsfähige Ableitungsmittel wie *-ismus*, *-ist*, *-ologe*, *-är*, *-ianer*, *-ität*, *-ation*, *-abel*, *-[is]ieren*, *-fizieren* entwickelt, die in der Fachterminologie genutzt werden sollten; bei engl. Lehnlexemen aus germ. Wurzel besteht sogar die Möglichkeit, sie mit allen alten dt. Ableitungsmitteln für den dt. Wortschatz fruchtbar zu machen (*testbar*, *Playboytum*). Es kommt auch sonst viel auf das Verhältnis der engl. Lehnwörter zu den älteren aus anderen Sprachen an. Viele von ihnen können als eine Art Lehnprägungen aus heimischem Material aufgefaßt werden. Das sind die Internationalismen aus lat. oder grch. Bestandteilen, die heute in jeder der heutigen Kultursprachen selbständig hätten entstehen können, deren Bildung also auch im modernen Dt. selbst jederzeit durchaus möglich wäre, deren Üblichkeit sich aber wohl erst durch das engl. Vorbild durchgesetzt hat: z. B. *Lokomotive*, *Demonstration*, *Imperialismus*, *Distribution*, *institutionalisieren*.

Die Breite und Tiefe des engl. Spracheinflusses wird erst deutlich werden, wenn die Vielfalt der inneren Lehnbeziehungen (s. II, 4!) vollständiger erkannt sein wird. Komposita wie *Atombombe*, *Gehirnwäsche*, *Schwarzmarkt*, *Gipfelkonferenz*, *Wunschdenken*, *Elektronengehirn*, *Entwicklungsland*, *Froschmann*, *Lautsprecher*, *Schnappschuß*, *Flutlicht* u. v. a. sind Lehnübersetzungen aus den lexematisch genauen engl. Entsprechungen. Das gleiche gilt für phraseologische Verbindungen (Lehnwendungen) wie *Eiserner Vorhang*, *Kalter Krieg*, *offene Tür*, *das Beste machen aus etwas*, *in einem Boot sitzen*, *unter die Haut gehen*, *einmal mehr* (*once more*), *eine gute Presse haben*, *jemandem die Schau stehlen*, *das Gesicht wahren/verlieren*. Etwas freier, als Lehnübertragungen, sind *Wolkenkratzer*,

Luftbrücke, Untertreibung, Einbahnstraße, Flugfeld den engl.
Vorbildern *sky-scraper, air-lift, understatement, one-way-street,
airfield* nachgebildet. Um Bedeutungsentlehnung (Lehnbedeutung) handelt es sich bei *kontrollieren* ‚beeinflussen, beherrschen‘, *manipulieren* ‚hinterhältig beeinflussen‘, *Flaschenhals*
‚wirtschaftlicher Engpaß‘ (*bottleneck*) und bei der modischen
Bejahungs-Interjektion *genau!* (*exactly*).

4. Stilschichten

Die sprachschöpferischen Neuerungen der Fachsprachen,
Gruppensprachen und der Alltagssprache sind in neuerer Zeit
vielfach unbesehen als Anzeichen eines ‚Sprachverfalls‘ abge-
wertet worden. Sie sind aber, sofern sie den Wortschatz der Gemeinsprache bereichern, eine Gewähr dafür, daß die dt. Sprache
nicht zu einer lebensfernen Bildungssprache erstarrt, die alles
unterdrückt, was nicht der schriftsprachlichen Tradition, der
schöngeistigen Distanzierung vom Alltagsleben oder der fach-
lichen Rationalisierung entspricht. Die Hochsprache (im
Sinne von ‚gehobener‘ Sprache) hat eine elitäre, konservierende Funktion; aber sie ist nur eine Stilart unter mehreren,
die erst alle zusammen die dt. Sprache bilden. Die Spracherziehung hat heute nach wie vor die Aufgabe, die Unterschiede
zwischen Textsortenstilen bewußt zu machen; sie würde aber
sozialer Diskriminierung dienen, wenn sie alle Abweichun-
gen von der schriftsprachlichen Tradition oder Idealnorm als
‚restringiert‘, ‚entartet‘ oder als ‚Sprachverderb‘ aufzufassen
lehrte. Der stilistische Kanon der klassischen dt. Literatur hat
viele Sprachkritiker seit dem Ende des 19. Jh. darüber hinweg-
getäuscht, daß auch die funktionalen Stilarten des Alltagslebens ihr Recht fordern und daß sich die dt. Sprache auch nach
jenem kultursprachlichen Höhepunkt weiterentwickelt und
weiterentwickeln muß, zumal sich die Sozialstruktur und die
Beziehungen zwischen Idealnorm und Gebrauchsnorm, sozialer
Machtverteilung und Bildungsprivilegien seitdem sehr gewandelt haben.

In der alltäglichen Gebrauchssprache der verschiedensten
Sachbereiche sind tausende neuer Wörter entstanden. Dabei
sind bestimmte Wortbildungstypen produktiv geworden,

die zwar als solche meist schon alt sind, für die aber in neuerer Zeit ein besonderes Bedürfnis entstanden ist. So wird das alte Personensuffix *-er* häufiger genutzt, um ältere Wortzusammensetzungen durch kürzere Wörter zu ersetzen (*Eisenbahner* statt *Eisenbahnbeamter*, *Werbetexter* statt *Werbetextverfasser*), ebenso bei dem auch schon alten Typus der Instrumentenbezeichnungen (*Fernsprecher | Fernsprechapparat, Füller | Füllfederhalter, Laster | Lastkraftwagen, Zweitakter | Zweitaktmotorfahrzeug, Umsteiger | Umsteigefahrkarte*). Diese Tendenz zur K u r z w o r t b i l d u n g wirkt der dt. Kompositionsfreudigkeit heilsam entgegen. — Als modernes Wortbildungsmittel breitet sich seit Ende des 19. Jh. die Initialabkürzung aus (*BGB, SPD, DIN, BMW, Kfz*), allerdings meist nur bei Eigennamen, denn da ist die Motivierung des sprachlichen Zeichens aus seinen Bestandteilen und die semantische Beziehung zum übrigen Wortschatz noch weniger notwendig als bei den appellativischen Wörtern. Die aktuelle Bedeutung eines Namens wie BMW versteht man auch ohne seine Herkunft und Bildungsweise zu kennen. Dem besseren Verständnis sucht man aber seit etwa den 20er Jahren vielfach nachzuhelfen mit leichter sprechbaren und deutbaren Silbenabkürzungen (*Schupo, Komintern, Mitropa, Touropa, Euratom, Benelux, Interbau, Moped*). Das dt. Wortschatzsystem wird von der Abkürzungsmode jedoch kaum beeinflußt, da Abkürzungen meist Namencharakter haben und deshalb so eng an die Sachen gebunden sind, daß sie mit ihnen schnell wieder vergehen.

Bei den A d j e k t i v e n hat die Zahl der *-bar*-Ableitungen seit dem 18. Jh. stark zugenommen (*verwendbar, begehbar, zerlegbar, erkennbar, haltbar, fahrbar*). Dabei ist die semantische Vielfalt des mhd. *-bære* auf einen eindeutigen, lebenskräftigen Typus konzentriert worden: Dinge werden nach ihrer Verfügbarkeit und Nutzbarkeit für den Menschen benannt, oft zur Einsparung eines Nebensatzes (*ein Gegenstand, der sich zerlegen läßt | zerlegt werden kann — ein zerlegbarer Gegenstand*). Das gleiche gilt für die zunehmende Bildung von Adjektiven auf *-mäßig* oder *-lich* (*wohnungsmäßige Verhältnisse, charakterliche Beurteilung*), die vielfach ältere Fügungen mit *in Bezug auf, was ... betrifft* ersetzen.

Im Sprachgebrauch der Zeitungsredakteure hat sich — ohne daß dies je ein Schulmeister oder Grammatiker sie gelehrt hätte — ein (trotz manchen Mißbrauchs) sehr nützliches syntaktisches System von Sparformen in der Schlagzeile entwickelt, vor allem seit dem Kriegsausbruch von 1914 (B. Sandig): Man begnügte sich nicht mehr mit der bloßen Angabe von Korrespondenzorten und -daten oder mit den nur hinweisenden Thema-Überschriften (z. B. *Die Ereignisse in Wien*). Nun sollte der Hinweis mit einer Kurzinformation verbunden werden. Dabei hat sich während der 20er- und 30er-Jahre eine deutliche Tendenz ergeben von den anfangs häufigeren Nominal-Kurzsätzen (z. B. *Rückkehr des Kaisers*) zu Verbal-Kurzsätzen, in deren mehrgliedrigem Prädikat das finite Verb erspart (*Holländischer Dampfer auf Mine gelaufen*) oder das Verbum des Sagens durch den Doppelpunkt ersetzt wird (*Seebohm: Stauungen nicht zu vermeiden*) oder das Subjekt im Restprädikat impliziert ist (*An Kreuzung zusammengestoßen*). Dabei werden die Kontextbedingungen der Lexeme (Valenzen, Klasseme, semantisch-syntaktische Interdependenzen) ausgenutzt, so auch bei der völligen Ersparung des Prädikats, das in der Präpositionalergänzung inhaltlich aufgehoben ist (*Cohn-Bendit nach London, Synodale vor schwerer Wahl*). Der Situationskontext einer bestimmten wiederkehrenden Stelle in jeder Zeitungsausgabe gestattet es sogar, dem Wetterbericht eine eindeutige Kurzinformation wie *kühler* voranzustellen. Die Journalisten haben hier ohne sprachwissenschaftliche Anleitung linguistische Grundtatsachen entdeckt und unreflektiert, aber erfolgreich genutzt wie die, daß der sprachliche ‚Satz‘ keineswegs an eine bestimmte Satzform wie den vollständigen Verbalsatz gebunden ist, daß vieles in den natürlichen Sprachen redundant (überflüssig) ist und daß sich Wortbedeutungen wie Satzbedeutungen aus dem (inner- wie außersprachlichen) Kontext determinieren.

Das Streben nach Kürze und Komprimierung des Ausdrucks hat auch einen Typus von Verben stark vermehrt, den Sprachkritiker unter dem Stichwort ‚Akkusativierung‘ als Zeichen der ‚Entpersönlichung‘ des Menschen bewertet haben (L. Weisgerber). Dabei werden Personenbezeichnungen als Akkusativobjekte verwendet, die das Ziel einer transitiven Handlung benennen. Beispiele dafür finden sich allerdings schon im Mittelhochdeutschen (*beschirmen*, *beschemen*, *betrüeben*, *beschuochen* ‚mit Schuhen versehen‘, *bespīsen* ‚mit Speise versehen‘, *betrehenen* ‚beweinen‘, *betriuwen* ‚betreuen‘, ‚schützen‘). Dieser Typus hat sich in der neueren Zeit sehr vermehrt, indem er neben entsprechende Dativfügungen trat oder sie verdrängte (*beglückwünschen*, *bezuschussen*, *ermutigen*, *beliefern*, *bedrohen*, *bedienen*, *beraten*). Die Ursachen dafür sind in den syntaktischen Vorteilen zu suchen, die solche transitiven Verben dem rationalisierten Sprachstil bieten (H. Kolb): Möglichkeit des persönlichen Passivs (*er wird beliefert*), der Substantivierung (*die Belieferung des Kunden*), der Adjektivbildung (*der belieferte Kunde*), der Einsparung des Sachobjekts (*wir beliefern Sie bis Monatsende;* bei *liefern* wäre ein Sachobjekt wie *Ware* notwendig). Die Person rückt hier in den Mittelpunkt der Aussage, indem sie als Objekt einer Handlung dargestellt wird. Kulturpessimistische Sprachkritik sieht darin eine ‚inhumane‘ Denkweise (D. Sternberger). Man sollte aber nicht vergessen, daß es dem Menschen selbst zugute kommt, wenn bequeme grammatische Möglichkeiten im raschen Sprachverkehr des modernen Alltags genutzt werden. Die sachliche Nüchternheit und Kürze gewisser Stilarten erscheint nur vom stilistischen Standpunkt anderer Lebensbereiche aus als Untugend. In der Sprache der emotionalen zwischenmenschlichen Beziehungen werden solche sprachlichen Verfahrensweisen freilich gemieden, sofern die zu ‚sekundären Systemen‘ erstarrten öffentlichen Gebrauchsnormen die Sprachkompetenz der Sprecher nicht ganz überwuchert haben.

Das gestiegene Bedürfnis nach der nominalen Benennung von Vorgängen, Handlungen oder Zuständen hat seit einiger Zeit die Bildung substantivierter Infinitive gefördert, die oft mit Bedeutungsdifferenzierungen neben den älteren Verbalabstrakten stehen (*das Können — die Kunst, das Wollen — der Wille, das Erleben — das Erlebnis, das Prüfen — die Prüfung, das Tiefbohren — die Tiefbohrung;* umgekehrt: *die Einschreibung — das Einschreiben*). Solche nominale Vorgangsbenennung erforderte wiederum neue Verben, mit

denen solche substantivischen Vorgangsbezeichnungen als
Subjekte oder Objekte im Satz verwendet werden können
(z. B. *das Prüfen des Materials erfolgt auf folgende Weise/
a.f.W. durchführen*). Diese Universalverben *erfolgen* und
durchführen begegnen schon im 19. Jh., vor allem in
Texten mit abstraktem Inhalt (Rechtsprechung, Verwaltung,
Wissenschaft, Technik). Dieser Substantivstil hat ohne
Zweifel über das notwendige Maß hinaus gewuchert. Aber es
gibt sprachliche Situationen, in denen solche Objektivierung
von Vorgangsbegriffen schon aus syntaktischen Gründen un-
umgänglich ist. Wer in einem langen Text immer wieder über
Dinge zu sprechen oder zu schreiben hat, die z. B. damit zusammenhängen, daß eine Straße *verlegt* wird, kommt nicht
umhin, den Vorgangsbegriff öfters als nominales Satzglied
(*Straßenverlegung*) wiederaufzunehmen. Der Substantivstil bedeutet nicht immer eine Verkümmerung des vorgänglichen
Denkens, sondern bietet die grammatische Möglichkeit, über
Vorgangsbegriffe etwas auszusagen. Ohne diese Art gedank-
licher Abstrahierung wäre die moderne Zivilisation und Geistes-
kultur nicht denkbar. Was die frühhd. Übersetzer und die
Mystiker mit ihren Verbalabstrakten in der dt. Sprache angebahnt und die dt. Gelehrten mit ihrem Nominalgruppenstil seit
dem 17. Jh. weiterentwickelt haben, ist zu einem der wesent-
lichsten Kennzeichen des modernen Deutsch geworden.

Eine gewisse Gefahr im Sinne der Verstärkung von ‚Sprachbarrieren' könnte darin gesehen werden, daß der Unterschied
zwischen geschriebener und gesprochener Sprache vielfach nicht mehr genügend beachtet, z. B. daß die mündliche
Rede allzusehr vom Schreibgebrauch beherrscht wird. Die
weitgehende Verschriftlichung des öffentlichen Lebens hat
dem Grundsatz ‚sprich wie du schreibst!' Vorschub geleistet.
Bewährte und im alltäglichen Sprachgebrauch sehr nützliche
Wörter und Wendungen der durchschnittlichen Sprechsprache
werden beim Schreiben und auch in der offiziellen Rede gemieden und durch höhere, der schriftlichen Tradition und Idealnorm entsprechende Stilvarianten ersetzt (*manchmal / bis-
weilen, jetzt / nunmehr, viele / zahlreiche, bekommen / erhalten,
brauchen / benötigen, können / vermögen, nur / lediglich*). Die

Sprachpädagogik des 19. Jh. hat den Gebrauch so nützlicher Grundverben wie *sein, haben, tun, machen* zurückgedrängt, so daß heute eine große Zahl semantisch oft unnötiger Ersatzverben besteht: *sich befinden, weilen, existieren; besitzen, verfügen über, aufweisen, zeigen; verrichten, ausüben, begehen, bewerkstelligen, durchführen; herstellen, erstellen* usw. Teilweise wirkt hier eine preziöse Stiltendenz, die aus alter sprachsoziologischer Distanzhaltung das alltägliche Wort meidet. Auch verlangt die schriftsprachliche Norm den möglichst präzisen und differenzierten Ausdruck, den man aber in der Sprachnot des raschen Redeverlaufs nicht so schnell findet, so daß man sich mit Allgemeinwörtern behilft (*interessant, großartig, tolle Sache, es geht, es ist weg, es ist kaputt, es klappt, es haut hin*). Die Scheu vor den einfachen und bequemen Wörtern hat in der dt. Hoch- und Schriftsprache anspruchsvolle Forderungen der Ästhetik und übersteigerten Idealnorm wirksam werden lassen, die das Deutsche im Fremdsprachunterricht zu einer der schwierigsten Sprachen gemacht haben und bei den Deutschen selbst zu sprachpathologischen Stilschwierigkeiten führen, wie sie z. B. der Kabarettist Jürgen v. Manger zu parodieren pflegt.

  Syntaktische Forderungen der logischen Pedanterie, die in der spontanen Sprechsprache nicht erfüllt werden, beherrschen den Schreibgebrauch und die schriftnahe Hochsprache, z. B. das starre Durchhalten des Konjunktivs in Gliedsätzen längerer abhängiger Rede oder der Gebrauch des Futurs mit *werden* in Sätzen, deren Verben oder Adverbien die Hilfsverbumschreibung überflüssig machen (z. B. *ich werde morgen abreisen*). Möglichkeiten und Gewohnheiten der geschriebenen Sprache werden oft unbedenklich in der mündlichen Rede verwendet, ohne Rücksicht auf den Hörer, der ja größere syntaktische Zusammenhänge nicht so leicht erfassen kann wie der Leser. So ist das im gelehrten und administrativen Schreibstil besonders weitgehend ausgebildete Gesetz der Umklammerung seit dem 17. Jh. so sehr zum schriftsprachlichen Vorbild geworden, daß es bei gebildeten Menschen auch den Redestil übermäßig beherrscht und vielfach schon als zwingende Norm aufgefaßt wird. Das gilt besonders für die Verbalklammer, die erweiterte Attributgruppe und die eingeschalteten Nebensätze.

Der Gebrauch des erweiterten Attributs, der im 19. Jh. in Umfang und Frequenz seinen Höhepunkt erreicht hatte, ist nach neueren Untersuchungen (H. Weber) um etwa ein Drittel zurückgegangen. Der ältere Bürokraten- und Juristenstil war noch von der Neigung zum ‚Schachtelsatz‘ geprägt; z. B.:

Gegen den Angeklagten wird, weil er sich einer Ungebühr schuldig gemacht hat, indem er, nachdem er wiederholt zur Ruhe verwiesen und ihm schließlich eine Ordnungsstrafe angedroht war, sich der Worte ... bediente, gemäß § ... eine Ordnungsstrafe von 10 M. festgesetzt.

Eine gegenläufige neuere Stiltendenz, die teilweise schon um 1900 im Bürgerlichen Gesetzbuch gewirkt hat, vermeidet in solchen Texten möglichst alle Klammern und ersetzt die syntaktische Unterordnung durch eine Nacheinanderordnung von Substantiven, wobei die Beziehungen durch genitivische oder präpositionale Fügungen ausgedrückt werden.

Gegen den Angeklagten erfolgt die Festsetzung einer Ordnungsstrafe gemäß § ... in Höhe von 10 M. aufgrund der Ungebühr seines Gebrauchs der Worte ... nach wiederholtem Ruheverweis und schließlicher Androhung einer Ordnungsstrafe.

Für diese Art des Substantivstils mit Nominalgruppen sind Anfänge schon im 17. Jh. zu beobachten (W. G. Admoni). Die Umklammerungen werden beseitigt, ein inhaltsarmes finites Verb wie *erfolgen* ermöglicht die Komprimierung des Prädikats im Verbalsubstantiv (nomen actionis) *Festsetzung*, und der ganze Satz wird in kleinere, für Sprecher und Hörer leichter erfaßbare Nominalgruppen gegliedert. Diese Lösung ist aber mit äußerster Abstraktheit des Wortgebrauchs und der Fügemittel erkauft. Das Dilemma dieser beiden Extreme ist verursacht von der Tendenz gewisser Stilarten, möglichst viel in einem Satz unterzubringen und alles möglichst genau zu formulieren. Die Komplizierung des Denkens im verschriftlichten öffentlichen Leben, — vom Techniker, Gelehrten oder Gesetzgeber bis zum Büroschreiber — hat an die dt. Sprache Anforderungen gestellt, die weit über das vernünftige Maß gesprochener Sprache hinausgehen. Neuerdings versucht man dieses Problem mit der Ein-

führung von Abkürzungen und künstlichen Formelsymbolen
zu lösen, zur Entlastung der Syntax, aber zu Lasten der lexikalischen Kenntnisse.

Es hat andererseits den Anschein, als ob die Übermacht der
geschriebenen Sprache über die gesprochene nicht mehr
unvermindert weiterwirkt und daß der lebendige, ungezwun-
gene Sprachgebrauch stark genug ist, die Stilistik der Schriftsprache aufzulockern. Freier Diskussionsbeitrag oder Interview zwingen zu kürzeren, wenig verschachtelten Sätzen. In
der populärwissenschaftlichen Prosa ist gegenüber dem 19. Jh.
ein Rückgang der durchschnittlichen Satzlänge festzustellen
(H. Eggers). Von der beherrschenden Rolle des Rundfunks
und des Fernsehens in der Massenkommunikation darf man
auf die Dauer vielleicht eine heilsame Rückwendung zur
hörerbezogenen Sprache erwarten. Dazu ist allerdings eine
sorgfältige stilistische und sprechkundliche Bearbeitung der
Textvorlagen notwendig, die vielfach schon üblich ist, aber
noch zu sehr nach konservativen Idealnormen geübt wird.

In der öffentlichen Rede hat sich seit dem akademisch-
rhetorischen Redestil des 19. Jh. manches gewandelt. Publi-
kumswirksame Redner, die frei und einprägsam sprechen, bedienen sich vielfach grammatischer Möglichkeiten zur Verkür-
zung des weiten Spannungsbogens, die sich gegen die schriftsprachliche Idealnorm entwickelt oder erhalten haben: Der
zweite Prädikatsteil wird vorweggenommen, nominale Satzglieder werden nachgestellt (z. B. *Ich möchte Sie zunächst herzlich
begrüßen zur 25. Jahresfeier unserer Vereinigung*); entfernte Satzglieder werden am Ende des Spannungsbogens wiederaufge-
nommen (z. B. *Die Entwicklung der Forschung im letzten Jahr-
zehnt auf diesem Fachgebiet, das langezeit vernachlässigt worden
ist — diese Entwicklung gibt zu einigen Befürchtungen methodo-
logischer Art Anlaß — Befürchtungen, die . . .*). Solche Verfahrensweisen der gesprochenen Hochsprache werden ganz unbewußt angewendet; in den Grammatiken der dt. Gegenwartssprache werden sie noch kaum behandelt, da diese ihre Beispiele fast ausnahmslos gedruckten und literarischen Texten
entnehmen. Nachdem die antike Rhetorik im Laufe des 19. Jh.
allmählich in Vergessenheit geraten ist, erscheint für die

dt. Sprache eine neue Lehre des vernünftigen Redestils nötig als Gegengewicht gegen das seit Jahrhunderten wirkende schreibsprachliche Vorbild.

5. Literatursprache und Sprachkrise

Die Entwicklung der dt. Literatur von der Mitte des 19. Jh. zur Moderne ist gekennzeichnet von einer bis heute nicht überwundenen Krise des sprachlichen Wertbewußtseins. Die Klassiker hatten die dt. Sprache zu einer vergeistigten, veredelten Hochsprache emporgehoben, die fortan so sehr als unüberbietbares Vorbild angesehen wurde, daß Grillparzer bekennen mußte: ‚Ich möchte, wär's möglich, stehen bleiben, wo Schiller und Goethe stand‘. Die traditionelle Literatursprache mit ihrem Schillerschen Pathos und rhetorischen Flitter, mit schmückendem Beiwort, Archaismus und Personifizierung, mit Parallelismus und Chiasmus, Antithese und Klimax, rhetorischer Frage und Sentenz, hat tief auf Literatur und Bildungsleben des 19. Jh. eingewirkt, von Theodor Körner bis zu Wildenbruch, von Heine und Geibel bis zur Gesangvereinspoesie, ja in handwerklicher Perfektion bis hinab zum gymnasialen Schulaufsatz und zum Trivialroman oder zum pathetischen Variations- und Periphrasenstil der Sportreportage. Das bewährte Vorbild mußte zum Klischee erstarren, nachdem es pädagogisiert war und schließlich hundertfach aus hochstilisierten Festreden in der Öffentlichkeit ertönte. Die kultursprachliche Leistung der dt. Klassik war so fruchtbar geworden, daß sie in Gefahr geriet, verbraucht zu werden. Das Hochsprachideal der Gebildeten war so nahe an den dichterischen Sprachstil herangerückt, daß die Dichter selbst sich in die Rolle vorbildgebender Sprachmeister gedrängt sahen; sie sollten so schreiben, wie nun alle Gebildeten sich zu schreiben oder zu sprechen bemühten. Und im sog. Professorenroman (Freytag, Dahn) war die Dichtung in die Nähe des akademischen Stils geraten, ähnlich wie die bildende Kunst in der Historienmalerei des 19. Jh.

Eine Abwendung von dieser einseitigen Entwicklungsrichtung der dt. Literatursprache lag in der Luft. Die Dichter besannen sich allmählich wieder auf die Unvereinbarkeit von Kunstsprache und Gemeinsprache. Die mildeste Art solcher Umkehr war die parodistische Ironisierung des großbürgerlichen Konversationsstils in den Romanen Th. Manns, in denen alle sprachstilistischen Traditionen des 19. Jh. noch einmal zur Virtuosität gesteigert wurden. Die anderen gingen meist neue Wege. Die einen verzichteten in ihrem Mißtrauen gegen die erhabenen und schönen Worte auf die sprachliche Sonderstellung der Dichtung und näherten sich der emotional gefärbten Alltagssprache; die anderen suchten nach neuen Möglichkeiten, der Dichtung ihren eigenen, unangreifbaren Stilbereich zu sichern. Die erstere Richtung setzt bei den Tagesschriftstellern des Jungen Deutschland ein, die das feuilletonistische Zeitalter einleiteten. Sie gipfelte in der eigenwilligen sprachschöpferischen Leistung Nietzsches, der dem Journalismus der Folgezeit das Vorbild für den grellen Reizstil gab. Der Leser sollte nicht mehr mit erbaulich schönen und logisch perfektionierten Belehrungen eingeschläfert, sondern sollte überrascht und überwältigt werden von zündenden Schlagwörtern, ironischen Wortspielen und paradoxen Analogiebildungen (*Nächstenhaß, unbefleckte Erkenntnis, Tugendbock, Moraltrompeter, Trunkenbold Gottes, Zweisiedler, Hinzulügner*). Dieses Spielen mit der Sprache ist nur ein Symptom für den Verlust des Vertrauens zur konventionellen Sprache. Die Sprachspielerei ist im Anfang des neuen Jahrhunderts literarisch gepflegt worden von Dichtern wie Morgenstern, Ringelnatz und den Dadaisten, ja sogar in einer akademischen Schüttelreimerei (Pinder, Kippenberg), und ist als intellektueller Wortwitz in der Umgangssprache der Gebildeten zur Mode geworden (*tiefstapeln, Klavier-Klafünf, Damen-Dämlichkeiten, abendfüllender Ausschnitt*). Daneben gab es auch die Möglichkeit, die Hinwendung zur Alltagssprache ganz ernsthaft und konsequent zu vollziehen, etwa in naturalistischen Stilversuchen von Arno Holz oder in der mundartnahen Sprache der sozialkritischen Dramen Gerhart Hauptmanns. Aber dieser entsagungsvolle Abstieg der Dichtersprache zur sprachlichen Unterschicht konnte die literatursprachliche Krise nicht überwinden. Diese Richtung lebt nur von der

Opposition gegen das Konventionelle und bedeutet in der modernen dt. Dichtung nur eine Unterströmung, die sich meist mit anderen Stilhaltungen zu neuen poetischen Experimenten vereinigt.

Der andere, ganz neue Ausdrucksmöglichkeiten erschließende Weg führte zum Anders-Sagen, zur dichterischen Verfremdung und Verrätselung der Sprache. Man versuchte sich im Sagen des Unsagbaren, im Andeuten von tieferen Wirklichkeiten, die von den abgegriffenen Wörtern der herkömmlichen Sprache nur verdeckt werden, die nur durch das Wachrufen von überraschenden Assoziationen, durch das Lesen hinter den Wörtern erschlossen werden können. Etwas von alledem ist den verschiedenen Richtungen und großen Gestalten der ‚Moderne' gemeinsam, sei es im Impressionismus oder Expressionismus, sei es bei George, Rilke, Hofmannsthal, Trakl oder Benn. Die sprachlichen Mittel dieses Ringens mit dem Ungenügen der Sprache waren vielfältig: von harten nominalen Wortblöcken bis zur verbalen Ekstase, von der parataktischen Reihung bis zum verblosen Satz und zur völligen Auflösung der Syntax. Das Bedürfnis nach ungewöhnlichen, den Normen widersprechenden Wortverbindungen öffnete der sprachschöpferischen Kraft kühner Wortbildung alle Schranken. Dichtersprache wurde zum Gegenteil von konventioneller, vorbildlicher Sprache. Die Dichter haben sich vom Zwang des Allgemeinverbindlichen freigekämpft, so wie sich die bildenden Künstler im Zeitalter der Fotografie von der alltäglichen, nutzbaren Wirklichkeitsdarstellung gelöst haben. Sie haben sich einer tödlichen Umarmung entzogen, indem sie sich in den Bereich der autonomen Kunst retteten. — Andere, die politisch in die Welt hinein wirken wollten, betrieben die Sprachverfremdung ganz systematisch und reflektiert: Die „Schwierigkeiten beim Schreiben der Wahrheit" und die „faule Mystik der Wörter" (Bert Brecht) können nur durch die „List" überwunden werden, daß — wie etwa bei Brecht, Johnson und Grass — entgegen aller Vortäuschung einer ‚heilen' Sprache die grundsätzliche Inkongruenz zwischen den Codes des Autors und der Leser sprachlich vorgeführt wird durch ein werkspezifisches System von grammatischen und semantischen

Irregularitäten und durch die Ausnutzung der Assoziations- und Analogiefreudigkeit spontaner Umgangssprache in bestimmten redeintensiven Textabschnitten (H. Steger).

Das pädagogische Vertrauen auf einen Kanon des guten Sprachgebrauchs ist seit etwa der Jahrhundertwende ins Wanken geraten. Die Beziehungen zwischen Dichtersprache, Hochsprache und Gemeinsprache sind fragwürdig geworden. Diese Entwicklung hat man auch in der Öffentlichkeit gespürt. Um die Jahrhundertwende wirkte, noch langezeit verkannt und ignoriert, der bedeutende Sprachkritiker Fritz Mauthner als Vorläufer späterer philosophischer Sprachkritik. Er geißelte den „Wortfetischismus" traditioneller Wissenschaftssprache.

Konservative Sprachkritiker (z. B. G. Wustmann) sahen im Sprachwandel durch sozioökonomische Veränderung und in der Eigenständigkeit der Stilschichten, Fach- und Gruppensprachen meist nur ‚Entartung' und ‚Sprachverderb'. In der gleichen Zeit (1885) ist auch der Allgemeine deutsche Sprachverein gegründet worden. Er setzte sich ein für ‚Pflege und Hebung der dt. Sprache', ‚Heilung von Entartungen und Verkrüppelungen', ‚Abwerfung von Künsteleien und Zierereien', ‚Anregung zum richtigen, sachgemäßen Denken im Zusammenhange mit dem richtigen, treffenden Ausdruck'. Die Aktivität dieser bürgerlichen Sprachnotwehr stieß bei Schriftstellern wie Fontane, Freytag, Groth, Spielhagen, die sich ihre dichterische Freiheit nicht rauben lassen wollten, auf heftigen Widerstand, vor allem in der Fremdwortfrage. Die Wirkung des Vereins in weiten Kreisen war aber beträchtlich. Doch eine Lösung zur Überwindung der Sprachkrise ist auf diesem Wege nicht gefunden worden. Voreingenommene Kritik und Intoleranz fördern nur die Vorurteile und sprachlichen Hemmungen. Die 1945 als Nachfolgerin gegründete ‚Gesellschaft für deutsche Sprache' bemüht sich um eine gerechte Beurteilung der Sprachnöte der modernen Welt. Die Auskunftsstelle der Gesellschaft leistet heute in einer Flut von Anfragen aus Verwaltung, Wirtschaft und Technik ihre nützliche Sprachberatungsarbeit, ebenso in Mannheim die Duden-Redaktion und das ‚Institut für deutsche Sprache'. Eine über sachliche Beratung auf wissenschaftlicher Grundlage hinausgehende Sprachnormung ist jedoch sehr problematisch, vor allem wenn das Gesellschaftsspiel der Sprachanfragen eifriger Pedanten etwa dazu benutzt würde, bei jeder ‚Sprachauskunft‘ neue Normen zu setzen, die die Zahl der Restriktionen freier Varianten vermehren, anstatt sie zugunsten der sich kommunikativ regulierenden Sprachkompetenzen der Sprachteilhaber abzubauen.

6. Politik und Sprache: vor 1945

Die Gründung des kleindeutschen Kaiserreiches im Jahre 1871 hat nicht nur einheitssprachliche Äußerlichkeiten wie die erwähnte orthographische und orthoëpische Normung gefördert. Sie und der stark irrationale Nationalismus der wilhelminischen Zeit haben auch eine neue Welle der Eindeutschung ausgelöst. Die Fremdwortjagd beherrschte besonders in den Anfangsjahren die Arbeit des Sprachvereins. Sein Gründer, Herman Riegel, forderte als nationale Ehrenpflicht: „Gedenke, auch wenn du die deutsche Sprache sprichst, daß du ein Deutscher bist!“ (Die Zweideutigkeit dieses Satzes haben die ‚Sprachfreunde‘ offenbar nicht bemerkt!). Damit verband sich auch eine demokratische Haltung, die in den Wörtern fremder Herkunft Bildungsvorrechte beargwöhnte. Die Wirkung der seit 1889 erschienenen zehn ‚Verdeutschungsbücher‘ und der Zeitschrift des Sprachvereins (später ‚Muttersprache‘) ist kaum abzuschätzen. Der Verein zählte im Jahr 1910 über 30000 Mitglieder, zu denen viele Mitarbeiter auch aus Verwaltungsberufen gehörten. Gerade in einigen Bereichen der Verwaltung zeigt sich die Wirkung des Sprachvereins oder der ihn tragenden Bewegung am deutlichsten. Der Generalpostmeister Heinrich Stephan wurde 1887 erstes Ehrenmitglied des Vereins, weil er seit 1874 die Verdeutschung von 760 Fremdwörtern des Postwesens angeordnet hatte (*einschreiben* für *recommandieren*, *Fernsprecher* für *Telephon*, *postlagernd* für *poste restante* usw.). Auch im Verkehrswesen ist in den folgenden Jahrzehnten viel verdeutscht worden (z. B. *Bahnsteig / Perron*, *Abteil / Coupé*, *Fahrgast / Passagier*, *Fahrkarte / Billet*, *Bahnhof / Station*). Die Verdeutschungstendenz hat auch in anderen Bereichen bis heute weitergewirkt (vgl. *Rundfunk / Radio, Fernsehen / Television, Zeitschrift / Journal, Anzeige / Annonce. Werbung / Reklame*). Auf die kleindeutsche Wirkung solcher Regelungen ist es zurückzuführen, daß sich in Österreich und in der Schweiz auf diesen Gebieten noch viele der alten (und oft internationalen) Wörter bis heute erhalten haben (*Perron, Coupé, Retourbillet, Zertifikat, Advokat, Offerte* usw.). Auch in Naturwissenschaft und Technik ist der altdeutsche Wortschatz immer häufiger für Neubildungen genutzt worden, wie z. B. die Wortfamilie *Kern-* zeigt (*Atomkern, Kernspaltung, Kernenergie, Kernwaffen* usw.). Aber der internationale Sprachverkehr in Politik und Wirtschaft und die Notwendigkeit der Adjektivbildung forderten Ausnahmen (z. B. *nukleare Abrüstung*), ebenso wie auch die Sprachregelung der Post aus innersprachlich-grammatischen Gründen nicht in allen Fällen ganz durchgedrungen ist: *Telefon* und *Adresse* haben sich in der Umgangssprache gegen *Fernsprecher* und *Anschrift* behauptet, wahrscheinlich weil man auf die wortbildungsmäßige Produktivität der Lehnwörter nicht verzichten wollte (*telefonieren, telefonisch, Telefongespräch ≠ Ferngespräch; adressieren, Adressat, Adreßbuch*). Auch staatliche Sprachnormung ist also solchen innersprachlichen Erfordernissen gegenüber machtlos. Bei der Beurteilung der Motive für den Gebrauch gruppenspezifischen Wortschatzes und für die Wortentlehnung aus anderen Sprachen sind ferner sehr verschiedene stilistische Absichten zu unterscheiden: Präzisierung, Bedeutungsdifferenzierung, Internationalisierung, Terminologisierung, aber auch Ironie, Wohlklang, Zeitmode, Arroganz, Ablenkung, Tarnung oder Täuschung. Urteile über einen Wortgebrauch im Sinne von Sprachkritik sind nur möglich, wenn sie als Sprecherkritik gefällt werden und den jeweiligen (inner- und außersprachlichen) Kontext berücksichtigen, denn Wörter existieren niemals für sich, sondern nur als Elemente bestimmter Äußerungen von Sprechern in bestimmten Situationen.

　　Diesen linguistischen Grundsatz haben die Puristen (Sprachreiniger) nicht beachtet. An den Höhepunkten dieser Bewegung haben sie, besonders im Rahmen des Sprachvereins, ihre Aktivität in den Dienst nationalistischer Stimmungs-

mache gestellt (vgl. P. v. Polenz): zu Ausbruch und während
des 1. Weltkrieges („Die Welscherei ist geistiger Landesverrat",
„Nur ein deutschsprechendes deutsches Volk kann Herrenvolk
werden und bleiben") und in den ersten Jahren der Herrschaft
des Nationalsozialismus („die entdeutschte und verausländerte
Sprache des marxistischen und demokratischen Parlamentaris-
mus"; „Jüdische und westeuropäische Einflüsse haben die
deutsche Sprache zersetzt"; „Der Sprachverein ist die SA
unserer Muttersprache"). Die Sprachreiniger haben selbst bei
den Nazis auf die Dauer keinen Erfolg gehabt, die dieser naiven
Art von Deutschtümelei mißtrauten und sich Kritik am eigenen
Redestil schon gar nicht gefallen ließen. Hitler selbst hat 1940
durch einen Erlaß die Sprachreinigung untersagt. Es kam damals hinzu, daß man nach der Eroberung europäischer Länder
und im Hinblick auf den Angriff auf die Sowjetunion die
Ideologie der ‚Verteidigung des Abendlandes' aktivierte und
sich deshalb ‚europäisch' zu geben bemühte, weshalb man
während des Krieges auch die ‚Deutsche Schrift' — die in
Deutschland am längsten und mit ideologischer Motivierung
gepflegten ‚gotischen' Schriftarten (Fraktur, Schwabacher) und
die (spätmittelalterliche Verwilderung konservierende) ‚deutsche' Schreibschrift — zugunsten der in anderen Ländern seit
langem üblichen (humanistischen) Antiqua bzw. ‚Latein-
schrift' aufgab. Der deutsche Sprachpurismus nährte sich aus
zwei Wurzeln: aus der Fetischisierung der Sprache, in der man
nicht nur ein Kommunikationsmittel, sondern ein ‚rein' und
‚echt' zu erhaltendes Idol sah — ein typisches Merkmal des
irrationalen Nationalismus (H. L. Koppelmann) — und aus der
einseitig diachronischen Betrachtungsweise der traditionellen
Sprachwissenschaft, Philologie und Sprachlehre, die in
Deutschland durch den Historismus länger und ausschließlicher
gepflegt wurde als in anderen Ländern. In der modernen Linguistik, die Sprache als einen systematischen synchronischen
Zusammenhang betrachtet, spielt die diachronische Frage nach
der Herkunft einzelner Sprachelemente nur eine sehr beschränkte Rolle: erstens — aber nur in stark reglementierten
Kultursprachen wie dem Deutschen — in der Kombinations-
beschränkung von Lehnlexemen in der Wortbildung (Man darf

nur *Germanist, Revanchist, Neutralist* sagen, aber nicht
*Deutschist, *Rachist, *Unparteiischist), zweitens in der syn-
chronischen Wirksamkeit des Lehnwortschatzes in sprach-
soziologisch-stilistischen Gruppierungen wie Gemeinwortschatz, Fachwortschatz, Bildungswortschatz (vgl. V, 2). Das
popularwissenschaftliche Schlagwort ‚Fremdwort' ist in der
Linguistik nur dann brauchbar, wenn jeweils die Frage beantwortet wird: Wem ist das Wort ‚fremd'? Hier sind nur sprachsoziologische Antworten zulässig: der Person X, der Personen-
gruppe Y, der Sprechsituation Z usw., aber nicht: der deutschen Sprache, denn der deutschen Sprache können nur die
anderen Sprachen ‚fremd' sein — und die aus ihnen gelegentlich entnommenen Zitatwörter (vgl. V, 2, V, 7) —, nicht aber
Wörter, die regelmäßig in deutschen Sätzen verwendet werden
und die im semantischen System des deutschen Wortschatzes
ihren Platz haben. — Nach 1945 hat es in Deutschland (auch
in der Nachfolgeorganisation des Sprachvereins, der ‚Gesellschaft für deutsche Sprache') keine öffentliche Fremdwortjagd
mehr gegeben.

Auch die andere politische Bewegung des 19. Jh., die allmähliche Demokratisierung seit der frz. Revolution, hat sich
auf den dt. Wortschatz ausgewirkt. Viele frz. und engl. Wörter
des politischen Lebens wurden entlehnt oder nachgebildet:
*Parlament, Sprecher, zur Ordnung rufen, eine Vorlage durch-
peitschen, Tagesordnung, Koalition, Staatsbürger, öffentliche
Meinung, Revolution, Streik.* Der politische Wortschatz wurde
vor allem inhaltlich geprägt vom ursprünglich wissenschaftlichen Denkschema der Ismen und sonstiger abstrakter oder
verallgemeinernder Begriffe für politische Gruppenbildungen.
Solche Wörter tendieren aber oft als Schlagwörter, Tarn- oder
Schimpfnamen zum Gegenteil von exaktem Wortgebrauch:
*Anarchismus, Nihilismus, Materialismus, Kommunismus, Mar-
xismus, Sozialismus, Kapitalismus, Militarismus, Klerikalis-
mus, Agrariertum, Bourgeoisie, Proletarier).* Man hatte gelernt,
bei popularwissenschaftlichen Fachtermini fremdsprachlicher
Herkunft (*national, patriotisch, sozial, liberal, reaktionär, ultramontan,* später *faschistisch, plutokratisch, imperialistisch*) oder
Wörtern mit starkem Bildgehalt (*Ausbeuter, Fortschritt, Errun-*

11*

genschaften, Krautjunker, Schlotbaron, Stehkragenproletarier, Kriegsbrandstifter) zum Zweck der politischen Polemik die emotionalen Assoziationen zu nutzen, so daß die denotative Wortbedeutung (die definierbare Begrifflichkeit) von den Konnotationen (den assoziativen Nebenvorstellungen) überwuchert wurde, wie z. B. bei den pauschalen Bezeichnungen für politische Richtungen: *fortschrittlich, rot, links, rechts, reaktionär, extrem, radikal, ultra-* und der Substantivierung *die Ultras,* die schon 1848 belegt ist (auch als *ultramontan* aus *ultra montes* ‚nach jenseits der Alpen gerichtet, papistisch‘, in der Bismarckzeit für das Zentrum).

Das für die neuere deutsche Sprachgeschichte wichtigste, aber recht düstere Kapitel im Bereich von ‚Sprache und Politik‘ ist das, was man in der bisherigen Publizistik und Forschung ungenau und irreführend ‚Wörterbuch des Unmenschen‘, ‚Sprache des Dritten Reiches‘ oder ‚NS-Sprache‘ genannt hat. Man hat sich dabei anfangs in der Art der alten Wörterbuchphilologie damit begnügt, ohne Textanalyse einzelne Wörter ohne Kontext zusammenzustellen und sie für Elemente eben jener ‚Sprache‘ oder jenes ‚Vokabulars‘ zu erklären. Die Einseitigkeit, mit der man dabei den Blick entweder auf ‚die Nazis‘ oder ‚den Unmenschen‘ konzentrierte, verleitet dazu, einerseits die unbeabsichtigte politische Wirkung von Einzelwörtern noch heute überzubewerten, andererseits die enge Verflechtung des Sprachgebrauchs der deutschen Faschisten und ihrer Mitläufer mit den Stilmerkmalen zu ignorieren, die in Deutschland seit Generationen der politischen Werbesprache der einflußreichsten Gruppen eigen waren. So wie der Nationalsozialismus überhaupt nur zu verstehen ist als deutsche Erscheinungsform des Faschismus — und dieser selbst nur im Zusammenhang mit wirtschafts-, sozial- und geistesgeschichtlichen Entwicklungen seit der Mitte des 19. Jh. — so läßt sich die Art von Sprachgebrauch, mit dem die Nationalsozialisten Macht errungen und Gewalt ausgeübt haben, nur vor dem Hintergrund der seit langem herrschenden Stilistik der politischen und gesellschaftlichen Öffentlichkeit begreifen. Die spezifische ‚Nazisprache‘ war nicht neu; die Nazis warben mit einer zynisch-virtuosen Mischung aus Schlag- und

Fangwörtern — zur Betäubung des eigenen Denkens bei einfachen Gemütern — und aus allem, was den konservativ-konformistischen Deutschen in den 20er und 30er Jahren vertraut und angenehm im Ohr klang und seine Wurzeln in vielfältigen ,Bewegungen' und Ideologien hatte: im Geist der Freiheitskriege und der bonapartistisch korrumpierten Reichsidee, in Obrigkeitsdenken und Staatskirchentum, in preußischem Militarismus und wirtschaftlichem Expansions-Chauvinismus, in Historismus und Antisemitismus, in Romantik und Biedermeier, in Jugendbewegung und Georgekreis (vgl. C. Berning, W. Dieckmann).

Statt Vokabularien wären Textlesebücher der politischen deutschen Sprachgeschichte des 19. und 20. Jh. nötiger. Die herkömmliche Einzelwortmethode ist auch von der Linguistik her sehr anfechtbar. Wir sprechen nicht in Wörtern, sondern in Sätzen, ja in Texten; Wortbedeutungen werden vom Kontext her determiniert (s. H. Weinrich). Deshalb ist es besser, von Texten auszugehen. Die nachstehende kleine Auswahl von Abschnitten aus Reden und Proklamationen von 1848 bis 1943 hat inhaltlich gemeinsam, daß diese Texte öffentlich gewirkt haben und ihre Meinungen denjenigen Richtungen entsprechen, die sich in der deutschen Politik von der Paulskirchenversammlung bis zum Garnisonskirchen-Staatsakt folgenreich durchgesetzt haben.

An das deutsche Volk. Brüder! Deutsche Flotten wiegten einst ihre Masten auf allen Meeren, schrieben fremden Königen Gesetze vor, verfügten selbst über die Kronen der Feinde deutscher Macht und Herrlichkeit. Jetzt sind wir wehrlos auf der weltverbindenden See, jetzt sind wir wehrlos selbst auf den heimathlichen Strömen. Ihr wißt es, was mit gerechtem heiligen Zorn jedes deutsche Herz entflammt. Das kleine Dänemark verhöhnt das große, im Lichte seiner Freiheit, im Bewußtsein seiner hohen Weltsendung doppelt mächtige Deutschland.... (Proklamation des 50-er-Ausschusses, Frankfurt a. M., 12. 5. 1848)

... Katholiken und Protestanten! Vereinigt euch in brüderlicher Liebe gegen den Todfeind des Deutschtums, den Judenkapitalismus und die asiatische Geldmoral! Zeigt den Mut

des stolzen Germanen, indem Ihr alle, die Ihr unter der skrupel-
losen Konkurrenz des Judentums und der furchtbaren Geißel
des Großkapitals leidet, am 16. Juni für diejenige Partei ein-
tretet, von welcher das fremde Parasitenvolk mit Entschlossen-
heit und nach Gebühr bekämpft wird. — CHRISTLICH-
SOZIAL muß jeder Arbeiter, Bürger und Bauer, jeder [...]
sein, der arischen Blutes ist und der seine Muttersprache und
seine Heimat liebt! ...

(Plakat der Christlich-sozialen Partei zur Reichtagswahl
München 16. 6. 1903)

... Man will nicht dulden, daß wir in entschlossener Treue zu
unserem Bundesgenossen stehen, der um sein Ansehen als
Großmacht kämpft und mit dessen Erniederung auch unsere
Macht und Ehre verloren ist. So muß denn das Schwert ent-
scheiden. [...] Jedes Schwanken, jedes Zögern wäre Verrat am
Vaterlande. Um Sein oder Nichtsein unseres Reiches handelt
es sich, das unsere Väter sich neu gründeten. Um Sein oder
Nichtsein deutscher Macht und deutschen Wesens. Wir werden
uns wehren bis zum letzten Hauch von Mann und Roß, und
wir werden diesen Kampf bestehen auch gegen eine Welt von
Feinden. Noch nie ward Deutschland überwunden, wenn es
einig war. Vorwärts mit Gott, der mit uns sein wird, wie er mit
den Vätern war!

(Kaiser Wilhelm II., ‚An das deutsche Volk‘, 6. 8. 1914)

... Aus Bauern, Bürgern und Arbeitern muß wieder werden
ein deutsches Volk. Es soll dann für ewige Zeiten in seine treue
Verwahrung nehmen unseren Glauben und unsere Kultur,
unsere Ehre und unsere Freiheit. [...] Heute, Herr Generalfeld-
marschall, läßt Sie die Vorsehung Schirmherr sein über die
neue Erhebung unseres Volkes. Dies Ihr wundersames Leben
ist für uns alle ein Symbol der unzerstörbaren Lebenskraft der
deutschen Nation. So dankt Ihnen des deutschen Volkes Ju-
gend und wir alle mit, die wir Ihre Zustimmung zum Werk der
deutschen Erhebung als Segnung empfinden. Möge sich diese
Kraft auch mitteilen der nunmehr eröffneten neuen Vertretung
unseres Volkes. ...

(Hitler, Garnisonskirche Potsdam, 21. 3. 1933)

... *Jeder deutsche Stamm und jede deutsche Landschaft, sie haben ihren schmerzlichen Beitrag geleistet zum Gelingen dieses Werkes. Als letzte Opfer der deutschen Einigung aber sollen in diesem Augenblick vor uns auferstehen jene zahlreichen Kämpfer, die in der nunmehr zum Reich zurückgekehrten alten Ostmark die gläubigen Herolde der heute errungenen deutschen Einheit waren und als Blutzeugen und Märtyrer mit dem letzten Hauch ihrer Stimme noch das aussprachen, was von jetzt an uns allen mehr denn je heilig sein soll: Ein Volk, ein Reich. Deutschland! Sieg Heil!*

(Hitler, Reichstagsrede 18. 3. 1938)

.. *In dieser geschichtlichen Auseinandersetzung ist jeder Jude unser Feind, gleichgültig, ob er in einem polnischen Ghetto vegetiert oder in Berlin oder in Hamburg noch sein parasitäres Dasein fristet oder in New York oder Washington in die Kriegstrompete bläst. Alle Juden gehören aufgrund ihrer Geburt und Rasse einer internationalen Verschwörung gegen das nationalsozialistische Deutschland an. [...] Eine dieser Maßnahmen ist die Einführung des gelben Judensterns, den jeder Jude sichtbar zu tragen hat. [...] Es ist das eine außerordentlich humane Vorschrift, sozusagen eine hygienische Prophylaxe, die verhindern soll, daß der Jude sich unerkannt in unsere Reihen einschleichen kann, um Zwietracht zu säen. ...*

(Goebbels, in ‚Das Reich', 16. 11. 1941)

... *Der Ansturm der Steppe gegen unseren ehrwürdigen Kontinent ist in diesem Winter mit einer Wucht losgebrochen, die alle menschlichen und geschichtlichen Vorstellungen in den Schatten stellt. Die deutsche Wehrmacht bildet dagegen mit ihren Verbündeten den einzigen überhaupt in Frage kommenden Schutzwall. [...] Zehn Jahre Nationalsozialismus haben genügt, das deutsche Volk über den Ernst der schicksalhaften Problematik, die aus dem östlichen Bolschewismus entspringt, vollkommen aufzuklären. ...*

(Goebbels, Sportpalast Berlin, 18. 2. 1943)

Vom historischen Ergebnis des Hitlerfaschismus her könnte man erwarten, seinem Sprachgebrauch kämen vor allem Eigenschaften wie ‚brutal', ‚gewaltsam', ‚totalitär' zu.

Selbstverständlich hat es auch das gegeben; aber es ist die
Frage, ob dies das Wesentliche, Wirksame und Gefährliche
im nationalsozialistischen Sprachgebrauch war. Die brutalste,
unmenschlichste Art von Sprechen ist die Lüge, so etwa in
Goebbels' Leitartikel die geradezu kriminelle Verwendung des
Wortes *human* oder die Behauptung *Alle Juden gehören aufgrund* ... Aber solche offenen Zynismen sind außersprachliche
Erscheinungen. Wenn das jeder sprachlichen Äußerung impli-
zierte Assertions-Element (H. Weinrich) — die Voraussetzung
der Gültigkeit und Wahrheit des Gemeinten — objektiv miß-
braucht wird, so ist dies nur eine Störung des Verhältnisses
zwischen Meinung und Wirklichkeit. Hier wurde nicht mit
Sprache, sondern mit bewußt falschen Meinungen mörderische
Gewalt ausgeübt. — Was man ferner unter ‚Sprache der Gewalt' zu fassen meint, ist meist etwas sehr Vordergründiges und
leicht zu Entlarvendes, wie die arroganten Wörter und Wendungen der forschen Totalität und Kraftmeierei: *jeder, alle,
vollkommen, noch nie, mehr denn je, von jetzt an, für ewige Zeiten,
unzerstörbar, gleichgültig ob ..., einzig überhaupt in Frage
kommend, entschlossen, stolz, groß, hoch, letzte, mächtig, Welt,
Großmacht, Macht und Herrlichkeit, Ehre, Ansehen, Kampf,
Sieg, Kraft, Wucht, Mut, Vorwärts*, die je nach Kontextver-
hältnissen und Häufungsgrad eine sprachliche Appellwirkung
haben können, die man mit ‚Solidarisierungs- und Affirma-
tionszwang' oder ‚Erzeugung eines kollektiven Gruppenegois-
mus' umschreiben könnte. Sie waren — zusammen mit der aus-
giebigen Verwendung von *deutsch, Volk* und *Nation* — schon
in der Wilhelminischen Zeit Mode (dazu auch in ähnlichen
Kontexten: *einmalig, unvergleichlich, nie dagewesen, großartig,
kolossal, schneidig, heroisch, restlos, ein für allemal, unabdingbar,
total, absolut, schlagartig, energisch, rücksichtslos* usw.).

Sprachlicher Totalitarismus, der über solchen Angeberjargon
hinaus eine beträchtliche Wirkung bei der Erzeugung von
K o n f o r m i s m u s ausgeübt hat (und es noch heute tut), zeigt
sich im *wir*- und *unser*-Stil, mit dem der Redner dem Hörer
eine undiskutierte und undiskutable Gemeinsamkeit sugge-
riert. In Hitlers Ganisonskirchenrede entlarvt sich dieses
Mittel selbst, indem offenbleibt, wen denn das *unser* in *unseren*

Glauben und unsere Kultur, unsere Ehre und unsere Freiheit, die *es* [nämlich das Volk] *in seine treue Verwahrung nehmen* solle, wirklich meint. Hier wie anderswo, wenn das *Wir* in unklarer Kontextbeziehung zu *Volk* oder *Nation* steht, beginnt die sprachliche Mythisierung eines Volksbegriffs, der sich mit dem (durchaus mit *Volk* identifizierten) *Wir* nicht mehr deckt, sondern ihm wie ein selbständiges Wesen gegenübergestellt wird (z. B. *Wir glauben an die Kraft unserer eigenen Nation*). — Ein wirksames Mittel totalitärer Simplifizierung ist auch der kollektive Singular: *der Germane, der Jude* statt *die Germanen, die Juden*. Diese Gewohnheit stammt aus wissenschaftlicher Abstraktion (*der Maikäfer, die Buche, der mittelalterliche Mensch*), ein Mittel der Typisierung, das in bestimmten Kontexten die Funktion haben kann, das Gruppenbewußtsein aggressiv zu polarisieren. — Hierher gehört auch das Wort *arisch*, das schon auf dem Wahlplakat von 1903 seine Wirkung tat. Es war ursprünglich ein Fachterminus der Sprachwissenschaft und Ethnologie für ‚indopersisch‘, später verallgemeinert auf ‚indogermanisch‘ (vgl. I, 1), und begegnet schon bei Richard Wagner im Sinne von ‚nichtjüdisch‘. Das Gefährliche an der Antonymie *arisch — nichtarisch* war es, daß der privative Begriff ‚nichtjüdisch‘ mit dem nichtprivativen, rein hypothetischen Fachterminus *arisch* bezeichnet und diesem wieder die privative Bezeichnung *nichtarisch* für den nichtprivativen Begriff ‚jüdisch‘ gegenübergestellt wurde, so daß die pejorisierende und begrifflich simplifizierende Wirkung der Privation (vgl. *undeutsch, ungeistig, Unruhe, Unsitte, Unzucht, entartet* usw.) doppelt ausgenützt wurde. Einem für die meisten Menschen unklaren ‚Wir‘-Begriff stand hier ein verteufelter und für viele ebenso unklarer ‚Nicht-Wir‘-Begriff gegenüber, ein sprachlicher Terror, der sicher viel zu den bekannten Folgen beigetragen hat. — Eines der beliebtesten diffamierenden Stilmittel, das unreflektierte Ängste erwecken soll, ist die Darstellung politisch-gesellschaftlicher Verhältnisse und Vorgänge mit biologisch-pathologischer Metaphorik: *Parasitenvolk, parasitäres Dasein, vegetieren, hygienische Prophylaxe* und überhaupt *Rasse*. Vieles davon begegnet auch heute wieder in der Polemik gegen Nonkonformisten, sei es aus alter Gewohnheit (*zersetzende Kritik, ansteckend, krankhaft, anormal*), sei es neu aus einer allgemeinen Tendenz der Verächtlichmachung durch Pathologisierung (*Symptom, Komplex, Bazillus, Neurose, Exzess, Reformfieber, Anerkennungspsychose, Verzicht-Masochismus*).

Mindestens ebenso folgenreich wie die sprachlichen Mittel der Aufstachelung waren die der Tarnung und Ablenkung, der Umarmungstaktik und sanften Verführung zur Anpassung und Selbstbestätigung. Dazu gehörten nicht nur Euphemismen wie *muß das Schwert entscheiden, Auseinandersetzung, Kampf* statt des gemiedenen *Krieg*, oder *aufklären* statt *propagieren, beeinflussen* (in anderen Texten: *Frontbegradigung* für *Rückzug, Krise* für *Niederlage, Sicherstellung* für *Beschlagnahme, Minderheitenstatus* für *Pogrom, Sonderbehandlung* und *Endlösung* für *Massenmord*). Euphemismen dieser Art sind bald durchschaut worden, vor allem wenn sie etwa auf ausdrückliche Sprachregelung durch das Goebbels-Ministerium zurückgingen (R. Glunk). Weitaus wirksamer für die (in den Jahren der ‚Machtergreifung‘ und der Konsolidierung des Regimes ausschlaggebende) Mitläuferschaft von rechts und von ‚oben‘ waren die atmosphäreschaffenden Stilzutaten, die vor allem das Bürgertum in ein Hochgefühl von Legitimierung durch Religiosität und Gemüthaftigkeit versetzen sollten. Der Paulskirchenausschuß wandte sich mit *heiligem Zorn* und *deutschem Herzen*, im Bewußtsein von *hoher Weltsendung* wegen der *heimathlichen Ströme* an die *Brüder*. Die Christlich-sozialen Münchner von 1903 vergaßen nicht, ihren Antisemitismus in *brüderliche Liebe* und in Liebe zur *Muttersprache* und zur *Heimat* zu verpacken. Der viel und gern redende Kaiser appellierte an *Treue, Vaterland, unsere Väter* und *Gott* (den er sonst auch *unseren alten Alliierten dort droben* zu nennen beliebte). Hitler sprach noch tiefsinniger von der *Vorsehung*, mythisierte mit *unserem Glauben, deutscher Erhebung, wundersamem Leben, Symbol, Segnung, letztem Opfer, auferstehen, gläubigen Herolden, Blutzeugen und Märtyrern, heilig, Heil* und sentimentalisierte mit *treuer Verwahrung* und *schmerzlichem Beitrag*. Einer predigthaften Syntax und Wortstellung bediente er sich in der Garnisonskirche, wo er an ver-

goldetem Barockpult im Frack die Gunst der Preußisch-Kon-
servativen zu gewinnen trachtete. Als historistischen bürgerlichen Bildungskitzel benutzte man Archaismen. Man ver-
setzte sich und die zu Überredenden in eine Welt, in der es noch
Germanen, Stämme, eine *Ostmark, Geißeln, Schwerter, Herolde*
und *Schutzwälle* gab. Des Kaisers *ward* statt *wurde* und des
Führers vorangestelltes Genetivattribut (*des deutschen Volkes
Jugend*, übrigens noch drei weitere Fälle genau in dem Passus,
der sich an den *greisen* Hindenburg richtete!) waren ebenso
wirksame politische Werbemittel an die Adresse der ‚Gebildeten' wie die poetisch-preziösen Elemente: *was jedes deutsche Herz entflammt, im Lichte seiner Freiheit, der arischen
Blutes ist* (preziös-archaistischer Genitiv), *bis zum letzten Hauch,
von Mann und Roß, zum Gelingen dieses Werkes, nunmehr, mit
dem letzten Hauch ihrer Stimme, Zwietracht säen.*
     Während solche Stilmerkmale als verkommenes Erbe der
rhetorisch-literarischen Bildung dem sog. Kitsch und der sog.
Trivialliteratur nahestanden (die durchaus keine ganz unpolitischen Erscheinungen sind), so befriedigten eine bildungs-
soziologische Stufe höher Elemente des Jargons der Geisteswissenschaften die Tiefsinnsbedürfnisse der schöngeistig
Gebildeten: *im Bewußtsein, Sein oder Nichtsein* (Zitat aus
Shakespeares ‚Hamlet'), *deutsches Wesen, unsere Kultur, geschichtliche Auseinandersetzung, Ansturm der Steppe, ehrwür-
diger Kontinent, alle menschlichen und geschichtlichen Vorstellungen, Ernst der schicksalshaften Problematik.* Wer so reden
konnte, empfahl sich als treuer Schüler der ‚humanistischen'
deutschen Gymnasial- und Universitätsbildung. Goebbels, der
erfolgreiche Rattenfänger von ‚Gebildeten', die nicht ‚Intellek-
tuelle' sein wollten, konnte es in seiner Beschwichtigungsrede
nach dem sowjetischen Sieg bei Stalingrad für wirksam halten,
mit den pejorativen Konnotationen von Wörtern wie *Steppe*
und *östlich* (vgl. auch *asiatisch* im Wahlplakat von 1903!)
eschatologische Stimmung zu erwecken. Das war nur möglich
aufgrund eines traditionellen deutschen Geschichts- und Geo-
graphieunterrichts, der die *Abendlands*-Ideologie mit Kon-
trastvorstellungen wie Hunnen, Türken, Dschingis Khan,
Schlitzaugen, Polnische Wirtschaft nährte und die slawischen

Völker und den Marxismus aus dem europäischen Kulturkreis auszuschließen bemüht war. Es ist dabei auch auf die Auflösung semantischer Kontextrelationen zu achten. *Östlicher Bolschewismus* war hier keineswegs als Gegenbegriff zu **westlicher Bolschewismus* gemeint, sondern als ein Bolschewismus, der mit dem Epitheton *östlich* nur pejorisiert ist.

Die Bevorzugung des Worte-Sprechens auf Kosten des Sätze-Sprechens (entsprechend dem bloßen Wortdenken der Halbgebildeten) war überhaupt ein Kennzeichen des chauvinistisch-faschistischen Werbestils, nicht nur in Deutschland. Diese Art von ‚Vokabelmusik‘ (V. Pareto, vgl. E. Topitsch) wandte sich mehr an das Gefühl als an den Verstand. Das wurde schon deutlich an jenem Satz Hitlers mit der unklaren Beziehung zwischen *Volk* und *unser Glaube* usw. In der Redeweise der rationalen Argumentation ist man eher geneigt, Abstrakta wie *Glaube, Freiheit, Ehre* in die ihnen entsprechenden einfachen und vollständigen Prädikationen aufzulösen, bzw. den Gebrauch der Abstrakta von solchen Sätzen herzuleiten; z. B.: *x glaubt an y, x hat den Glauben an y; x ist frei von y für z, x hat die Freiheit zu z; x ehrt y, x ist eine Ehre für y, y hat Ehre von x* usw. In der Art, wie die Abstrakta in unseren Beispiel-Kontexten verwendet werden, fallen die Mitspieler *x, y, z* weg und sind meist kaum rekonstruierbar. Die Wörter werden aus dem ihnen eigenen Prädikationszusammenhang gelöst; sie stehen nur noch als Symbole für bloße ‚Wortinhalte‘, die nicht mehr integrierte Bestandteile eines ‚Satzinhalts‘ sind, sondern beliebig auswechselbare und zu vermehrende Ausstellungsstücke, denen der Satz nur noch wie eine Vitrine dient. Die Herkunft dieser Art von Umgang mit Wörtern aus hymnischer Dichtung und Liturgien ist offensichtlich. Der Gebrauch von Abstraktsubstantiven in solchen Texten, in denen die **Sprache weniger Darstellungs-, vielmehr Appell- oder Symptomfunktion** hat (K. Bühler), ist vielfach eine Pervertierung des wissenschaftlichen Stils, in dem solche Wortbildungen als ‚Satzwörter‘ ja großenteils zuerst verwendet worden sind (vgl. III, 4; IV, 8). In Ableitungen wie *Deutschtum* und *Judentum* ist infolge unklarer Kontextdetermination die Suffixopposition aufgehoben (vgl. *Christentum* $\neq$ *Christenheit, Beamtentum* $\neq$

Beamtenschaft). Bei diesen *-tum*-Bildungen fließen Gruppenbezeichnung (‚alle Menschen, die Deutsche/Juden sind‘) und
Qualitätsbezeichnung (‚Eigenschaft, die alle Deutschen/Juden
gemeinsam haben‘) ineinander. Dieses sprachliche Mittel der
Ideologisierung des Gruppenbewußtseins hat hier so stark gewirkt, daß diese beiden *-tum*-Ableitungen heute tabu sind.
Bei der Frage nach dem Weiterwirken dieses vor 1945 in
Deutschland herrschenden politischen Sprachgebrauchs ist
nicht viel gewonnen, wenn man eine Liste von Wörtern
tabuisiert, indem man sie für ‚unmenschlich‘, ‚nazistisch‘,
‚faschistisch‘ oder ‚faschistoid‘ erklärt. Die Geschichte dieses
Sprachstils reicht viel weiter zurück, und sein Merkmalsbündel
ist zu vielfältig für solche pauschalen Klassifizierungen. Außerdem sind diese sprachlichen Werbemittel meist geradezu benutzt worden, um über die politischen, gesellschaftlichen und
wirtschaftlichen Ursachen und Merkmale des Faschismus hinwegzutäuschen. Um zu verhindern, daß mit solcher ‚Vokabelmusik‘ jemals wieder politische Verführung und Gewalt ausgeübt werden kann, wäre nichts dringender zu empfehlen als
eine neue Sprachpädagogik, die sich von jedem normativen
Anspruch des dichterischen, archaistischen und religiösen
Sprachstils distanziert, die auch kritische Analysen von politischen und anderen Werbetexten einbezieht und vor allem auf
der Grundlage der Linguistik und modernen Logik die Verbindung mit Fremdsprachunterricht, Kommunikationslehre,
Soziologie, Psychologie und demokratischer Verfassungslehre
sucht. Nur mit einer neuen Stilistik pragmatisch-semantischer
Analyse und Argumentation, die die Sprachkompetenz der
Sprecher gegen die Macht der Vorbilder stärkt, kann der bloßen
Reproduktion üblicher Muster und der Erstarrung der Sprache
des öffentlichen Lebens in ‚sekundären Systemen‘ (E. Pankoke)
entgegengewirkt werden.

7. Politik und Sprache: nach 1945

Die Ergebnisse des 2. Weltkrieges brachten für die deutsche
Sprache eine Veränderung ihrer räumlichen Verbreitung
im Osten. Mit Ausnahme des Siebenbürgisch-Sächsischen in
Rumänien und geringer vereinzelter Reste in Polen, der

Tschechoslowakei, Ungarn und der Sowjetunion, sind die ostdeutschen Dialekte (Nieder-, Hoch- und Westpreußisch, Ostpommersch, Neumärkisch, Schlesisch, Nord-, West- und Südböhmisch und die der Sprachinseln) durch Auswanderung und Vertreibung von rund 14 Millionen Deutschen in den Jahren 1941 bis 1945 und durch deren Integration in die Bevölkerung der verbliebenen deutschen Länder ihrem allmählichen Untergang preisgegeben. Sie haben sich noch einigermaßen im privaten Sprachgebrauch der älteren Generation erhalten. Bei den Kindern der Umsiedler und Flüchtlinge hat sich sehr schnell die (gesellschaftlich und wirtschaftlich mehrwertige) bodenständige Mundart oder regionale Umgangssprache durchgesetzt. Aber im allgemeinen haben die große Bevölkerungsmischung von 1945 und die Abwanderung oder Flucht von etwa 3 Millionen Bewohnern der sowjetischen Besatzungszone und späteren DDR bis 1961 die Tendenz zur Hoch- und Gemeinsprache und damit die Zurückdrängung der örtlichen und landschaftlichen Besonderheiten wesentlich verstärkt. — Die einst durch Hitlers Abmachung mit Mussolini zum Untergang verurteilte deutsche Sprache der Südtiroler in der italienischen Provinz Bozen/Bolzano ist durch Verträge zwischen Italien, Österreich und der Provinzverwaltung trotz wirtschaftlicher und gesellschaftlicher Benachteiligung wieder gesichert. In den französischen Départements Haut- und Bas-Rhin ist bei den Jüngeren das Deutsche auf elsässerdeutsche Haussprache und Deutsch als Schulfremdsprache zurückgegangen. In Luxemburg hat — neben dem Französischen — das Letzeburgische (ein seit einigen Jahrzehnten, vor allem seit 1945, als Schriftsprache gefördertes eigenständiges Moselfränkisch) gegen das Deutsche als zweite Schriftsprache Bedeutung gewonnen, besonders im Schulunterricht und Behördenverkehr. In einigen Randgebieten Frankreichs, Belgiens, der Niederlande und Dänemarks hat durch den Empfang deutscher Fernsehsendungen das private Interesse für deutsche Sprachkenntnisse wieder leicht zugenommen. — Deutsch als Fremdsprache ist seit dem Krieg in aller Welt zugunsten des Englischen beträchtlich zurückgegangen, am wenigsten in den skandinavischen Ländern und den Niederlanden, wo es als 1.

oder 2. Schulfremdsprache gelernt wird. Auch in den osteuro-
päischen Ländern einschließlich der Sowjetunion wird noch
viel Deutsch gelernt und im wirtschaftlichen und wissenschaftlichen Verkehr benutzt. Auf internationalen wissenschaftlichen
Kongressen kann es vorkommen, daß ungarische, tschechoslo-
wakische oder polnische Gelehrte ihre Vorträge auf Deutsch
halten, während westdeutsche Kollegen englisch sprechen.
Um die Förderung der deutschen Sprache und Kultur im Ausland bemühten sich mit vielen Zweigstellen das Goethe-Institut
München und das Herder-Institut der Universität Leipzig. —
Eine der letzten fremdsprachlichen Minderheiten im deutschen
Sprachgebiet, die etwa vierzigtausend Sorben (Wenden)
mit ihrer aus dem Mittelalter resthaft erhaltenen westslawischen Sprache in Teilen der Ober- und Niederlausitz,
hat nach jahrhundertelanger Ignorierung oder Unterdrückung
im Jahre 1945 eine Kulturautonomie mit dem Mittelpunkt in
Bautzen erhalten. Die Chancen dieser nun auch literarisch
gepflegten Sprache sind etwa die gleichen wie die des West-
friesischen in der niederländischen Provinz Friesland. An der
Westküste und auf vorgelagerten Inseln Schleswig-Holsteins
spricht man z. T. noch Nordfriesisch; das Ostfriesische ist zu
Anfang des 20. Jh. untergegangen. In Kärnten kämpft eine
slovenische Minderheit um mehr Rechte. Ein neuartiges
soziolinguistisches Minderheitenproblem (Entstehung eines dt.
Pidgin?) bildet die Sprache der Gastarbeiter.
    Die Teilung Deutschlands in Besatzungszonen, aus
denen sich die Bundesrepublik Deutschland mit amerikanisch-
westlicher und die Deutsche Demokratische Republik (DDR)
mit sowjetisch-östlicher Orientierung der Politik, Gesellschafts-
ordnung und Wirtschaft entwickelt haben, wirkte sich im
lexikalischen Bereich auf die deutsche Sprache aus. Die neueste
Phase des englischen Spracheinflusses (vgl. V, 3) und die Ein-
beziehung in den internationalen Sprachausgleich der westlichen Welt (Fachterminologie des modernen öffentlichen
Lebens) blieb durchaus nicht auf westliche Länder beschränkt. Es darf nicht unterschätzt werden, wieviel davon
durch Literatur, Empfang westdeutscher Rundfunk- und
Fernsehsendungen oder private Reise- oder Briefkontakte

auch in der DDR üblich oder bekannt geworden ist (Kristensson). Der russische Spracheinfluß in der DDR ist dagegen sehr gering gewesen. Daran scheint auch der obligatorische Russischunterricht in den Schulen nicht viel geändert zu haben. Es fehlen hier die alte Tradition, die sprachstrukturelle Verwandtschaft und die individuelle, private Aufnahmebereitschaft, die den amerikanisch-englischen Einfluß in der Bundesrepublik und anderen westlichen Staaten nach 1945 so sehr haben ansteigen lassen. Mit der Behauptung russischen Lehneinflusses in der DDR sollte man sehr vorsichtig sein (vgl. W. Dieckmann, H. H. Reich). Nicht als russische Lehnwörter zu rechnen sind Zitatwörter (vgl. V, 2), die nur in Berichten über sowjetrussische Dinge verwendet werden: *Kreml, Sowjet, Bolschewiki, Towarischtsch* ‚Genosse‘, *Kolchos* ‚landwirtschaftliche Produktionsgenossenschaft‘, *Komsomol* ‚sowj. Jugendverband‘, *Datscha* ‚russ. Landhaus‘, *Sputnik*, *njet* ‚nein‘ usw. Sie sind z. T. auch in der Bundesrepublik und in anderen Ländern über den Nachrichtenverkehr bekanntgeworden und haben innerhalb des dt. Wortschatzes (auch der DDR) im Grunde nur einen ähnlichen Status wie Eigennamen. Bei den wenigen wirklichen Wortentlehnungen aus dem Russischen ist es auffällig, aber erklärlich, daß keines dieser Wörter ein altes russ. Wort ist, also eines mit russ. Morphemstruktur, sondern alle aus lat. oder griech. Lexemen des internationalen Bildungswortschatzes bestehen: *Diversant, Kapitulant, Kursant, Aspirant, Kollektiv, Politökonomie, Kombinat, Exponat, Agronom*. Sie alle sehen aus, als ob sie im Deutschen in der DDR selbst aus den lat. oder griech. Elementen gebildet worden wären; sie hätten auch in der Bundesrepublik entstehen können. Hier kommt zu dem alten west- und mitteleuropäischen Sprachausgleich (von Kirche, Humanismus und Aufklärung her) ein mittel- und osteuropäischer der Sozialistischen Länder hinzu. Da dieser selbst von Französischer Revolution, deutscher Philosophie und Marxismus vorbereitet worden ist, sind diese Transferenzen nicht eigentlich als russischer Spracheinfluß, sondern als ein Teil des europäischen Sprachausgleichs aufzufassen, der nicht nur ein ‚abendländischer‘ war (vgl. G. Korlén). Auch wirken hier die griech.-lat., franz., engl. und dt. Sprachkenntnisse der russischen Gebildeten der Zeit vor der Oktoberrevolution indirekt nach. So ist es nur ein zufälliges Symptom für die Spaltung des europäischen Sprachausgleichs, daß die Weltraumfahrer in der Bundesrepublik nach amerikanischem Vorbild *Astronauten*, in der DDR dagegen nach russischem Vorbild *Kosmonauten* heißen; die einen fahren zu den ‚Gestirnen‘, die anderen ins ‚Weltall‘, aber nur nach der griech. Etymologie. Es sind sogar englische Lehnwörter, die in der Bundesrepublik nicht oder nur in anderer Bedeutung üblich sind, in der DDR nach russ. Vorbild zu offiziellen Termini geworden: *Meeting* ‚polit. Massenversammlung‘, *Dispatcher* ‚Betriebsfunktionär mit zentralen Steuerungs- und Kontrollaufgaben‘, *Kombine* ‚Mähdrescher‘.

In vielen Fällen haben sich in der offiziellen Sprache der DDR Lehnübersetzungen nach russ. Vorbildern durchgesetzt: *volkseigen, Plansoll, Perspektivplan, Kulturhaus, Held der Arbeit*; oder Lehnbedeutungen: *Akademiker* ‚Mitglied einer Akademie‘ (eines sozialistischen Staates außer der DDR), *parteilich* ‚den Grundsätzen der Partei (SED) entsprechend‘, *aufklären* (zweiwertig mit persönl. Akk.) ‚jemanden politisch belehren, überzeugen‘; oder Lehnwendungen: *im Ergebnis* (z. B. *Im Ergebnis der Politik der Hitlerfaschisten ist der Produktionsapparat zerstört worden*), *mit ... an der Spitze* (z. B. *Die Delegation unserer Republik mit dem Genossen X an der Spitze*). Gelegentlich ist auch die Verwendung attributiver Zugehörigkeitsadjektive vom Russischen beeinflußt, dessen Sprachstruktur die Zusammensetzung nicht in dem Maße zuläßt wie das Dt.: *tierische/pflanzliche Produktion* statt *Vieh-/Pflanzenproduktion, sowjetischer Mensch* statt *Sowjetmensch, friedliebende Kräfte* statt *Friedenskräfte* (vgl. I. Kraft). Auf die Nachwirkung des alten revolutionären Pathos der deutschen Arbeiterbewegung gehen dagegen viele für die eigene Sache werbende Epitheta zurück: *heroisch, stolz, groß, ruhmreich, hervorragend, kämpferisch, schöpferisch, stürmisch, flammend, brüderlich, leidenschaftlich, kühn*. Diese Epitheta, ferner Archaismen (*heroisch, kühn, Patriot, Banner, Bollwerk, Bastion, Kampagne, Kerker*) und andere Stilmittel militanter

12 Polenz, Geschichte der deutschen Sprache, 8. Aufl.

Emotionalität bilden die eine, die traditionalistische
Seite des offiziellen Sprachgebrauchs der DDR; dazu ein
Textbeispiel:

> *Stalins Worte in jedes Haus, in jede Familie tragen!* [...]
> *Unser Volk muß dem großen Führer der friedliebenden
> Menschheit, J. W. Stalin, für seine Worte ganz besonders
> dankbar sein. Er gibt damit allen Patrioten und Friedens-
> kämpfern neue scharfe Waffen für den Friedenskampf in
> die Hand und erfüllt sie mit der Zuversicht, daß der Friede
> erhalten und gefestigt wird, „wenn die Völker die Sache der
> Erhaltung des Friedens in ihre Hände nehmen und den
> Frieden bis zum Äußersten verteidigen".*

(Neues Deutschland, 22. 2. 1951).

Scheinbare Anklänge an das Pathos der Deutschtümler und
der Nationalsozialisten erklären sich aus der gemeinsamen Herkunft der sozialistischen wie der nationalistischen Werbesprache aus dem gefühlsseligen 19. Jahrhundert. In ähnlicher
Weise ist der feierliche Redestil in der Bundesrepublik,
besonders wenn es sich um die Erzeugung von *Verbundenheit*
mit *verlorener Heimat* oder mit *Brüdern und Schwestern jenseits des Eisernen Vorhangs* handelt, stark vom kirchlichen
Predigtstil abhängig; z. B.:

> *Der Tag der deutschen Einheit ist für uns ein Tag der Be-
> sinnung.* [...] *Der Tag der deutschen Einheit soll uns sein ein
> Tag ernster Mahnung.* [...] *Die Wiedervereinigung Deutsch-
> lands in Frieden und in Freiheit ist für uns eine Gewissens-
> pflicht und unser unverzichtbares Recht. Daß wir die 18
> Millionen Deutschen, die in Not und Bedrängnis, ohne Recht
> und Gerechtigkeit, in schmachvoller Unterdrückung durch die
> Schergen einer diktatorisch regierten Macht dahinleben, daß
> diese Deutschen ein Recht auf unsere Liebe, auf unsere Treue,
> auf unsere Hilfe haben, das muß uns dieser Tag vor allem
> klarmachen.*   (Adenauer, Rede am 16. 6. 1954)

Solche sentimentalen, poetisierenden oder archaisierenden
(*schmachvoll, Schergen*) Stilmittel sind altmodische Zutaten, in denen Politiker hüben und drüben nur ein altes

rhetorisches Erbe nutzen, in der Erwartung, daß viele Deutsche sich noch immer davon rühren lassen. Vielleicht wird man hierin später einen Stilunterschied der politischen Rede nicht so sehr zwischen West und Ost als vielmehr zwischen verschiedenen Epochen der Nachkriegspolitik feststellen, die von stilistischen Gewohnheiten der Generationen bestimmt sind.

Ein wesentlicher Unterschied zwischen ‚Ostdeutsch‘ und ‚Westdeutsch‘ besteht auch nicht in den Stilmitteln der politischen Polemik. Nur die Meinungen, das Außersprachliche, sind verschieden. Was dem einen sein *Kriegsbrandstifter, Militarist, Natobischof, Spalter, Arbeiterverräter, Revanchist, Ultra, Neofaschist* usw. ist, das ist dem anderen sein *Machthaber, Marionettenregierung, Satellitenregime, moskauhörig, Linientreuer, Hundertfünfzigprozentiger, Schandmauer,* usw. Unterschiedlich sind nur das Vorkommen und die Häufigkeit. In der DDR sind alle Massenkommunikationsmittel viel offensichtlicher politisch gelenkt, und eine stilistische Trennung von sachlichem Bericht und emotionaler Polemik wird meist nicht angestrebt. In der Bundesrepublik und anderen westlichen Ländern dagegen wird dies in ‚seriösen‘ Publikationsorganen meist konsequent unterschieden, und es wird der Anschein eines unpolitischen und unparteiischen Teils der Öffentlichkeit erweckt. Bei einem sprachlichen Vergleich von west- und ostdeutschen Zeitungen darf man sich also für den Westen nicht auf Zeitungen vom Typ der ‚Frankfurter Allgemeinen‘ beschränken, sondern muß offensichtliche Parteiblätter, Wahlpropaganda und die Boulevardpresse hinzunehmen.

Man sollte auch nicht den Wortschatz der Verwaltung und Wirtschaft der DDR verdächtigen, eine ‚Spaltung‘ der deutschen Sprache herbeizuführen. Erstens ist nicht nachgewiesen, daß die sprachlichen Neuerungen auf diesen Gebieten in der DDR zahlreicher seien als in der Bundesrepublik. Dort gibt es *Staatsrat, Volkskammer, Volksarmee, Kombinat, Kollektiv, Plansoll, Produktionsgenossenschaft, Agronom, Aktivist, Kader, Brigade, Objekt, VEB, MTS, HO* usw., hier gibt es *Bundesebene, Bundeswehr, Kressbronner Kreis, Konfessionsproporz, soziale Marktwirtschaft, Lastenausgleich, Soforthilfeprogramm, Zonenrandgebiete, Weiße Kreise, Splitting-Ver-*

fahren, Hearing, Team, konzertierte Aktion, EKD, WRK usw.
Zweitens gibt es ähnliche Unterschiede der politischen und
administrativen Terminologie von jeher auch zwischen Deutschland, Österreich und der Schweiz, ohne daß von daher eine
Spaltung der deutschen Sprache gedroht hätte.

Die für Schwierigkeiten der Kommunikation und für die
weitere Entwicklung der deutschen Sprache wesentlichen
Unterschiede zwischen dem offiziellen Sprachgebrauch der
Bundesrepublik und dem der DDR liegen auf dem Gebiet der
Semantik des Wortschatzes der politischen Ideologien.
Wenn Wörter wie *Frieden, Recht, gerecht, Demokratie, fortschrittlich, Freiheit, freiwillig, Humanismus, Gesellschaft,
wissenschaftlich, diskutieren, aufklären* usw. hüben und drüben
meist wesentlich voneinander abweichende Bedeutungen, d. h.
kontextuelle Gebrauchsbedingungen haben, so kann dies
keineswegs in der Weise dargestellt werden, daß im Westen die
alten, ‚nichtideologischen‘ Bedeutungen erhalten geblieben
seien, im Osten dagegen ein ideologischer Bedeutungswandel
eingetreten sei. Die meisten dieser Bedeutungsunterschiede be-
standen schon früher, etwa in den 20er Jahren zwischen Kommu-
nisten, Sozialdemokraten, Liberalen, Konservativen und Nationalsozialisten in verschiedenen Abstufungen. Selbst innerhalb der Bundesrepublik bestehen wesentliche Unterschiede in
der Auffasssung von Begriffen wie *Pressefreiheit* oder *Demokratie* zwischen den Politikern und Anhängern der verschiedenen Richtungen von rechtsaußen bis linksaußen. Die Meinung, ein Wort könne nur eine einzige ‚Bedeutung‘ haben und
nur die der eigenen Gruppe bewußte und von ihr propagierte
sei die ‚richtige‘ und ‚nicht-ideologische‘, ist selbst eine Ideologie, die als sehr wirksames, weil für die meisten Menschen nicht
erkennbares Machtmittel des Kollektivverhaltens gehandhabt
wird. So sind auch in der Bundesrepublik viele der genannten
politischen Schlüsselwörter in ihrer Polysemie (Mehrdeutigkeit)
eingeschränkt, d. h. auf bestimmte Gebrauchsbedingungen hin
ideologisiert worden durch eine jahrzehntelange konservative
bis rechtsliberale Einseitigkeit der Politik, durch die ständige
Konfrontation mit der gegenläufigen Agitation von seiten
der DDR und wohl auch durch die Pressekonzentration

in der Hand von jene Politik kritiklos unterstützenden Konzernen sowie durch Schulbücher (s. Th. Schippan). Für Sprachgeschichte wie Sprachtheorie wichtig ist die Frage nach den Methoden dieser ideologischen Festlegung von Wortbedeutungen, d. h. nach den Mitteln der **politischen Sprachlenkung** (vgl. W. Betz). Darunter darf nicht nur der Sonderfall der expliziten **Sprachregelungen** verstanden werden wie sie z. B. im Dritten Reich, besonders im Krieg, von Goebbels und seinem ‚Ministerium für Volksaufklärung und Propaganda' über Pressekonferenzen und Presseanweisungen verordnet wurden. Da wurden einzelne Wörter verboten (z. B. *Ersatzstoff, Funktionär, Luftschutzkeller, Partisan*) und andere dafür befohlen (*neuer Werkstoff, politischer Leiter, Luftschutzraum, Heckenschütze*), oder es wurden Wörter durch ausdrückliche Kontextanweisungen auf eine bestimmte Verwendungsweise eingeschränkt (z. B. *Führer, Propaganda, Mischehe*). Solche Einzelwortregelungen hatten meist nur teilweise und nur vorübergehend Erfolg, zumal hier mangels eines ausgebildeten Begriffs- und Definitionssystems nicht das Weltbild an sich und schon gar nicht die Wirklichkeit selbst verändert wurde, so daß diese die betreffende Sprachregelung im Bewußtsein der Sprachteilhaber bald korrigieren konnte (R. Glunk). Eine solche punktuelle Sprachregelung durch direkte Anweisungen ist in der Nachkriegszeit auch wiederholt vom Ministerium für Gesamtdeutsche Fragen der Bundesrepublik praktiziert worden (von J. Kaiser bis zu E. Mende, vgl. G. Korlén), indem der Staatsname *DDR* in beiderlei Form tabuisiert und der Ersatzname *Ostdeutschland* für mit der Politik der Bundesregierung unvereinbar erklärt und dafür der vieldeutige Name *Mitteldeutschland* empfohlen wurde, bei dem mindestens in politischen Kontexten eine ‚Oder-Neiße'-Konnotation möglich ist. Diese Sprachregelung hatte bis zum Entstehen der Großen Koalition Erfolg, obwohl ihr statt einer totalitären Pressegewalt nur der Konformismus der Presse selbst zur Verfügung stand, der seinerseits das unnötig hochgespielte Benennungsproblem mit den verschämten Anführungszeichen oder dem Zusatz *sog.* zum Namen *DDR* lösen zu sollen glaubte. Vergleichbar, aber mit staatlichem Zwang durchgesetzt, waren entsprechende Namensetzungen in der DDR: *Staatsgrenze West* für *Zonengrenze, Friedensgrenze* für *Oder-Neiße-Linie, Demokratischer Sektor von Berlin* für *Ost-Berlin, Bonner Kriegsministerium* für *Bonner Verteidigungsministerium, SP* für *SPD.*

Weitaus mehr Wirkung als solche beiläufige, punktuelle Art von Sprachlenkung hat die Ausnutzung des in allen natürlichen Sprachen gültigen Prinzips der Bedeutungsdeterminierung durch ständige Wiederholung bestimmter Elemente im gleichen oder gleichtypischen Kontext. In der Deutschlandpolitik der Bundesregierung vernahm man in der Ära Adenauer hundertfach die gleiche Leerformel *Wiedervereinigung Deutschlands in Frieden und Freiheit.* Damit schien zwar *Wiedervereinigung* definiert, aber da man *Freiheit* undefiniert ließ, blieb stets offen, ob man dabei überhaupt an politische Zugeständnisse dachte oder an bedingungslose Festlegung auf den bürgerlich-individualistischen Freiheitsbegriff mit allen seinen politischen Implikationen. Der offizielle Sprachgebrauch der DDR dagegen erscheint — wenn man sich nur genügend darüber orientiert — hart und deutlich bis zur bürokratischen Pedanterie. Das zweite, das strengere Gesicht der offiziellen DDR-Sprache ist das einer systematisch ausgebildeten und propagierten Fachsprache einer nach starren wissenschaftlichen Dogmen agierenden politischen Gruppe. Dazu ein Textbeispiel:

Durch das Referat des Genossen Walter Ulbricht zieht sich wie ein roter Faden: Die Lösung der Aufgaben zur Gestaltung des entwickelten gesellschaftlichen Systems des Sozialismus, des ökonomischen Systems und zur Meisterung der wissenschaftlich-technischen Revolution bedarf ständig einer eindeutigen Position des konsequenten ideologischen Kampfes. [...] Genosse Honecker hat sich in seinem Diskussionsbeitrag prinzipiell mit der Konvergenztheorie auseinandergesetzt, die den Klasseninhalt der gesellschaftlichen Entwicklung verleugnet und damit den Stoß gegen die historisch objektiv notwendige führende Rolle der Partei der Arbeiterklasse und der sozialistischen Ideologie führt.

(Neues Deutschland, 27. 10. 1968)

Dieser Polit-Jargon, der die Zeitungen der DDR täglich seitenweise füllt und den manche Leute ‚Parteichinesisch' nennen, ist weit entfernt von der emotionalen ‚Vokabelmusik' der Faschisten und ebenso vom gefälligen Beschwichtigungsstil der herkömmlichen Bundespolitik. In nur 2 Satzgefügen mit nur 5 finiten Verben häufen sich hier mit z. T. mehrfacher Unterordnung 14 Adjektivattribute, 11 Genetivattribute und 3 Präpositionalattribute, wie im trockensten Gelehrten- oder Bürokratenstil. Diese Häufung sekundärer Syntagmen enthält aber kein einziges überflüssiges Epitheton. Die meisten Wörter und Phraseologismen — von *entwickeltes gesellschaftliches System* bis *historisch objektiv notwendig, führende Rolle* und *sozialistische Ideologie* — sind terminologisch genormt, d. h. im Sprachbesitz der SED-Genossen und der *bewußtseinsmäßig entwickelten* DDR-Bürger mit feststehenden o f f i z i e l l e n D e f i n i t i o n e n versehen, die bei Bedarf angewandt werden können. Diese Art von Sprachlenkung arbeitet nicht mit geheimen Presseanweisungen, nicht mit punktuellem Wortdenken, nicht mit billigen Ablenkungsflittern, sondern mit einem entwickelten Begriffssystem, das noch dazu weithin mit einer gegenüber der bürgerlich-kapitalistischen Welt stark veränderten Wirklichkeit verbunden ist. Gelernt wird es regelmäßig in Schulunterricht, Schulungen und rituellen Diskussionen; und selbst der Orthographie-Duden wird in seiner Leipziger Ausgabe als Instrument der Sprachlenkung benutzt, indem zu den wichtigsten politischen Termini die jeweils offiziellen Definitionen nach Klassikerzitaten (Marx, Engels, Lenin, Stalin) hinzugesetzt und bei jeder Neuauflage nach dem jeweiligen ideologischen Stand überprüft und geändert werden (W. Betz, H. H. Reich). Dieses Verfahren fördert auf der einen Seite viele semantische Differenzierungen in Oppositionspaaren, z. B. *bürgerliche Demokratie* ≠ *sozialistische Demokratie*, (*sozialistischer*) *Gewinn* ≠ (*kapitalistischer*) *Profit*, (soz.) *Leistungslohn* ≠ (*kap.*) *Akkordlohn*, (*soz.*) *Gesellschaftswissenschaft* ≠ (*bürgerl.*) *Soziologie*. Auf der anderen Seite wird mit dieser sprachlichen Meinungssteuerung das Denken festgelegt auf unausweichliche Entscheidungen nach ‚Freund' und ‚Feind', ‚fortschrittlich' und ‚reaktionär', ‚gut' und ‚schlecht', auf stets den gesellschaftlichen und den Zukunftsaspekt, auf ganz bestimmte Wortbedeutungen auf Kosten der anderen, und zwar nach dem Marxismus-Leninismus, der jeweiligen Parteidoktrin und den Erfordernissen des Prosowjetismus.

Im Vergleich mit der sprachlichen Verführungsmacht des faschistischen Stils, die rationales politisches Denken gar nicht erst aufkommen ließ, bedeutet dieser DDR-Sprachgebrauch eine formale Politisierung der Staatsbürger, die so mit einem in sich systemhaften Vorrat von Formeln und Argumenten für die politische Diskussion versorgt werden. Aber es ist weithin nur eine Anleitung zum kollektiven, unkritischen Denken, mit dem Erfolg, daß die eigenen Oppositionellen durch diese semantische Festlegung der Wörter ziemlich Sprach-los gemacht und daß die Bürger der DDR gegen die so unsystematische, emotionale und individualistische Redeweise der Westdeutschen weitgehend immunisiert werden. Dies impliziert aber auch für den kommunistischen Staat selbst die fast unkontrollierbare Gefahr, daß Sprachlenkung und Meinungslenkung in der Weise auseinandergehen, daß viele innerlich Widerstrebende oder Gleichgültige die Pflichtübung in dieser politischen Terminologie und Argumentationsart nur als ‚Sprachritual‘ zu ihrem politischen Schutz absolvieren (H. H. Reich). Viele DDR-Bürger jedenfalls wissen sehr genau, in welchen Situationen und gegenüber welchen Personen sie zu ihrem eigenen Nutzen z. B. statt der Abkürzung *DDR* die Vollform des Staatsnamens mit dem gruppensymbolischen Zusatz *unsere* zu sprechen haben.

Wenn heute die Kommunikation zwischen offiziellen Vertretern der zweieinhalb ‚westlichen‘ deutschsprachigen Staaten und denen des östlichen trotz der Gemeinsamkeit des grammatischen Systems und des Grundwortschatzes der deutschen Sprache stark behindert ist, so geht dies primär auf eine Auseinanderentwicklung und planvolle Veränderung der politischen Begriffssysteme und Wirklichkeiten zurück. Keinesfalls ist dieses Problem mit dem Rückzug auf ideologische Theoreme wie ‚Magie des Wortes‘, ‚Mißbrauch der Sprache‘, ‚kranke Sprache‘ zu lösen. Weder wirkt ‚die Sprache‘ selbständig, noch kann man einer politischen Gruppe das Recht absprechen, den

Sprachverkehr für ihre Zwecke auszunutzen, das man ja
sich selbst und der eigenen Gruppe zubilligt. Menschenlenkung ist eine außersprachliche Erscheinung, die sich schon
immer der Sprache als eines ihrer wirksamsten Mittel bedient
hat. Ihre Berechtigung kann nicht von der Sprachwissenschaft beurteilt werden (s. W. Dieckmann, R. Glunk). Die
Sprachwissenschaft und ihre Teildisziplin Sprachgeschichte
sind in der Gefahr, sich in den Dienst dilettantischer Politik zu
stellen, wenn deutsche Sprachforscher und Sprachlehrer sich
etwa darauf einlassen, den Sprachgebrauch derer, die nicht zur
eigenen Gruppe gehören, als ein ‚anderes‘, ‚uneigentliches‘ oder
‚falsches‘ Deutsch aufzufassen. Es gibt keine bestimmte Norm,
die man ‚die deutsche Sprache‘ nennen und von der man den
Sprachgebrauch bestimmter Gruppen als abweichend unterscheiden könnte. Deutsche Sprache ist vielmehr nur die abstrakte Summe der potentiellen Sprachanlagen (‚Kompetenz‘
nach N. Chomsky) aller der in mehreren Staaten lebenden und
verschiedenen Gruppen zugehörigen Menschen, die von Kind an
gewohnt sind, mit Hilfe des deutschen Grundvokabulars und
grammatischen Regelsystems sich auszudrücken und zu handeln. Sprachwissenschaft und Sprachlehre haben die Aufgabe,
Kommunikationsschwierigkeiten und -wirkungen beim Gebrauch der verschiedenen Gruppennormen und Sachnormen
innerhalb einer Sprache und zwischen Sprachen in Vergangenheit und Gegenwart aufzudecken bzw. sie überwinden zu helfen. Da das Fortwirken alter Sprachideologien schon immer als
Mittel sozialer Kontrolle benutzt wurde, ist kritische Reflexion
über das kollektive Reden und Urteilen über Sprache ein wichtiger Teil der Primärsprachlehre.

Textproben

Die Geschichte der deutschen Sprache läßt sich an keinem Beispiel so konkret veranschaulichen wie am Vergleich zwischen deutschen Bibelübersetzungen aus verschiedenen Zeiten. An Textproben wie den folgenden aus dem Lukasevangelium (Kap. 2, 4—6) zeigt sich — abgesehen von inhaltlichen Übersetzungsunterschieden — in Schreibung, Lautung, Flexion, Wortstellung und Satzbau ebenso wie in Wortschatz und Stil vieles von den Wandlungen, die sich in der deutschen Sprache von germanischer Zeit (für die stellvertretend das Gotische stehen muß) bis zur Gegenwart vollzogen haben.[1])

1. Gotisch (Bibelübersetzung des Bischofs Wulfila, um 350):
Urrann þan jah Iosef us Galeilaia, us baurg Nazaraiþ, in Iudaian, in baurg Daweidis sei haitada Beþlahaim, duþe ei was us garda fadreinais Daweidis, anameljan miþ Mariin sei in fragiftim was imma qeins, wisandein inkilþon. warþ þan, miþþanei þo wesun jainar, usfullnodedun dagos du bairan izai.

2. Althochdeutsch (Übersetzung der Evangelienharmonie des Tatian, Fulda, um 830):
Fuor thō Ioseph fon Galileu fon thero burgi thiu hiez Nazareth in Iudeno lant inti in Dauides burg, thiu uuas ginemnit Bethleem, bithiu uuanta her uuas fon huse inti fon hiuuiske Dauides, thaz her giiahi saman mit Mariun imo gimahaltero gimahhun sō scaffaneru. Thō sie thar uuarun, vvurðun taga gifulte, thaz siu bari.

3. Spätes Mittelhochdeutsch (Evangelienbuch des Matthias v. Beheim, mitteldeutsch, 1343):
Abir Jōsēph gīnc ouch ūf von Galilēa von der stat Nazarēth in Judēam in di stat Dāvīdis, di geheizen ist Bēthlehēm, darumme daz her was von dem hūse und von dem gesinde Dāvīdis, ūf daz

---

[1]) EineAuswahl der wichtigsten deutschen Bibelübersetzungen ist in Paralleldruck zusammengestellt in dem Buch von Fritz Tschirch, 1200 Jahre deutsche Sprache in synoptischen Bibeltexten, ein Lese- und Arbeitsbuch. 2. Aufl. Berlin 1969.

her vorjehe mit Marīen ime vortrǔwit zǔ einer hǔsvrowin swangir.
Und geschēn ist, dō si dā wāren, dō sint irfullit ire tage, daz si
gebēre.

4. Frühneuhochdeutsch (Martin Luther, 1522):

Da macht sich auff, auch Joseph von Gallilea, aus der stadt
Nazareth, ynn das Judisch land, zur stad Dauid, die da heyst
Bethlehem, darumb, das er von dem hauße vnd geschlecht Dauid
war, auff das er sich schetzen ließe mit Maria seynem vertraweten
weybe, die gieng schwanger. Vnnd es begab sich, ynn dem sie
daselbst waren, kam die zeyt das sie geperen sollte.

5. Neuhochdeutsch, 18. Jh. (Nikolaus Ludwig Graf v. Zinzendorf, 1739):

Da machte sich aber auch Joseph auf, von Galiläa, aus der stadt
Nazareth, in Judäa, in die stadt Davids, die Bethlehem heisset,
weil er aus dem hause und familie Davids war, auf daß er sich
aufschreiben liesse mit seiner braut Maria, die empfangen hatte.
Und als sie daselbst waren, kam die zeit, daß sie gebähren solte.

6. Neuhochdeutsch, Anfang 20. Jh. (Hermann Menge, 1926):

So zog denn auch Joseph aus Galiläa aus der Stadt Nazareth
nach Judäa hinauf nach der Stadt Davids mit Namen Bethlehem,
weil er aus Davids Haus und Geschlecht stammte, um sich daselbst
mit Maria, seinem jungen Weibe, die guter Hoffnung war, ein-
tragen zu lassen. Während ihres dortigen Aufenthalts kam für
Maria die Zeit ihrer Niederkunft.

7. Neuhochdeutsch, Mitte 20. Jh. (Jörg Zink, Womit wir leben können, das Wichtigste aus der Bibel in der Sprache unserer Zeit, 1963):

Da wanderte auch Joseph von Galiläa, aus der Stadt Nazareth,
nach Judäa in die Stadt der Familie Davids, nach Bethlehem.
Denn er gehörte zur Familie und zum Stamme Davids. Und er
ließ sich in die Listen des Kaisers mit Maria zusammen, seiner
Verlobten, eintragen. Maria aber war schwanger. Als sie in
Bethlehem waren, kam die Zeit für sie, zu gebären.

8. **Mittelniederdeutsch**, um 1478 (Kölner Bibel, ostwest-
fäl. Fassung):

*vnde ock ioseph de gynck vp van galilea van der stad nazareth in
iudeam in de stad dauids de dar is geheten bethlehem darumme
dat he was van dem huse vnde van dem ingesinde dauids. dat he
sick apenbarde ok mit maria siner getruweder swangeren hus-
frowen. vnde dat geschach do se dar weren. de dage worden voruult
dat se geberen scholde.*

9. **Neuniederdeutsch** (Ernst Voß, Dat Ni Testament för
plattdütsch Lüd in ehr Muddersprak oewerdragen, 3. Aufl.
1960. [nordniedersächsisch]):

*Un ok Joseph reist' ut Galiläaland, ut dei Stadt Nazareth, nah
Land Judäa nah David sin Stadt, nah Bethlehem. Denn hei
stammt' jo her ut David sin Hus un Geslecht. Hei müßt sik ok
ni upschriwen laten. Un sin Fru Maria nehm hei mit. Dei drög
'n Kind unner'n Harten, un as sei nu dor wiren, dunn wiren ok
ehr Dag' dor.*

10. **Niederländisch** (Ned. Bijbelgenootschap, 1968):

*Ook Jozef trok op van Galilea, uit de stad Nazaret, naar Judea,
naar de stad van David, die Betlehem heet, omdat hij uit het
huis en het geslacht van David was, om zich te laten inschrijven
met Maria, zijn ondertrouwde vrouw, welke zwanger was. En
het geschiedde, toen zij daar waren, dat de dagen vervuld werden,
dat zij baren zou.*

11. **Afrikaans** (Komm. Holl.-Afrik. Kerke in Suid-Afrika,
1967):

*En Josef het ook opgegaan van Galilea, uit die stad Nasaret, na
Judea, na die stad van David, wat Betlehem genoem word,
omdat hy uit die huis en geslag van Dawid was, on hom te laat
inskrywe saam met Maria, die vrou aan wie hy hom verloof
het, wat swanger was. En terwyl hulle daar was, is die dae
vervul dat sy moes baar.*

12. Jiddisch* (Der BᵉRITH CHADASCHAH¹ fun unser har un goël² JESCHUA HAMASCHI'ACH³, getrai un genoi ibersezt fun grichisch un farglichn mit andere un merschprachleche ibersezungen fun Aharon Krelnboim. Philadelphia 1949):

אָון יוֹסף

איז אויך אַרויפגעגאַנגען פון גליל, אויס דער
שטאָט נצרת, קיין יהודה, אין דער שטאָט פון דוד,
וועלכע הייסט בּית לחם, ווייל ער איז געווען פון
דעם הויז און משפחה פון דוד (המלך); אַז ער זאָל
זיך לאָזן רעגיסטרירן צוזאַמען מיט מרים, וואָס איז
געווען פאַרקנסט צו אים, און איז געווען מעוברת.
און עס איז געשעען, בשעת זיי זענען דאָרט געווען,
דאָס די טעג פון איר קימפעט זענען דערפילט
געוואָרן,

Transskription in lat. Alphabet⁴:

un jossef is oich aroifgegangen fun golil, oiss der schtot nazareth, kẽin⁵ jᵉhudeh, in der schtot fun dowid, welche hẽisst bẽith lechem, wail er is gewen fun dem hois un mischpoche⁶ fun dowid (hamelech⁷); as er sol sich losn registrirn zusamen mit mirjem, woss is gewen farknasst⁸ zu im, un is gewen mẽubereth⁹. un ess is gescheen, bᵉschath¹⁰ sẽi senen dort gewen, doss di teg fun ir kimpet¹¹ senen derfilt geworn.

---

* Für die Beschaffung des Textes und für Unterweisung und Hilfe bei der Transskription und Kommentierung habe ich Prof. M Sprecher, Heidelberg, viel zu danken. Da es vom Neuen Testament keine offiziellen jidd. Übersetzungen gibt, muß hier — um die Vergleichbarkeit mit den anderen Textproben zu gewährleisten — eine moderne christliche Übersetzung benutzt werden.

¹) hebr., ‚Neuer Bund'.   ²) hebr., ‚Erlöser'.   ³) hebr., ‚Jesus der Gesalbte'.
⁴) Der hebräisch geschriebene Text ist von rechts nach links zu lesen. Der Buchstabe Alef hat vor vokalischem Wortanlaut keine phonetische Bedeutung. Bei Lehnwörtern und Namen aus dem Hebräischen werden meist keine Vokalzeichen geschrieben. Bei der Transskription ist die Opposition zwischen (stimmhaftem) Sajin und (stimmlosem) Ssamech durch s und ss angedeutet, die zwischen offenerem und engerem Diphthong für Doppel-Jod durch ai und ẽi; hochgestelltes ᵉ bedeutet den Indifferenzvokal Schwa; ch ist stets velarer Reibelaut.
⁵) nhd. *gen* ‚gegen'.   ⁶) hebr., ‚Geschlecht'.   ⁷) hebr., ‚der König'.
⁸) ‚verlobt', zu hebr. *knass* ‚Geldbuße' (z. B. als Bedingung für die Auflösung des Vertrages).
⁹) hebr., ‚schwanger'.   ¹⁰) hebr., ‚in der Zeit', ‚während'.   ¹¹) nhd. *Kindbett*.

Auswahlbibliographie

Allgemeine Sprachwissenschaft

H. Arens, Sprachwissenschaft. Der Gang ihrer Entwicklung von der Antike bis zur Gegenwart. 2 Bde. Freiburg–München 1969. — G. Helbig, Geschichte der neueren Sprachwissenschaft unter dem besonderen Aspekt der Grammatik-Theorie. München 1971. — G. C. Lepschy, Die strukturale Sprachwissenschaft. München 1969. — R. H. Robins, Ideen- und Problemgeschichte der Sprachwissenschaft mit besonderer Berücksichtigung des 19. und 20. Jh. Frankfurt 1973.

H. P. Althaus/H. Henne/H. E. Wiegand, Lexikon der Germanistischen Linguistik. Tübingen 1973. — W. Abraham, Terminologie zur neueren Linguistik. Tübingen 1974. — Th. Lewandowski, Linguistisches Wörterbuch. 3 Bde. Heidelberg 1973, 1975. — W. Welte, Moderne Linguistik: Terminologie, Bibliographie. München 1974.

L. Bloomfield, Language. New York 1933. — K. Bühler, Sprachtheorie. 2. Aufl. Stuttgart 1965. — N. Chomsky, Aspekte der Syntax-Theorie. Frankfurt/ Berlin 1969. — Funkkolleg Sprache. Eine Einführung in die moderne Linguistik. 2 Bde. Frankfurt 1973. — K. H. Göttert/W. Herrlitz, Linguistische Propädeutik. 2 Bde. Tübingen 1977. — R. W. Langacker, Sprache und ihre Struktur. Tübingen 1971. — Lehrgang Sprache. Einführung in die moderne Linguistik. Tübingen 1974. — J. Lyons, Einführung in die moderne Linguistik. München 1971. — A. Martinet (Hrsg.), Linguistik. Ein Handbuch. Stuttgart 1973. — H. Penzl, Methoden der germanischen Linguistik. Tübingen 1972. — F. de Saussure, Grundfragen der allgemeinen Sprachwissenschaft. 2. Aufl. Berlin 1967. — B. A. Serébrennikow (Hrsg.), Allgemeine Sprachwissenschaft. 2 Bde. München 1973, 1975. — L. Weisgerber, Die vier Stufen in der Erforschung der Sprachen. Düsseldorf 1963. — W. v. Wartburg, Einführung in Problematik und Methodik der Sprachwissenschaft. 3. Aufl. Tübingen 1970.

H. E. Brekle, Semantik. München 1972. — E. Coseriu, Einführung in die strukturelle Betrachtung des Wortschatzes. Tübingen 1970. — H. Geckeler, Strukturelle Semantik und Wortfeldtheorie. München 1971. — P. Schifko, Bedeutungstheorie. Einführung in die linguistische Semantik. Stuttgart 1975. — Th. Schippan, Einführung in die Semasiologie. Leipzig 1972. — L. Schmidt, Wortfeldforschung. Darmstadt 1973. — St. Ullmann, Grundzüge der Semantik. Berlin 1967. — U. Weinreich, Erkundungen zur Theorie der Semantik. Tübingen 1970.

U. Ammon, Probleme der Soziolinguistik. Tübingen 1973. — N. Dittmar, Soziolinguistik, mit kommentierter Bibliographie. Frankfurt 1973. — J. A. Fishman, Soziologie der Sprache. München 1974. — R. Große/A. Neubert, Beiträge zur Soziolinguistik. Halle 1974. — J. O. Hertzler, A Sociology of Language. New York 1965. — W. Klein/D. Wunderlich, Aspekte der Soziolinguistik. Frankfurt 1971. — A. Schaff (Hrsg.), Soziolinguistik, Wien 1976. — B. Schlieben-Lange, Soziolinguistik. Eine Einführung. 7. Aufl. Stuttgart 1973. — G. Simon, Bibliographie zur Soziolinguistik. Tübingen 1974.

Historische Sprachwissenschaft

D. Cherubim (Hrsg.), Sprachwandel. Reader zur diachronischen Sprachwissenschaft. Berlin 1975. — E. Coseriu, Synchronie, Diachronie und Geschichte. Das Problem des Sprachwandels. München 1974. — G. Dinser (Hrsg.), Zur Theorie der Sprachveränderung. Kronberg 1974. — H. Isenberg, Zur Theorie des Sprachwandels, in: Syntaktische Studien (Studia Grammatica V). Berlin 1966, 133—168. — O. Höfler, Stammbaumtheorie, Wellentheorie, Entfaltungstheorie, in: Beitr. 77, Tübingen 1955, 30—66, 424—476. — R. King, Historische Linguistik und generative Grammatik. Frankfurt 1971. — W. P. Lehmann, Einführung in die historische Linguistik. Heidelberg 1969. — W. P. Lehmann, Historiolinguistik, in: LGL 389—398. — H. Paul, Prinzipien der Sprachgeschichte. 8. Aufl. Tübingen 1970. — V. Pisani, Die Etymologie. Geschichte — Fragen — Methode. München 1975. — Sprache, Gegenwart und Geschichte. Probleme der Synchronie und Diachronie. Düsseldorf 1969.

A. Borst, Der Turmbau von Babel. Geschichte der Meinungen über Ursprung und Vielfalt der Sprachen und Völker. 6 Bde. 1957ff. — A. Borst, Die Geschichte der Sprachen im abendländischen Denken, in: WiWo 10, 1960, 129—143. — F. Tschirch, Wachstum oder Verfall der Sprache? in: Mspr. 75, 1965, 129—139, 161—169.

M. Clyne, Forschungsbericht Sprachkontakt. Kronberg 1975. — J. Juhász, Interferenzlinguistik, in: LGL 457—462. — B. Lüllwitz, Interferenz und Transferenz. (= Germanistische Linguistik 2/72). Hildesheim 1972. — U. Weinreich, Sprachen in Kontakt. München 1977.

Deutsche Sprachgeschichte

E. Agricola/W. Fleischer/H. Protze (Hrsg.), Die deutsche Sprache. (Kleine Enzyklopädie). 2 Bde. Leipzig 1969. — A. Bach, Geschichte der deutschen Sprache. 9. Aufl. Heidelberg 1970. — H. Eggers, Deutsche Sprachgeschichte. I: Das Althochdeutsche. II: Das Mittelhochdeutsche. III: Das Frühneuhochdeutsche. Hamburg 1963, 1965, 1969. — Th. Frings, Grundlegung einer Geschichte der dt. Sprache. 3. Aufl. Halle 1967. — Th. Frings, Zur Grundlegung . . ., in: Beitr. 76, Halle 1955, 402—534. — K. Mollay, Einführung in die dt. Sprachgeschichte. Budapest 1971. — H. Moser, Dt. Sprachgeschichte, 6. Aufl. Tübingen 1969. — J. Schildt, Abriß der Geschichte der dt. Sprache. Zum Verhältnis von Gesellschafts- und Sprachgeschichte. Berlin 1976. — W. Schmidt (Hrsg.), Geschichte der dt. Sprache. 2. Aufl. Berlin 1970. — F. Tschirch, Geschichte der dt. Sprache. 2 Bde. 2. Aufl. Berlin 1971ff. — J. T. Waterman, History of the German Language. 2nd pr. Seattle—London 1967.

G. Feudel (Hrsg.), Studien zur Geschichte der dt. Sprache. Berlin 1972. — H. Wellmann, Sprachgeschichtsschreibung und Historische Grammatik, in: WiWo 22, 1972, 198—221. — H. Wolf, Zur Periodisierung der deutschen Sprachgeschichte, in: GRM 21, 1971, 78—105.

Historische Grammatik des Deutschen

R. v. Kienle, Historische Laut- und Formenlehre des Dt. Tübingen 1960. — H. Paul, Dt. Grammatik. 5 Bde. Halle 1916ff. — W. Wilmanns, Dt. Grammatik 4 Bde. Straßburg 2. Aufl. 1911ff.

W. Herrlitz, Historische Phonologie des Dt. Teil I. Tübingen 1970. — H.. Penzl, Vom Urgermanischen zum Neuhochdeutschen. Eine historische Phonologie. Berlin 1975. — H. Penzl, Geschichtliche dt. Lautlehre. München 1969. — W. G.

Moulton, Zur Geschichte des dt. Vokalsystems, in: Beitr. 63, Tübingen 1961, 1—35.

O. Behaghel, Dt. Syntax. Eine geschichtliche Darstellung. 4 Bde. Heidelberg 1923ff. — I. Dal, Kurze dt. Syntax. 3. Aufl. Tübingen 1966. — W. Henzen, Dt. Wortbildung. 3. Aufl. Tübingen 1965.

Historische Lexikologie des Deutschen

Fr. Dornseiff, Bezeichnungswandel unseres Wortschatzes, Lahr 1955. — G. Fritz, Bedeutungswandel im Dt. Neuere Methoden der diachronen Semantik. Tübingen 1972. — Probleme der Lexikologie und Lexikographie. Düsseldorf 1976. — O. Reichmann, Germanistische Lexikologie. Stuttgart 1976. — H. Wellmann, Historische Semantik (1968—1973), in: WiWo 24, 1974,194—213, 268—285.

B. Carstensen, Deutsche Transferenzen in anderen Sprachen, in: LGL. 510—512. — F. Maurer/H. Rupp (Hrsg.), Dt. Wortgeschichte. 2 Bde. 3. Aufl. Berlin 1974. — A. Schirmer/W. Mitzka, Dt. Wortkunde. Kulturgeschichte des dt. Wortschatzes. 5. Aufl. (SG 929). Berlin 1965. — E. Schwarz, Kurze dt. Wortgeschichte. Darmstadt 1967. — F. Seiler, Die Entwicklung der dt. Kultur im Spiegel des dt. Lehnwortes. 4 Bde. Halle 1910ff. — Duden. Etymologie. Herkunftswörterbuch der dt. Sprache. Mannheim 1963. — J. u. W. Grimm, Dt. Wörterbuch. 32 Bde. Leipzig 1854—1963. — H. Paul/W. Betz, Dt. Wörterbuch. 5. Aufl. Tübingen 1957ff. — F. Schulz/O. Basler, Dt. Fremdwörterbuch. Straßburg 1913ff.

A. Bach, Dt. Namenkunde, 5 Bde. Heidelberg 1952ff. — R. Fischer/E. Eichler/H. Naumann/H. Walther, Namen dt. Städte. Berlin 1963. — W. Fleischer, Die dt. Personennamen. Berlin 1968. — M. Gottschald, Die dt. Personennamen. (SG 422) 2. Aufl. Berlin 1955. — E. Schwarz, Orts- und Personennamen, in: DPhA I, 1523—1598.

Deutsche Dialektologie

A. Bach, Dt. Mundartforschung. 2. Aufl. Heidelberg 1950. — J. Goossens, Strukturelle Sprachgeographie, Heidelberg 1969. — J. Goossens, Areallinguistik, in: LGL 319—326. — G. Hard, Zur Mundartgeographie. Ergebnisse, Methoden, Perspektiven. Düsseldorf 1966. — W. Henzen, Schriftsprachen und Mundarten. Ein Überblick über ihr Verhältnis und ihre Zwischenstufen im Dt. 2. Aufl. Zürich — Leipzig 1954. — H. Löffler, Probleme der Dialektologie. Eine Einführung. Darmstadt 1974. — W. Mitzka (Hrsg.), Wortgeographie und Gesellschaft. Berlin 1968. — W. Mitzka, Stämme und Landschaften in dt. Wortgeographie, in: DWg II, 647—698. — V. M. Schirmunski, Dt. Mundartkunde. Vergleichende Laut- und Formenlehre der dt. Mundarten. Berlin 1962.

H. Beckers, Westmitteldeutsch, in: LGL 336—340. — W. Foerste, Geschichte der niederdt. Mundarten, in: DPhA I, 1729—1898. — W. Kleiber, Westoberdeutsch, in: LGL 355—362. — H. Kloss, Deutsche Sprache im Ausland, in: LGL 377—388. — W. Mitzka, Hochdt. Mundarten, in: DPhA I, 1599—1728. — H. Niebaum, Westniederdeutsch, in: LGL 327—331. — W. Putschke, Ostmitteldeutsch, in: LGL 341—351. — D. Stellmacher, Ostniederdeutsch, in: LGL 332—335. — E. Straßner, Nordoberdeutsch, in: LGL 352—354. — P. Wiesinger, Die deutschen Sprachinseln in Mitteleuropa, in: LGL 367—376.

P. Kretschmer, Wortgeographie der hochdt. Umgangssprache. 2. Aufl. Göttingen 1969. — W. Mitzka, Handbuch zum Dt. Sprachatlas. Marburg 1952. — W. Mitzka/L. E. Schmitt, Dt. Wortatlas. Gießen 1951ff. — G. Wenker/F. Wrede/W. Mitzka/B. Martin, Dt. Sprachatlas. Marburg 1927ff.

Zu Kapitel I

H. Krahe, Sprache und Vorzeit. Vorgeschichte nach dem Zeugnis der Sprache. Heidelberg 1954. — H. Krahe, Indogermanische Sprachwissenschaft. 2 Bde. 4. Aufl. (SG 59, 64). Berlin 1962/63. — V. Pisani, Indogermanisch und Europa. München 1974. — W. Porzig, Die Gliederung des indogermanischen Sprachgebiets. Heidelberg 1954. — F. Stroh, Indogermanische Ursprünge, in: DWg 1, 3—34.

K. R. Bahnick, The determination of stages in the historical development of the Germanic languages by morphological criteria: an evaluation. The Hague — Paris 1973. — F. van Coetsem, Zur Entwicklung der germ. Grundsprache, in: KGgPh 1—93. — C. J. Hutterer, Die germ. Sprachen, Ihre Geschichte in Grundzügen. Budapest 1975. — H. Krahe, Germ. Sprachwissenschaft. 2 Bde. 5. Aufl. (SG 238, 780). Berlin 1963/65. — W. Krause, Runen. (SG 1244/1244a) Berlin 1969. — H. Kuhn, Zur Gliederung der germ. Sprachen, in: ZdA 86, 1955, 1—47. — R. Ris/E. Seebold, Dt. Gesamtsprache und germ. Sprachen, in: LGL 398—404.— L. Rösel, Die Gliederung der germ. Sprachen nach dem Zeugnis ihrer Flexionsformen. Nürnberg 1962. — L. E. Schmitt (Hrsg.), Kurzer Grundriß der germ. Philologie bis 1500. Bd. 1: Sprachgeschichte. Berlin 1970. — E. Schwarz, Germ. Stammeskunde. Heidelberg 1956. — J. Weisweiler, Dt. Frühzeit, in: DWg 1, 55—133.

F. van Coetsem, The Germanic consonant shift, compensatory processes in language, in: Lingua 30, 1972, 203—215. — H. Esau, The Germanic consonant shift. Substratum as an explanation for the first sound shift, in: Orbis 22, 1973, 454—473. — J. Fourquet, Die Nachwirkungen der 1. und 2. Lautverschiebung, in: ZMaf 22, 1954, 1—33. — L. L. Hammerich, Die germ. und die hochdt. Lautverschiebung, in: Beitr. 77, 1955, 1—29, 165—203. — F. Simmler, Die westgerm. Konsonantengemination. München 1974.

Th. Frings, Germania Romana. 2. Aufl. Halle 1966. — K. Heeroma, Zur Raumgeschichte des Ingwäonischen, in: ZDL 39, 1972, 267—283. — W. Jungandreas, Westfränkisch? In: Leuvense Bijdr. 61, 1972, 213—230. — G. Lerchner, Studien zum nordwestgerm. Wortschatz. Ein Beitrag zu den Fragen um Aufbau und Gliederung des Germ. Halle 1965. — Th. L. Markey, Germanic dialect grouping and the position of ingvaeonic. Innsbruck 1976. — F. Maurer, Nordgermanen und Alemannen. 3. Aufl. Berlin 1952. — F. Petri, Zum Stand der Diskussion über die fränkische Landnahme und die Entstehung der germ.-roman. Sprachgrenze. Darmstadt 1954. — R. Schützeichel, Das westfränkische Problem, in: Dt. Wortforschung in europ. Bezügen, hrsg. v. L. E. Schmitt, Bd. 2, Gießen 1963, 470—523. — R. Schützeichel, Die Grundlagen des westlichen Mitteldeutschen. 2. Aufl. Tübingen 1976. — N. Törnquist, Gibt es tatsächlich eine westgerm. Spracheinheit? In: NphM 75, 1974, 386ff.

P. Ramat, Das Friesische. Innsbruck 1976. — P. Scardigli, Die Goten. München 1973. — E. Wessén, Die nordischen Sprachen. Berlin 1968.

Zu Kapitel II

H. Moser, Dt. Sprachgeschichte der älteren Zeit, in: DPhA I, 694—812. — St. Sonderegger, Althochdeutsche Sprache und Literatur. (SG 8005) Berlin 1974. — St. Sonderegger, Althochdeutsch, in: LGL 404—411. — St. Sonderegger, Althochdeutsch, in: KGgPh 1, 211—252.

W. Braune/E. A. Ebbinghaus, Ahd. Lesebuch. 14. Aufl. Tübingen 1962. — W. Braune/H. Eggers, Ahd. Grammatik. 13. Aufl. Tübingen 1975. — E. Förstemann, Altdt. Namenbuch. 3. Aufl. Bonn 1913ff. — E. Karg-Gasterstädt/Th. Frings/R. Große, Ahd. Wörterbuch. Berlin 1952ff. — R. Schützeichel, Ahd. Wörterbuch. 2. Aufl. Tübingen 1974. — T. Starck/J. C. Wells, Ahd. Glossenwörterbuch. Heidelberg 1972ff.

G. Baesecke, Das Nationalbewußtsein der Deutschen des Karolingerreiches nach den zeitgenössischen Benennungen ihrer Sprache, in: Th. Mayer (Hrsg.), Der Vertrag von Verdun 843, 1943. — W. Betz, Karl d. Gr. und die Lingua Theodisca, in: B. Bischoff (Hrsg.), Karl d. Gr., Bd. II, Düsseldorf 1965, 300—306. — H. Eggers (Hrsg.), Der Volksname „Deutsch". Darmstadt 1970. — H. M. Heinrichs, Überlegungen zur Frage der sprachlichen Grundschicht im Mittelalter, in: ZMaf 28, 1961, 97—153. — K. Matzel, Karl d. Gr. und die lingua theodisca, in: Rhein. Vierteljahrsbll. 34, 1970, 172—189. — W. Mitzka, Die mittelfränk. Denkmäler der ahd. Literatur, in: ZMaf 30, 1963, 31—36. — P. v. Polenz, Karlische Renaissance, karlische Bildungsreformen und die Anfänge der dt. Literatur, in: Mitt. d. Marburger Universitätsbundes 1959, H. 1/2. 27—39. — St. Sonderegger, Reflexe gesprochener Sprache in d. ahd. Literatur, in: Frühmittelalterliche Studien, Bd. 5, Berlin 1971, 176—193. — St. Sonderegger, Das Ahd. der Vorakte der älteren St. Galler Urkunden, in: ZMaf 28, 1961, 251—286. — K. Wagner, Schriftsprache und Mundart in ahd. Zeit, in: DU 8, 1956, H. 2, 14—23.

F. van Coetsem, Generality in language change. The case of the OHG German vowel shift, in: Lingua 35, 1975, 1—34. — U. Förster, Der Verfallsprozeß der ahd. Verbalendungen. Tübingen 1966. — O. Höfler, Die 2. Lautverschiebung bei Ost- und Westgermanen, in: Beitr. 79, 1957, 161—350. — H. Kuhn, Zur 2. Lautverschiebung im Mittelfränkischen, in: ZdA 105, 1976, 89—99. — G. Lerchner, Zur 2. Lautverschiebung im Rheinisch-Westmitteldt. Halle 1971. — W. Mitzka, Zur Frage des Alters der hochdt. Lautverschiebung, in: Erbe der Vergangenheit, Festschr. K. Helm, Tübingen 1951, 63—70. — W. Mitzka, Die ahd. Lautverschiebung und der ungleiche fränk. Anteil, in ZdA 83, 1951, 107—113. — W. Mitzka, Ostgermanische Lautverschiebung? In: ZdA 96, 1967, 247—259. — H. Penzl, Lautsystem und Lautwandel in den ahd. Dialekten. München 1971. — I. Rauch, The OHG Diphthongization. The Hague—Paris 1967. — F. van der Rhee, Die hochdt. Lautverschiebung in den Langobardischen Gesetzen, in: Neophilologus 60, 1976, 397—411. — O. W. Robinson, Abstract phonology and the history of umlaut, in: Lingua 37, 1975, 1—29. — R. Schützeichel, Neue Funde zur Lautverschiebung im Mittelfränk., in: ZdA 93, 1964, 19—30. — St. Sonderegger, Die Umlautfrage in den germ. Sprachen, in: Kratylos 4, 1959, 1—12. — A. Szule, Diachronische Phonologie und Morphologie des Ahd. Warszawa 1974. — P. Valentin, Phonologie de l'allemand ancien. Les systèmes vocaliques. Paris 1969.

E. Bolli, Die verbale Klammer bei Notker. Berlin 1975. — O. Weinreich, Die Suffixablösung bei den nomina agentis während der ahd. Periode. Berlin 1971. — D. Wunder, Der Nebensatz bei Otfrid. Heidelberg 1965.

W. Baetke, Die Aufnahme des Christentums durch die Germanen. Ein Beitrag zur Frage nach der Germanisierung des Christentums. Darmstadt 1950. — W. Betz, Lehnwörter und Lehnprägungen im Vor- und Frühdt., in: DWg 1, 135—163. — H. Burger, Zeit und Ewigkeit. Studien zum Wortschatz der geistlichen Texte des Alt- und Frühmhd. Berlin 1972. — J. Jaehrling, Die philosophische Terminologie Notkers. Berlin 1969. — A. Lötscher, Semantische Strukturen im Bereich der alt- und mhd. Schallwörter. Berlin 1973. — I. Reiffenstein, Die ahd. Kirchensprache, in: Germanistische Abhandlungen, Innsbruck 1959, 41—58. — H. F. Rosenfeld, Klassische Sprachen und dt. Gesamtsprache, in: LGL 474—484. — J. Trier, Der dt. Wortschatz im Sinnbezirk des Verstandes. Die Geschichte eines sprachlichen Feldes von den Anfängen bis zum Beginn des 13. Jh. Heidelberg 1974.

G. Cordes, Altsächsisch, in: LGL 411—415. — Th. Frings/G. Lerchner, Niederländisch und Niederdt. Berlin 1966. — F. Holthausen, Altsächsisches Elementarbuch. Heidelberg 1921. — F. Holthausen, Altsächsisches Wörterbuch. Köln 1954. — W. Krogmann, Altsächsisch und Mittelniederdt., in: KGgPh 1, 288—346. — E. Rooth, Saxonica. Beiträge zur niedersächsischen Sprachgeschichte. Lund 1949.

Zu Kapitel III

O. Ehrismann/H. Ramge, Mittelhochdeutsch. Einführung in das Studium der dt. Sprachgeschichte. Tübingen 1976. — K. B. Lindgren, Mittelhochdeutsch, in: LGL 415—418. — H. Moser, Dt. Sprachgeschichte der älteren Zeit. VI: Hochmittelalterliches Dt. VII: Spätmittelalterliches Dt. In: DPhA I, 748—805. — E. Oksaar, Mittelhochdeutsch. Stockholm 1965. — G. Schieb, Mittelhochdeutsch, in: KGgPh 1, 347—385.

H. de Boor/R. Wisniewski, Mhd. Grammatik. (SG 1108). 6. Aufl. Berlin 1969. — H. Paul/H. Moser/I. Schröbler, Mhd. Grammatik. 21. Aufl. Tübingen 1975. — H. Stopp/H. Moser, Flexionsklassen der mhd. Substantive in synchronischer Sicht, in: ZdPh 86, 1967, 70—101.

Benecke/Müller/Zarncke, Mhd. Wörterbuch. 3 Bde. Leipzig 1854—61. — M. Lexer, Mhd. Wörterbuch. 3 Bde. Leipzig 1872—78. — M. Lexer, Mhd. Taschenwörterbuch. 32. Aufl. Stuttgart 1966.

H. Freytag, Frühmittelhochdeutsch, in: DWg 1, 165—188. — H. Götz, Leitwörter des Minnesanges. Berlin 1957. — P. Katara, Das französische Lehngut in mhd. Denkmälern von 1300—1600. Helsinki 1966. — H. Kunisch, Spätes Mittelalter (1250—1500), in: DWg 1, 255—322. — E. Öhmann, Der romanische Einfluß auf das Dt. bis zum Ausgang des Mittelalters, in DWg 1, 323—396. — I. Rosengren, Semantische Strukturen. Eine quantitative Distributionsanalyse einiger mhd. Adjektive. Kopenhagen–Lund 1966. — L. Seiffert, Wortfeldtheorie und Strukturalismus. Studien zum Sprachgebrauch Freidanks. Stuttgart 1968. — D. Wiercinski, Minne. Herkunft und Anwendungsschichten eines Wortes. Köln-Graz 1964 — E. Wießner/H. Burger, Die höfische Blütezeit, in: DWg 1, 189 bis 253.

H. Kloocke, Der Gebrauch des substantivierten Infinitivs im Mhd. Göppingen 1974. — G. Lüers, Die Sprache der dt. Mystik des Mittelalters im Werk der Mechthild v. Magdeburg. 1926. — J. Quint, Mystik und Sprache, ihr Verhältnis zueinander, insbesondere in der spekulativen Mystik Meister Eckharts, in: Altdt. und altndl. Mystik. Darmstadt 1964. 113—151. — G. Stötzel, Zum Nominalstil Meister Eckharts. Die syntaktischen Funktionen grammatischer Verbalabstrakta, in: WiWo 16, 1966, 289—309.

K. Bischoff, Sprache und Geschichte an der mittleren Elbe und unteren Saale. Köln-Graz 1967. — Th. Frings, Die Grundlagen des Meißnischen Dt. Sprache und Geschichte im mitteldt. Osten, in: Th. Frings, Sprache und Geschichte III. Halle 1956. — W. Mitzka, Die Ostwanderung der dt. Sprache, in: Die Höhere Schule 10, 1957, 81—89. — W. Mitzka, Grundzüge nordostdt. Sprachgeschichte. 2. Aufl. Marburg 1959.

G. Bellmann, Slawische Sprachen und dt. Gesamtsprache, in: LGL 503—509. — G. Bellmann, Slavoteutonica. Lexikalische Untersuchungen zum slaw.-dt. Sprachkontakt im Ostmitteldt. Berlin 1971. — H. H. Bielfeldt, Die Entlehnung aus den verschiedenen slaw. Sprachen im Wortschatz der nhd. Schriftsprache. Berlin 1965.

H. M. Heinrichs, Sprachschichten im Mittelalter, in: Nachr. der Gießener Hochschulgesellschaft 31, 1962, 93—107. — E. Öhmann, Hochsprache und Mundarten im Mhd., in: DU 8, 1956, 24—35. — L. E. Schmitt, Die sprachschöpferische Leistung der dt. Stadt im Mittelalter, in: Beitr. 66, 1942, 196—226.

H. Bach, Die thüringisch-sächsische Kanzleisprache bis 1325. Kopenhagen 1937, 1943. — K. Burdach, Vom Mittelalter zur Reformation. 1893ff. — J. Erben (Hrsg.), Ostmitteldt. Chrestomatie. Proben der frühen Schreib- und Druckersprache des mitteldt. Ostens. Berlin 1961. — Th. Frings/L. E. Schmitt, Der Weg zur Hochsprache, in: Jb. d. dt. Sprache 2, 1944, 67—121. — M. M. Guchmann, Der

Weg zur dt. Nationalsprache. Berlin 1964. — K. B. Lindgren, Die Ausbreitung der nhd. Diphthongierung bis 1500. Helsinki 1961.—H. Lüdtke, Ausbreitung der nhd. Diphthongierung? In: ZMaf 35, 1968, 97—109. — L. E. Schmitt, Die dt. Urkundensprache in der Kanzlei Kaiser Karls IV. Halle 1936. — L. E. Schmitt, Untersuchungen zu Entstehung und Struktur der ‚nhd. Schriftsprache'. Bd. I: Sprachgeschichte des Thür.-Obersächsischen im Spätmittelalter. Die Geschäftssprache von 1300—1500. Köln–Graz 1966.

W. Besch, Sprachlandschaften und Sprachausgleich im 15. Jh. Studien zur Erforschung der spätmhd. Schreibdialekte und zur Entstehung der nhd. Schriftsprache. München 1967. — F. Maurer (Hrsg.), Vorarbeiten und Studien zur Vertiefung der südwestdt. Sprachgeschichte. Stuttgart 1965. — R. Schützeichel, Mundart, Urkundensprache und Schriftsprache. Studien zur Sprachgeschichte am Mittelrhein. Bonn 1960. — R. Schützeichel, Zur Entstehung der nhd. Schriftsprache, in: Nass. Annalen 78, 1967, 75—92. — E. Skála, Das Regensburger und das Prager Dt., in: Zs. f. bayer. Landesgesch. 31, 1968, 84—103. — E. Strassner, Graphemsystem und Wortkonstituenz. Schreibsprachliche Entwicklungstendenzen vom Frühnhd. zum Nhd., untersucht an Nürnberger Chroniktexten. Tübingen 1977.

K. Bischoff, Über die Grundlagen der mnd. Schriftsprache, in: Niederdt. Jb. 1962. 9ff. — J. Goossens (Hrsg.), Niederdeutsch. Sprache und Literatur. Eine Einführung. Bd. I: Sprache. Neumünster 1973. — J. E. Härd, Mittelniederdt., in: LGL 418—421. — A. Lasch, Mnd. Grammatik. Halle 1914. — A. Lasch/C. Borchling/G. Cordes, Mnd. Handwörterbuch. Neumünster 1928ff. — H. H. Munske, Germanische Sprachen und dt. Gesamtsprache, in: LGL 485—494.

A. van Loey, Altndl. und Mitelndl., in: KGgPh 1, 253—287. — M. Schönfeld, Historische Grammatica van het Nederlands. 6. Aufl. von A. van Loey. Zutphen 1959. — J. Verdam, Middelnederlandsch Handwoordenboek. 2. Aufl. s'Gravenhage 1932.

H. P. Althaus, Yiddish, in: Th. A. Sebeok (ed.), Current trends in linguistics, vol. 9, The Hague 1972, 1345—1382. — F. J. Beranek, Jiddisch, in: DPhA I, 1955—1998. — S. Landmann, Jiddisch. München 2. Aufl. 1965.

Zu Kapitel IV

W. Besch, Frühneuhochdeutsch, in: LGL 421—430. — J. Erben, Frühneuhochdeutsch, in: KGgPh 1, 386—440. — G. Schieb, Die dt. Sprache zur Zeit der frühbürgerlichen Revolution, in: ZPSK 28, 1975, 532—559. — A. Schirokauer, Frühneuhochdeutsch, in: DPhA I, 885—930.

A. Götze, Frühnhd. Lesebuch. 3. Aufl. Göttingen 1942. — A. Götze, Frühnhd. Glossar. 6. Aufl. Bonn 1960. — V. Moser, Historisch-grammatische Einführung in die frühnhd. Schriftdialekte. 2. Aufl. Darmstadt 1971.

W. Fleischer, Strukturelle Untersuchungen zur Geschichte des Nhd. (Sber. d. Sächs. Ak. d. Wiss., Ph.-hist. Kl., Bd. 112, H. 6). Berlin 1966. — H. Hotzenköcherle, Entwicklungsgeschichtliche Grundzüge des Nhd., in: WiWo 12, 1962, 321—331. — V. Moser, Frühnhd. Grammatik. Heidelberg 1929ff. — H. Moser/ H. Stopp, Grammatik des Frühnhd. 1. Bd., 2. Teil II. Heidelberg 1974. — I. T. Piirainen, Graphematische Untersuchungen zum Frühnhd. Berlin 1968. — M. Reis, Lauttheorie und Lautgeschichte. Untersuchungen am Beispiel der Dehnungs- und Kürzungsvorgänge im Dt. München 1974. — A. Woronow, Die Pluralbildung der Substantive in der dt. Sprache des 14. bis 16. Jh., in: Beitr. 84, Halle 1962, 173—198. — W. Rettig, Sprachsystem und Sprachnorm in der dt. Substantivflexion. Tübingen 1972.

W. G. Admoni, Der Umfang und die Gestaltungsmittel des Satzes in der dt. Literatursprache bis zum Ende des 18. Jh., in: Beitr. 89, Halle 1966, 144—199. — W. Alberts, Einfache Verbformen und verbale Gefüge in zwei Augsburger Chroniken des 15. Jh. Göttingen 1976. — C. Biener, Veränderungen am dt. Satzbau im humanistischen Zeitalter, in: ZdPh 78, 1959, 72—82. — R. Bock, Zum Gebrauch der gliedsatzähnlichen Konstruktion ,Ersparung der temporalen Hilfsverben „haben" und „sein"' in den Flugschriften der Epoche der frühbürgerlichen Revolution, in: ZPSK 28, 1975, 560—573. — J. Erben, Grundzüge einer Syntax der Sprache Luthers. Berlin 1954. — R. Große, Hypotaxe bei Luther, in: Beitr. 92, 1970. — G. Kettmann/J. Schildt (Hrsg.), Zur Ausbildung der Norm der dt. Literatursprache auf der syntaktischen Ebene. Der Einfachsatz. Berlin 1976. — F. Maurer, Untersuchungen über die dt. Verbstellung in ihrer geschichtlichen Entwicklung. Heidelberg. 1926. — L. Saltveit, Studien zum dt. Futur. Bergen–Oslo 1962. — B. Stolt, Der prädikative Rahmen und die Reihung. Stockholm 1966. — H. Weber, Das erweiterte Adjektiv- und Partizipialattribut im Dt. München 1970.

H. F. Rosenfeld, Humanistische Strömungen, in: DWg 1, 399—508. — H. F. Rosenfeld. Klassische Sprachen und dt. Gesamtsprache, in: LGL 474—484.

A. Schirokauer, Der Anteil des Buchdrucks an der Bildung des Gemeindeutschen, in: Dt. Vierteljahresschrift 25, 1951, 317—350. — H. Volz, Bibel und Bibeldruck in Deutschland im 15. und 16. Jh. Mainz 1960. — H. Volz (Hrsg.), Vom Spätmhd. zum Frühnhd. Synoptischer Text des Propheten Daniel in 6 dt. Übersetzungen des 14. bis 16. Jh. Tübingen 1963. — St. Werbow, „Die gemeine teutsch". Ausdruck und Begriff, in: ZdPh 82, 1963, 44—63.

M. Luther, Ausgewählte dt. Schriften, hrsg. v. H. Volz. 2. Aufl. Tübingen 1966. — W. G. Admoni, Luthers Arbeiten an seinen Handschriften und Drucken in grammatischer Sicht, in: Beitr. 92, Halle 1970, 45—60. — E. Arndt, Luthers dt. Sprachschaffen. Berlin 1962. — E. Arndt, Luther im Lichte der Sprachgeschichte in: Beitr. 92, Halle 1970, 1—20. — H. Bach, Laut- und Formenlehre der Sprache Luthers. Kopenhagen 1934. — H. Bach, Handbuch der Luthersprache. Laut- und Formenlehre in Luthers Wittenberger Drucken bis 1545. Bd. I: Vokalismus. Kopenhagen 1974. — J. Erben, Luther und die nhd. Schriftsprache, in: DWg 1, 509 bis 581. — G. Feudel, Luthers Ausspruch über seine Sprache. Ideal oder Wirklichkeit? In: Beitr. 99, Halle 1970, 61—75. — G. F. Merkel, Vom Fortleben der Lutherischen Bibelsprache im 16. und 17. Jh., in: ZdS 23, 1967, 3—12. — W. Schenker, Die Sprache Huldrych Zwinglis im Kontrast zur Sprache Luthers. Berlin 1977. — B. Stolt, Die Sprachmischung in Luthers Tischreden. Stockholm 1964. — F. Tschirch Die Sprache der Bibelübersetzung Luthers damals und heute, in: F. Tschirch, Spiegelungen, Berlin 1966, 53—108. — H. Wolf, Die Sprache des Johannes Mathesius. Köln–Wien 1969.

K. v. Bahder, Zur Wortwahl in der frühnhd. Schriftsprache. Heidelberg 1925. — J. Dückert (Hrsg.), Zur Ausbildung der Norm der dt. Literatursprache auf der lexikalischen Ebene (1470—1730). Berlin 1976. — G. Ising, Über die Erforschung der Ausgleichsvorgänge bei der Herausbildung des schriftsprachlichen Wortschatzes, in: FuF 38, 1964, 240—243. — H. O. Spillmann, Untersuchungen zum Wortschatz in Thomas Müntzers dt. Schriften. Berlin 1971.

E. A. Blackall, Die Entwicklung des Dt. zur Literatursprache 1700—1775. Stuttgart 1966. — F. Kluge, Von Luther bis Lessing. 5. Aufl. Straßburg 1918. — A. Langen, Dt. Sprachgeschichte vom Barock bis zur Gegenwart, in: DPhA I, 931—1396. — I. T. Piirainen, Dt. Standardsprache des 17./18. Jh., in: LGL 430—437. — H. Trümpy, Schweizerdt. Sprache und Literatur im 17. u. 18. Jh. Basel 1955.

R. Baudusch-Walther, Klopstock als Sprachwissenschaftler und Orthographiereformer. Berlin 1958. — F. H. Huberti, Leibnizens Sprachverständnis, in: WiWo 16, 1966, 361—375. — E. Ising, Zur Entwicklung der Sprachauffassung in der Frühzeit der dt. Grammatik, in: FuF 34, 1960, S. 367—374. — E. Ising, Wolfgang Ratkes Schriften zur dt. Grammatik. Berlin 1959. — E. Ising, Die Anfänge der volkssprachlichen Grammatik in Deutschland und Böhmen (Aelius

Donatus). T. I. Berlin 1966. — M. H. Jellinek, Geschichte der nhd. Grammatik von den Anfängen bis auf Adelung. 2 Bde. Heidelberg 1913, 1914. — V. Moser, Dt. Orthographiereformen des 17. Jh., in: Beitr. 60, 1936; 70, 1948; 71. 1949. — K. F. Otto, Die Sprachgesellschaften des 17. Jh. Stuttgart 1972. — C. Stoll, Sprachgesellschaften im Deutschland des 17. Jh. München 1973. — W. R. Weber, Das Aufkommen der Substantivgroßschreibung im Dt. Bern 1958. — I. Weithase, Zur Geschichte der gesprochenen dt. Sprache. Tübingen 1961.

I. Eichler/G. Bergmann, Zum Meißnischen Dt. Die Beurteilung des Obersächsischen vom 16. bis zum 19. Jh., in: Beitr. 89, Halle 1968, 1—57. — H. Henne, Das Problem des Meißnischen Dt. oder „Was ist Hochdeutsch" im 18. Jh., in: ZMaf 35, 1968, 109—129. — D. Nerius, Untersuchungen zur Herausbildung einer nationalen Norm der dt. Literatursprache im 18. Jh. Halle 1967.

J. Chr. Adelung, Versuch eines grammatisch-kritischen Wörterbuchs der Hochdt. Mundart. 4 Bde. Leipzig 1774. — J. H. Campe, Wörterbuch der dt. Sprache. 5. Bde. Braunschweig 1807. — H. Henne, Semantik und Lexikographie. Untersuchungen zur lexikalischen Kodifikation der dt. Sprache. Berlin 1972. — H. Henne (Hrsg.), Dt. Wörterbücher des 17. und 18. Jh. Einführung und Bibliographie. Hildesheim 1975. — G. Ising, Die Erfassung der dt. Sprache des ausgehenden 17. Jh. in den Wörterbüchern M. Kramers und K. Stielers. Berlin 1956. — W. Kuhberg, Verschollenes Sprachgut und seine Wiederbelebung in nhd. Zeit. Frankfurt 1933. — A. Langen, Der Wortschatz des 18. Jh., in: DWg 2, 31—244. — N. Osman, Kleines Lexikon untergegangener Wörter seit Ende des 18. Jh. München 1971.

K. Daniels, Erfolg und Mißerfolg der Fremdwortverdeutschungen von J. H. Campe, in: Mspr. 69, 1959, 46—54, 105—114, 141—146. — E. Erämetsä, Englische Lehnprägungen in der dt. Empfindsamkeit des 18. Jh. Helsinki 1955. — P. F. Ganz, Der Einfluß des Englischen auf den dt. Wortschatz 1640—1815. Berlin 1957. — A. Kirkness, Zur Sprachreinigung im Dt. 1789—1871. Eine historische Dokumentation. 2 Bde. Tübingen 1975. — B. Kratz, Dt.-französ. Lehnwortaustausch, in: WgG 446—487. — H. Lüdtke, Romanische Sprachen und dt. Gesamtsprache, in: LGL 495—502.

H. Arens, Verborgene Ordnung. Die Beziehungen zwischen Satzlänge und Wortlänge in dt. Erzählungsprosa vom Barock bis heute. Düsseldorf 1965. — H. Blume, Deutsche Literatursprache des Barock, in: LGL 523—529. — W. Flemming/ U. Stadler, Barock, in: DWg 2, 3—30. — Goethe-Wörterbuch. Stuttgart 1966ff. — H. Henne, Hochsprache und Mundart im schlesischen Barock. Studien zum literarischen Wortschatz. Köln–Graz 1966. — F. Kainz, Klassik und Romantik, in: DWg 2, 245—491. — A. Langen, Der Wortschatz des dt. Pietismus. 2. Aufl Tübingen 1968. — A. Langen, Klopstocks sprachgeschichtliche Bedeutung, in: WiWo 3, 1952/53, 330—346. — D. Narr, Zur Sprache des ‚philosophischen Jh.', in: WiWo 13, 1963, 129—141. — J. Reichel, Dichtungstheorie und Sprache bei Zinzendorf. Bad Homburg 1969. — R. Rieve, Sentiment und sentimental, in: Europäische Schlüsselwörter, Bd. 2, München 1964, 167—189. — K. L. Schneider, Klopstock und die Erneuerung der dt. Dichtersprache im 18. Jh. Heidelberg 1965. — J. Stenzel, Zeichensetzung. Stiluntersuchungen an dt. Prosadichtung. Göttingen 1966. — M. Windfuhr, Die barocke Bildlichkeit und ihre Kritiker. Stuttgart 1966.

Zu Kapitel V

Allgemeines

H. Eggers, Dt. Sprache im 20. Jb. München 1973. — H. Eggers, Dt. Standardsprache des 19./20. Jh., in: LGL. 437—442. — H. Glinz, Dt. Standardsprache der Gegenwart, in: LGL 442—457. — A. Langen, Dt. Sprachgeschichte vom Barock bis zur Gegenwart. in: DPhA I, 931—1396. — L. Mackensen, Die dt. Sprache unserer Zeit. 2. Aufl. Heidelberg 1970.

Grammatik

W. G. Admoni, Der dt. Sprachbau. 2. Aufl. Moskau–Leningrad 1966. — H. Brinkmann, Die dt. Sprache. Gestalt und Leistung. 2. Aufl. Düsseldorf 1971. — Duden-Grammatik der dt. Gegenwartssprache, bearb. v. P. Grebe. 3. Aufl. Mannheim 1973. — H. Glinz, Dt. Grammatik. 2 Bde. Frankfurt 1971. — G. Helbig/ J. Buscha, Dt. Grammatik. Leipzig 1972. — J. Erben, Dt. Grammatik. 11. Aufl. München 1972. — O. I. Moskalskaja, Grammatik der dt. Gegenwartssprache. Moskau 1971. — W. Schmidt, Grundfragen der dt. Grammatik. Eine Einführung in die funktionale Sprachlehre. 2. Aufl. Berlin 1966.

H. Pilch, Das Lautsystem der hochdt. Umgangssprache, in: ZMaf 23, 1966, 247—266. — H. H. Wängler, Grundriß einer Phonetik des Dt. Marburg 1960.

W. G. Admoni, Die Entwicklungstendenzen des dt. Satzbaues von heute. München 1972. — D. Clément/W. Thümmel, Grundzüge einer Syntax der dt. Standardsprache. Frankfurt 1975. — H. Eggers, Wandlungen im dt. Satzbau, in: DU 13, 1961, H. 5, 47—68. — U. Engel, Syntax der dt. Gegenwartssprache. Berlin 1977. — H. Glinz, Dt. Syntax. 3. Aufl. Stuttgart 1970. — H. J. Heringer, Theorie der dt. Syntax. 2. Aufl. München 1973. — H. J. Heringer, Dt. Syntax. (SG) Berlin 2. Aufl. 1972. — F. Hundsnurscher, Syntax, in LGL, 184—220. — H. Weber, Synpleremik II: Morphemik, in: LGL, 163—174. — H. Weber, Kleine generative Syntax des Dt. Tübingen 1977.

W. Boettcher/H. Sitta, Dt. Grammatik III: Zusammengesetzter Satz und äquivalente Strukturen. Frankfurt 1972. — K. Brinker, Das Passiv im heutigen Dt. Düsseldorf–München 1971. — K. H. Daniels, Substantivierungstendenzen in der dt. Gegenwartssprache. Düsseldorf 1963. — W. Flämig, Untersuchungen zum Finalsatz im Dt. Berlin 1964. — H. Gelhaus, Das Futur in ausgewählten Texten der geschriebenen dt. Sprache der Gegenwart. Studien zum Tempussystem. München 1975. — E. Grubačič, Untersuchungen zur Frage der Wortstellung in der dt. Prosadichtung der letzten Jahrzehnte. Zagreb 1965. — U. Hauser/G. Hoppe, Die Vergangenheitstempora in der dt. geschriebenen Sprache der Gegenwart. Düsseldorf–München 1972. — H. J. Heringer, Die Opposition von ,,kommen" und ,,bringen" als Funktionsverben. Düsseldorf 1968. — W. Herrlitz, Funktionsverbgefüge vom Typ ,,in Erfahrung bringen". Tübingen 1973. — S. Jäger, Der Konjunktiv in der dt. Sprache der Gegenwart. Düsseldorf 1971. — I. Ljungerud, Zur Nominalflexion in der dt. Literatursprache nach 1900. Lund 1955. — P. v. Polenz, Funktionsverben im heutigen Dt. Sprache in der rationalisierten Welt. Düsseldorf 1963. — P. v. Polenz, ,,erfolgen" als Funktionsverb substantivischer Geschehensbezeichnung, in: ZdS 20, 1964. 1—19. — R. Rath, Die Partizipialgruppe in der dt. Gegenwartssprache. Düsseldorf 1971. — D. Wunderlich, Tempus und Zeitreferenz im Dt. München 1970.

Deutsche Wortbildung. Typen und Tendenzen in der Gegenwartssprache. Eine Bestandsaufnahme des Instituts für dt. Sprache, Forschungsstelle Innsbruck. 1. Hauptteil: I. Kühnhold/H. Wellmann, Das Verb. 2. Hauptteil: H. Wellmann, Das Substantiv. Düsseldorf 1973, 1975. — J. Erben, Einführung in die dt. Wortbildungslehre. Berlin 1975. — W. Fleischer, Wortbildung der dt. Gegenwartssprache. 3. Aufl. Leipzig 1974. — B. Naumann, Wortbildung in der dt. Gegenwartssprache. Tübingen 1969. — P. v. Polenz, Synpleremik I: Wortbildung, in: LGL 145—163.

M. Clyne, Ökonomie, Mehrdeutigkeit und Vagheit bei Komposita in der dt. Gegenwartssprache, insbes. in der Zeitungssprache, in: Mspr. 78, 1968, 122—126. — V. Ehrich, Zur Syntax und Semantik von Substantivierungen im Dt. Kronberg 1976. — H. Esau, Nominalization and complementation in modern German. Amsterdam 1973. — H. Günther, Das System der Verben mit ,,be-" in der dt. Sprache der Gegenwart. Tübingen 1974. — R. Hotzenköcherle, Gegenwartsprobleme im dt. Adjektivsystem, in: NphM 69, 1968, 1—28. — G. Inghult, Die

semantische Struktur desubstantivischer Bildung auf „-mäßig". Stockholm 1975. —
W. Kürschner, Zur syntaktischen Beschreibung dt. Nominalkomposita. Tübingen
1974. — B. Paraschkewoff, Zur Entstehungs- und Entwicklungsgeschichte der
Bildungen auf „-weise", in: Beitr. 97, 1976, 165—211. — P. v. Polenz, Ableitungs-
strukturen dt. Verben, in: ZdS 24, 1968, 1—15, 129—160. — L. Weisgerber, Ver-
schiebungen in der sprachlichen Einschätzung von Menschen und Sachen. Köln-
Opladen 1958. — L. Weisgerber, Vierstufige Worbildungslehre, in: Mspr. 74,
1964, 2—12.

Wortschatz

Duden. Das große Wörterbuch der dt. Sprache. 6 Bde. Mannheim 1976ff. —
R. Klappenbach/W. Steinitz (Hrsg.), Wörterbuch der dt. Gegenwartssprache.
Berlin 1961ff. — H. Küpper, Wörterbuch der dt. Umgangssprache. 5 Bde. Ham-
burg 1955ff. — W. Sanders, Wörterbuch der dt. Sprache. 3 Bde. Leipzig 1876. —
G. Wahrig, Dt. Wörterbuch. Gütersloh 1968. — S. A. Wolf, Wörterbuch des
Rotwelschen. Dt. Gaunersprache. Mannheim 1956.

A. Iskos/A. Lenkowa, Dt. Lexikologie. 2. Aufl. Leningrad 1963. — O.
Reichmann, Germanistische Lexikologie. Stuttgart 1976.

W. Friederich, Moderne dt. Idiomatik. 2. Aufl. München 1976. — D. Heller,
Idiomatik, in: LGL 175—183. — L. Röhrich, Lexikon der sprichwörtlichen
Redensarten. Freiburg 1973ff.

H. Moser, Neuere und neueste Zeit, in: DWg 2, 529—645. — F. Tschirch,
Bedeutungswandel im Dt. des 19. Jh., in: ZdWf 16, 1960, 7—24. — K. Wagner,
Das 19. Jh., in: DWg 2, 493—528.

K. Heller, Das Fremdwort in der dt. Sprache der Gegenwart. Leipzig 1966. —
J. Iluk, Zur Fremdwort- und Lehnwortfrage, in: Mspr. 84, 1974, 287—290. —
A. Kirkness/W. Müller, Fremdwortbegriff und Fremdwörterbuch, in: DS
4/1975, 299—313. — L. Mackensen, Traktat über Fremdwörter, Heidelberg 1972.
— H. Möcker, Wie ‚international‘ kann unsere Rechtschreibung gemacht werden?
Beobachtungen und Überlegungen zur ‚Eindeutschung‘ von Fremdwörtern, in:
Mspr 85, 1975, 379—399. — P. v. Polenz, Fremdwort und Lehnwort sprachwissen-
schaftlich betrachtet, in: Mspr. 77, 1967, 65—80. — G. Schank, Vorschlag zur
Erarbeitung einer operationalen Fremdwortdefinition, in: DS 2/1974, 67—88. —
G. Wienold, Sprachlicher Kontakt und Integration, in: ZMaf 35, 1968, 209—218.

E. Alanne, Das Eindringen von Fremdwörtern in den Wortschatz der dt.
Handelssprache des 20. Jh., in: NphM 65, 1964, 332—360. — A. Burger, Die Konkurrenz englischer und französischer Fremdwörter in der modernen dt. Presse-
sprache, in: Mspr 76, 1966, 33—48. — B. Carstensen, Englische Einflüsse auf die
dt. Sprache nach 1945. Heidelberg 1965. — B. Carstensen/H. Galinski, Amerikanismen der dt. Gegenwartssprache. Entlehnungsvorgänge und ihre stilistischen
Aspekte. Heidelberg. 2. Aufl. 1967. — M. Clyne, Kommunikation und kommuni-
kationsbarrieren bei englischen entlehnungen im heutigen dt., in: ZGL 1, 1973,
163—177. — D. Duckworth, Der Einfluß des Englischen auf den dt. Wortschatz
seit 1945, in: ZdS 26, 1970, 9—31. — H. Fink, Amerikanismen im Wortschatz der
dt. Tagespresse. München 1960. — H. Galinski, Amerikanisch-dt. Sprach- und
Literaturbeziehungen. Systematische Übersicht und Forschungsbericht 1945—1970.
Frankfurt 1975. — G. Kristensson, Angloamerikanische Einflüsse in DDR-
Zeitungstexten. Stockholm 1977. — H. H. Munske, Germanische Sprachen und
dt. Gesamtsprache, in: LGL 485—494. — F. und I. Neske, Wörterbuch englischer
und amerikanischer Ausdrücke in der dt. Sprache. München 1970. — A. W. Stan-
forth, Dt.-englischer Lehnwortaustausch, in: WgG 526—560. — A. Urbanová,
Zum Einfluß des amerikanischen Englisch auf die dt. Gegenwartssprache, in: Mspr
76, 1966, 97—114.

K. Hengst, Zum Einfluß des Russischen auf die dt. Gegenwartssprache ,in: Zs. f. Slawistik 16, 1971, 3–13. — I. Kraft, Zum Gebrauch des attributiven Adjektivs in beiden Teilen Deutschlands mit bes. Ber. des russischen Spracheinflusses, in: Mspr 78, 1968, 65–78. — H. Lehmann, Russisch-dt. Lehnbeziehungen im Wortschatz offizieller Wirtschaftstexte der DDR. Düsseldorf 1972. — J. Nyvelius, Russischer Spracheinfluß im Bereich der Landwirtschaft der DDR, in: Mspr 80, 1970, 16–29.

Stile und Textsorten

B. Sandig, Stilistik. Berlin 1977. — E. U. Grosse, Texttypen: Lingustik gegenwärtiger Kommunikationsakte. Theorie und Deskription. Stuttgart 1974. — E. Gülich/W. Raible (Hrsg.), Textsorten. Frankfurt 1972. — W. Fleischer/ G. Michel, Stilistik der dt. Gegenwartssprache. Leipzig 1975. — Linguistische Probleme der Textanalyse. (Jahrbuch 1973) Düsseldorf 1975. — E. Riesel/E. Schendels, Dt. Stilistik. Moskau 1975. — B. Sowinski, Dt. Stilistik. Frankfurt 1973. — E. Werlich, Typologie der Texte. Frankfurt 1975.

W. Brandt, Das Wort „Klassiker". Wiesbaden 1976. — K. Daniels (Hrsg.), Über die Sprache. Erfahrungen und Erkenntnisse dt. Dichter und Schriftsteller des 20. Jh. Bremen 1966. — K. Eibl, Dt. Literatursprache der Moderne, in: LGL 545–550. — W. Frühwald, Dt. Literatursprache von der Klassik bis zum Biedermeier, in: LGL 531–538. — L. Giesz, Phänomenologie des Kitsches. Heidelberg 1960. — L. Harig, Tendenzen dt. Literatursprache der Gegenwart, in: LGL 556–560. — H. Heißenbüttel, Tendenzen dt. Literatursprache der Gegenwart, in: LGL 551–555. — W. Killy, Deutscher Kitsch. Göttingen 1961. — E. Leibfried, Dt. Literatursprache vom Jungen Deutschland bis zum Naturalismus, in: LGL 539–544. — A. Liede, Dichtung als Spiel. 2 Bde. Berlin 1963. — H. J. Mähl, Die Mystik der Worte. Zum Sprachproblem in der modernen dt. Dichtung, in: WiWo 13, 1963, 289–303. — G. Schmidt-Henkel u.a. (Hrsg.), Trivialliteratur. Berlin 1964. — H. Weinrich, Semantik der kühnen Metapher, in: Dt. Vierteljahrsschrift 37, 1963, 325–344. — H. Weinrich, Linguistische Betrachtungen zur modernen Lyrik, in: Akzente 15, 1968, 24–42.

F. J. Berens, Analyse des Sprachverhaltens im Redekonstellationstyp ,Interview'. München 1975. — St. Böhm u.a., Rundfunknachrichten, in: A. Rucktäschel (Hrsg.), Sprache und Gesellschaft, München 1972, 153–194. — R. Harweg, Die Rundfunknachrichten, in: Poetica 2, 1968, 1–14. — E. Mittelberg, Wortschatz und Syntax der Bild-Zeitung. Marburg 1967. — N. Nail, Sprachgebrauch in Rundfunknachrichten, in: ZGL 4, 1976, 41–54. — B. Sandig, Syntaktische Typologie der Schlagzeile. München 1970. — E. Straßner (Hrsg.), Nachrichten. Entwicklungen-Analysen-Erfahrungen. München 1975.

W. Brandt, Die Sprache der Wirtschaftswerbung, in: Germanistische Linguistik 1/2, 1973, 1–290. — D. Flader, Strategien der Werbung. Ein linguistisch-psychoanalytischer Versuch zur Rekonstruktion der Werbewirkung. Kronberg 1974. — J. Möckelmann/S. Zander, Form und Funktion der Werbeslogans. Göppingen 1970. — P. Nusser (Hrsg.), Anzeigenwerbung. Ein Reader für Studenten und Lehrer. München 1975. — R. Römer, Die Sprache der Anzeigenwerbung. Düsseldorf 2. Aufl. 1971. — B. Stolt/J. Trost, Hier bin ich — wo bist du? Eine Analyse von Heiratsanzeigen aus der Wochenzeitung „Die Zeit". Kronberg 1977.

K. Korn, Sprache in der verwalteten Welt. Olten–Freiburg 2. Aufl. 1959. — H. Kolb, Sprache in der unverstandenen Welt, in: ZdfW 17, 1961, 149–163. — H. Kolb, Der ‚inhumane Akkusativ', in: ZdWf 16, 1960, 168–177. — H. Wagner, Dt. Verwaltungssprache. Düsseldorf 1970.

K. Baumgärtner, Zur Syntax der Umgangssprache in Leipzig. Berlin 1959. — U. Bichel, Umgangssprache, in: LGL 275–278. — U. Bichel, Problem und Begriff der Umgangssprache in der germanistischen Forschung. Tübingen 1973. —

Gesprochene Sprache (Jahrbuch 1972). Düsseldorf 1974. — C. Leska, Vergleichende Untersuchungen zur Syntax gesprochener und geschriebener dt. Gegenwartssprache, in: Beitr. 87, Halle 1965, 427—464. — E. Riesel, Stilistik der dt. Alltagsrede. Moskau 1964. — H. Rupp, Gesprochenes und geschriebenes Dt., in: WiWo 15, 1965, 19—29. — G. Schank/G. Schoenthal, Gesprochene Sprache. Eine Einführung in Forschungsansätze und Analysemethoden. Tübingen 1976 — G.Schulz, Die Bottroper Protokolle. Parataxe und Hypotaxe. München 1973. — H. Steger, Gesprochene Sprache, in: Satz u. Wort im heutigen Dt., 1967, 259—291. — D. Stellmacher, Studien zur gesprochenen Sprache in Niedersachsen. Marburg 1977. — Texte gesprochener dt. Standardsprache. Erarbeitet im Institut für dt. Sprache. Forschungsstelle Freiburg. München 1975ff. — B. Wackernagel-Jolles, Untersuchungen zur gesprochenen Sprache. Beobachtungen aus Verknüpfungen spontanen Sprechens. 1971. — B. Wackernagel-Jolles (Hrsg.), Aspekte der gesprochenen Sprache. Deskriptions- und Quantifizierungsprobleme. Göppingen 1973. — K. R. Wagner, Die Sprechsprache des Kindes. Düsseldorf 1974. — A. Weiss, Syntax spontaner Gespräche. Einfluß von Situation und Thema auf das Sprachverhalten. Düsseldorf 1975. — H. Zimmermann, Zu einer Typologie des spontanen Gesprächs. Baseldt. Umgangssprache. Bern 1965.

Gruppensprachen

K. H. Bausch, Soziolekte, in: LGL 254—262. — H. Bausinger, Subkultur und Sprache, in: Sprache und Gesellschaft, Düsseldorf 1971, 45—62. — D. Möhn, Sondersprachen, in: LGL 279—282. — H. Steger, Gruppensprachen, in: ZMaf 31, 1964, 125—138.

E. Barth, Fachsprache. Eine Bibliographie, in: Germanistische Linguistik 3/1971. — K. Bausch/W. Schewe/H. Spiegel (Hrsg.), Fachsprachen. Terminologie. Struktur. Normung. Berlin—Köln 1976. — E. Beneš, Fachtext, Fachstil und Fachsprache, in: Sprache und Gesellschaft, Düsseldorf 1971, 118—132. — E. Beneš, Die sprachliche Kondensation im heutigen dt. Fachstil, in: Linguistische Studien III, Düsseldorf 1973, 40—50. — L. Drozd/W. Seibicke, Dt. Fach- und Wissenschaftssprache. Wiesbaden 1973. — H. Gipper, Zur Problematik der Fachsprachen in,: Festschrift H. Moser, Düsseldorf 1969, 66—81. — H. R. Fluck, Fachsprachen. Einführung und Bibliographie. München 1976. — W. v. Hahn, Fachsprachen, in: LGL 283—286. — L. Hoffmann, Kommunikationsmittel Fachsprache. Eine Einführung. Berlin 1976. — L. Mackensen, Sprache und Technik. Lüneburg 1954. — D. Möhn, Fach- und Gemeinsprache, in: WgG 315—348. — D. Möhn, Sprachliche Sozialisation und Kommunikation in der Industriegesellschaft. Objekte der fachsprachlichen Linguistik, in: Mspr 85, 1975, 169—185. — J. Petöfi/A. Podlech/E. v. Savigny (Hrsg.), Fachsprache — Umgangssprache. Kronberg 1975.

E. Beneš, Syntaktische Besonderheiten der dt. wissenschaftlichen Fachsprache, in: DaF 3, 1966, 26—35. — H. Erk, Zur Lexik wissenschaftlicher Fachtexte. Substantive — Frequenz und Verwendungsweise. München 1975. — W. Fleischer, Zur linguistischen Charakterisierung des Terminus in Natur- und Gesellschaftswissenschaften, in: DaF 10, 1973, 193—203. — K. Möslein, Einige Entwicklungstendenzen in der Syntax der wissenschaftlich-technischen Literatur seit dem Ende des 18. Jh., in: Beitr 94, Halle 1974, 156—198. — G. Schade, Einführung in die dt. Sprache der Wissenschaften. Ein Lehrbuch für Ausländer. Berlin 1969. — R. Wimmer, Umgang mit Termini, in: Akten des 10. Linguistischen Kolloquiums, Tübingen 1975, 1, 337—346.

H. Dankert, Sportsprache und Kommunikation. Tübingen 1969. — G. Gerneth u.a., Zur Fußballsprache, in: LuD 2, 1971, 200—218. — P. Schneider, Die Sprache des Sports. Terminologie und Präsentation in Massenmedien. Düsseldorf 1974.

H. Küpper, Am A . . . der Welt. Landserdeutsch 1939—1945. Hamburg 1970. — G. Loose, Soldatensprache des 2. Weltkrieges, in: JEGPh 46, 1947, 279—289. — M. Mechow, Zur dt. Soldatensprache des 2. Weltkrieges, in: ZdS 27, 1971, 81—100.

E. Bornemann, Sex im Volksmund. Die sexuelle Umgangssprache des dt. Volkes. Wörterbuch und Thesaurus. Reinbeck 1971. — E. Bornemann, Unsere Kinder im Spiegel ihrer Lieder, Reime, Verse und Rätsel. Olten–Freiburg 1973. — M. u. H. Küpper, Schülerdeutsch. Düsseldorf 1972. — R. Wenzel (Hrsg.), Sprache und Sexualität. Texte zur Analyse und Diskussion. Frankfurt 1975.

Soziale Aspekte

H. Bausinger, Dialekte, Sprachbarrieren, Sondersprachen. Frankfurt 1972. — G. Ising (Hrsg.), Aktuelle Probleme der sprachlichen Kommunikation. Soziolinguistische Studien zur sprachlichen Situation in der DDR. Berlin 1974. — M. Hartig/U. Kurz, Sprache als soziale Kontrolle. Neue Ansätze zur Soziolinguistik. Frankfurt 1971. — P. v. Polenz, Idiolektale und soziolektale Funktionen von Sprache, in: Leuvense Bijdr. 63, 1974, 1—112. — S. auch S. 190!

U. Ammon, Dialekt, soziale Ungleichheit und Schule. Weinheim 1972. — U. Ammon, Dialekt und Einheitssprache in ihrer sozialen Verflechtung. Eine empirische Untersuchung. Weinheim 1973. — B. Badura/P. Gross, Sprachbarrieren, in: LGL 262—270. — W. Besch, Dialekt als Barriere bei der Erlernung der Standardsprache, in: Linguistische Probleme der Textanalyse (Jahrbuch 1973), Düsseldorf 1975, 150—165. — H. Bühler, Sprachbarrieren und Schulanfang. 2. Aufl. Weinheim 1972. — Dialekt als Sprachbarriere? Ergebnisbericht einer Tagung zur alemannischen Dialektforschung. Tübingen 1973. — J. Hasselberg/K. P. Wegera, Diagnose mundartbedingter schulschwierigkeiten und ansätze zu ihrer überwindung. in: WiWo 25, 1975, 243—255. — U. Oevermann, Sprache und soziale Herkunft. Berlin 1970.

M. Clyne, Zum Pidgin-Dt. der Gastarbeiter, in: ZMaf 35, 1968, 130—139. — N. Dittmar/W. Klein, Untersuchungen zum Pidgin-Dt. spanischer und italienischer Arbeiter in der Bundesrepublik, in: A. Wierlacher (Hrsg.), Jahrbuch Dt. als Fremdsprache I, 1975, 170—194. — W. Klein (Hrsg.), Sprache ausländischer Arbeiter, in: Zs. f. Linguistik und Literaturwissenschaft 5/1975, H. 18. — J. Meisel, Der Erwerb des Dt. durch ausländische Arbeiter, in: LB 38/1975, 59—69. — W. Schenker, Zur sprachlichen Situation der italienischen Gastarbeiterkinder in der dt. Schweiz, in: ZDL 40, 1973, 1—15.

H. Bausinger, Sprachmoden und ihre gesellschaftliche Funktion, in: Gesprochene Sprache (Jahrbuch 1972), Düsseldorf 1974, 245—266. — M. Gasser-Mühlheim, Soziale Aufwertungstendenzen in der dt. Gegenwartssprache. Bern 1972. — D. Möhn, Sprachwandel und Sprachtradition in der Industrielandschaft, in: Verhandl. d. 2. Intern. Dialektologenkongresses, Wiesbaden 1967/68, 561—568. — E. Oksaar, Berufsbezeichnungen im heutigen Dt. Soziosemantische Untersuchungen. Düsseldorf 1974. — U. Quasthoff, Soziales Vorurteil und Kommunikation. Eine sprachwissenschaftliche Analyse des Stereotyps. Frankfurt 1973. — I. Radtke, Soziolinguistik von Stadtsprachen. Tendenzen soziolinguistischer Forschungen in der BRD, in: Germanistische Linguistik 4/1972, 441—517. — P. Schönbach, Sprache und Attitüden. Über den Einfluß der Bezeichnungen „Fremdarbeiter" und „Gastarbeiter" auf Einstellungen gegenüber ausländischen Arbeitern. Bern 1970. — K. Spalding, Die sprachliche Aufwertung als neues Tabu, in: Mspr 83, 1973, 185—195.

Metasprachliche Aktivitäten

W. Betz, Sprachlenkung und Sprachentwicklung, in: Sprache und Wissenschaft, Göttingen 1960, 85—100. — S. Jäger, Sprachplanung, in: Mspr 79, 1969, 42—52. — P. Jung, Sprachgebrauch — Sprachautorität — Sprachideologie.

Heidelberg 1974. — H. Moser, Sprache — Freiheit oder Lenkung? Zum Verhältnis von Sprachnorm, Sprachwandel, Sprachpflege. Mannheim 1967. — Sprachnorm, Sprachpflege, Sprachkritik (Jahrbuch 1966/67) Düsseldorf 1968. — W. Tauli, Introduction to a Theory of Language Planning. Uppsala 1968.

B. Boesch, Sprachpflege in der Schweiz, in: Sprachnorm, Sprachpflege, Sprachkritik (Jahrbuch 1966/67), Düsseldorf 1968, 220—235. — G. Decsy, Die linguistische Struktur Europas. Vergangenheit — Gegenwart — Zukunft. Wiesbaden 1973. — H. Dunger, Die dt. Sprachbewegung und der Allgemeine Dt. Sprachverein 1885—1910. Berlin 1910. — Geschichte und Leistung des Dudens, hrsg. v. Bibliographischen Institut. Mannheim 1968. — M. Hornung, Sprachpflege in Österreich, in: Sprachnorm — Sprachpflege — Sprachkritik (Jahrbuch 1966/67), Düsseldorf 1968, 215—219. — H. Kloß, Die Entwicklung neuer germanischer Kultursprachen. München 1952. — G. Kolde, Sprachberatung: Motive und Interessen der Fragesteller, in: Mspr 86, 1976, 20—47. — Sprache, Sprachgeschichte, Sprachpflege in der dt. Schweiz. 60 Jahre dt.-schweizerischer Sprachverein. Zürich 2. Aufl. 1964. — O. Steuernagel, Die Einwirkungen des dt. Sprachvereins auf die dt. Sprache. Berlin 1926.

J. Erben, Zur Normierung der nhd. Schriftsprache, in: Festschrift K. Bischoff, Köln 1975, 117—129. — K Gloy, Sprachnormen, Probleme ihrer Analyse und Legitimation (Forschungsber. Universität Konstanz 13). 1974. S. — Jäger, Standardsprache, in: LGL 271—274. — U. Knoop, Sprachnorm und Verstehen, in: Mspr 85, 1975, 234—243. — G. Kolde, Sprachnormen und erfolgreiches Sprachhandeln, in: ZGL 3, 1975, 149-174. — G. Lotzmann (Hrsg.), Sprach- und Sprechnormen — Verhalten und Abweichung. Tagungsbericht. Heidelberg 1974. — J. M. Meisel, Sprachnorm in Linguistik und ‚Sprachpflege‘, in: LB 13/1971, 8—14. — D. Nerius, Zur Sprachnorm im gegenwärtigen Dt., in: Beitr 95, Halle 1974, 319—338. — P. v. Polenz, Sprachnormung und Sprachentwicklung in neueren Dt., in: DU 16, 1964, H. 4, 67—91, — P. v. Polenz, Sprachnorm, Sprachnormung, Sprachnormenkritik, in: LB 17/1972, 76—84. — G. Presch/K. Gloy, Sprachnormen. 3 Bde. Stuttgart-Bad Cannstatt 1976 .— H. Steger, Sprachverhalten — Sprachsystem — Sprachnorm, in: Dt. Ak. f. Sprache u. Dichtung Darmstadt, Jahrbuch 1970, 11—32. — F. Winterling (Hrsg.), Sprachnorm und Gesellschaft. Texte zur Theorie und Praxis sprachlicher Normierung und sprachlicher Lenkung. Frankfurt 1974.

G. Augst (Hrsg.), Dt. Rechtschreibung mangelhaft? Materialien und Meinungen. Heidelberg 1974. — G. Bauer, Einige Grundsätze im Kampf um die vereinfachte Rechtschreibung, in: LB 25/1973, 103—110. — A. Digeser, Groß- oder Kleinschreibung? Beiträge zur Rechtschreibreform. Göttingen 1974. — Die dt. Rechtschreibreform, in: DU 7, 1955, H. 3. — G. Drosdowsky, Möglichkeiten und Grenzen einer Reform der Fremdwortorthographie, in: Jb. f. Internat. Germanistik 6, 1974, 2, 8—19. — Duden, Rechtschreibung der dt. Sprache und der Fremdwörter. 17. Aufl. Mannheim 1973. — Empfehlungen des Arbeitskreises für Rechtschreibregelungen vom 15. 10. 1958 (authentischer Text). Mannheim 1959. — P. Grebe (Hrsg.), Akten zur Geschichte der dt. Einheitsschreibung (1870—1880). Mannheim 1963. — W. Histand (Hrsg.), Rechtschreibung. Müssen wir neu schreiben lernen? Weinheim 1974. — J. Knobloch, Ist die Rechtschreibreform in einer Sackgasse angelangt? in: Mspr 85, 1975, 130—132. — M. Mangold, Laut und Schrift im Dt. Mannheim 1961. — W. Veith/F. Beersmans, Materialien zur Rechtschreibung und ihrer Reform. Wiesbaden 1973. — L. Weisgerber, Die Grenzen der Schrift. Köln–Opladen 1955. — L. Weisgerber, Die Verantwortung für die Schrift — 60 Jahre Bemühungen um eine Rechtschreibreform. Mannheim 1964. — W. Wurzel, Konrad Duden und die deutsche Orthographie. 100 Jahre ‚Schleizer Duden‘, in: ZPSK 28, 1975, 179—209. — E. Wüster, Der Streit um die Großschreibung, in: Mspr 84, 1974, 73—76.

Duden — Aussprache-Wörterbuch, bearb. v. M. Mangold. Mannheim 1962. — K. Kohler, Dt. Hochlautung, in: Mspr 80, 1970, 238—247. — E. M. Krech

(Hrsg.), Wörterbuch der dt. Aussprache. Leipzig 1964. — H. Krech (Hrsg.), Beitr. zur dt. Ausspracheregelung. 1961. — A. Littmann, Die Problematik der dt. Hochlautung, in: Deutschunterricht für Ausländer 15, 1965, 65—89. — G. Lotzmann, Zur Norm und Realisation der dt. Hochlautung, in: WiWo 17, 1967, 228—238. — F. Schindler, Beiträge zur dt. Hochlautung. Hamburg 1974. — Th. Siebs, Dt. Aussprache, reine und gemäßigte Hochlautung mit Aussprachewörterbuch, hrsg. v. H. de Boor, H. Moser und Ch. Winkler, 19. Aufl. Berlin 1969. — D. Stellmacher, Die Kodifikation der dt. Hochlautung, in: ZDL 42, 1975, 27—38. — G. Ungeheuer, Duden, Siebs und WDA: Drei Wörterbücher der dt. Hochlautung, in: Festschrift f. H. Moser, Düsseldorf 1969, 202—217. — Chr. Winkler, Zur Frage der dt. Hochlautung, in: Satz und Wort im heutigen Dt. (Jahrbuch 1965/66), Düsseldorf 1967, 313—328.

L. Drozd, Zum Gegenstand und zur Methode der Terminologielehre, in: Mspr 85, 1975, 109—117. — R. Gutmacher u.a., Empirische Terminologieforschung, in: Mspr. 86, 1976, 355—367. — I. Ischreyt, Studien zum Verhältnis von Sprache und Technik. Institutionelle Sprachlenkung in der Terminologie der Technik. Düsseldorf 1965. — E. Wüster, Internationale Sprachnormung in der Technik. 3. Aufl. Bonn 1966. — E. Wüster, Grundsätze der fachsprachlichen Normung, in: Mspr 81, 1971, 289—295. — E. Wüster, Die Allgemeine Terminologielehre, in: Linguistics 119, 1974, 61—106.

F. Handt (Hrsg.), Deutsch — gefrorene Sprache in einem gefrorenen Land? Berlin 1964. — K. Korn, Sprache in der verwalteten Welt. Olten–Freiburg 2. Aufl. 1959. — K. Kraus, Die Sprache (Werke Bd. III). 2. Aufl. München 1954. — F. Mauthner, Beiträge zu einer Kritik der Sprache. 3 Bde. Stuttgart 1901/02. — D. Sternberger/G. Storz/W. E. Süskind, Aus dem Wörterbuch des Unmenschen. Neue erw. Ausg. mit Zeugnissen des Streits über Sprachkritik. Hamburg–Düsseldorf 1968. — H. Weigel, Die Leiden der jungen Wörter. Ein Antiwörterbuch. Zürich–München 1974.

W. Betz, Möglichkeiten und Grenzen der Sprachkritik, in: STZ 25, 1968, 7—27. — W. Beutin, Sprachkritik — Stilkritik. Eine Einführung. Stuttgart 1976. — K. Bühring, Allgemeine Semantik: Sprachkritik und Pädagogik. Düsseldorf 1973. — K. Daniels, Sprachwissenschaft und Sprachkritik. Tagung der „Kommission für Fragen der Sprachentwicklung", in: DS, 1975, 368—371. — H. Henne, Punktuelle und politische Sprachlenkung. Zu 13 Aufl. von G. Wustmanns „Sprachdummheiten", in: ZdS 21, 1966, 175—184. — H. J. Heringer, Karl Kraus als Sprachkritiker, in: Mspr 77, 1967, 256—262. — J. Kühn, Gescheiterte Sprachkritik. Fritz Mauthners Leben und Werk. Berlin 1975. — R. M. G. Nickisch, Gutes Deutsch? Kritische Studien zu den maßgeblichen praktischen Stillehren der dt. Gegenwartssprache. Göttingen 1975. — P. v. Polenz, Sprachkritik und Sprachnormenkritik, in: G. Nickel (Hrsg.), Angewandte Sprachwissenschaft und Deutschunterricht, München 1973, 118—167.

Sprache in der Politik

B. Badura, Sprachbarrieren. Zur Soziologie der Kommunikation. Stuttgart–Bad Cannstadt 1971. — B. Badura/K. Gloy (Hrsg.), Soziologie der Kommunikation. Stuttgart–Bad Cannstadt 1972. — W. Dieckmann, Sprache in der Politik. Einführung in die Pragmatik und Semantik der politischen Sprache. Heidelberg 1969. — U. Engel/O. Schwencke (Hrsg.), Gegenwartssprache und Gesellschaft. Beiträge zu aktuellen Fragen der Kommunikation. Düsseldorf 1972. — U. Erckenbrecht, Politische Sprache. Marx, Rossi-Landi. Agitation. Kindersprache. Eulenspiegel. Comics. Gießen 1975. — H. W. Eroms, Zur Analyse politischer Sprache, in: LuD 17, 1974, 1—16. — H. Haarmann, Soziologie und Politik der Sprachen Europas. München 1975. — G. Kaltenbrunner (Hrsg.), Sprache und Herrschaft. Die umfunktionierten Wörter. Freiburg 1975. — G. Klaus, Die Macht des Wortes. 4. Aufl. Berlin 1960. — G. Klaus, Sprache der Politik. Berlin 1971. — H. L. Koppelmann, Nation, Sprache und Nationalismus. Leiden 1956. — J. Kopperschmidt, Allgemeine Rhetorik. Einführung in die Theorie der persuasiven Kommunikation. Stuttgart 1973. — H. Lübbe, Der Streit um Worte. Sprache und Politik. Bochum 1967. — L. Mackensen, Verführung durch Sprache. Manipulation als Versuchung. München 1973. — E. Pankoke, Sprache in ‚sekundären Systemen‘, in: Soziale Welt 17, 1967, 253—273. — R. Römer, Gibt es Mißbrauch der Sprache? in: Mspr 80, 1970, 73—85. — A. Rucktäschel (Hrsg.), Sprache und Gesellschaft. München 1972. — W. Schmidt (Hrsg.), Sprache und Ideologie. Beiträge zu einer marxistisch-leninistischen Sprachwirkungsforschung. Halle 1972. — E. Topitsch, Über Leerformeln. Zur Pragmatik des Sprachgebrauchs in der Philosophie und politischen Theorie, in: Probleme der Wissenschaftstheorie, Wien 1960, 233—263. — H. Weinrich, Linguistik der Lüge. Heidelberg 1966. — T. D. Weldon, Kritik der politischen Sprache. Neuwied 1962. — G. Wersig, Inhaltsanalyse. Berlin 1968.

O. Brunner/W. Conze/R. Kosellek, Geschichtliche Grundbegriffe. Historisches Lexikon zur politisch-sozialen Sprache in Deutschland. Band 1. 2. Stuttgart 1972, 1975. — H. Grünert (Hrsg.), Politische Reden in Deutschland. Frankfurt 1974. — O. Ladendorf, Historisches Schlagwörterbuch. Straßburg 1906. — R. M. Meyer, 400 Schlagworte. Leipzig 1910. — Kleines politisches Wörterbuch. Berlin 1973.

H. Bott, Die Volksfeind-Ideologie. Zur Kritik rechtsradikaler Propaganda. Stuttgart 1969. — J. Kleinstück, Verfaulte Wörter. Demokratie — Modernität — Fortschritt. Stuttgart 1974. — E. Leinfellner, Der Euphemismus in der politischen Sprache. Berlin 1971. — J. Schlumbohm, Freiheitsbegriff und Emanzipationsprozeß. Zur Geschichte eines politischen Wortes. Göttingen 1973.

Chr. Cobet, Der Wortschatz des Antisemitismus in der Bismarckzeit. München 1973. — W. Dieckmann, Information oder Überredung. Zum Wortgebrauch der politischen Werbung in Deutschland seit der Französischen Revolution. Marburg 1964. — H. Grünert, Sprache und Politik. Untersuchungen zum Sprachgebrauch der ‚Paulskirche‘. Berlin 1974. — J. Schlumbohm, Freiheit. Die Anfänge der bürgerlichen Emanzipationsbewegung in Deutschland im Spiegel ihres Leitwortes. Düsseldorf 1975. — W. Wülfing, Schlagworte des Jungen Deutschland, in: ZdS 21—24, 1965—1969.

C. Berning, Die Sprache des Nationalsozialismus, in: ZdS 16—19, 1960—1963. — C. Berning, Vom ‚Abstammungsnachweis‘‘ zum ‚Zuchtwart‘‘. Vokabular des Nationalsozialismus. Berlin 1964. — K. Burke, Die Rhetorik in Hitlers „Mein Kampf‘‘. Frankfurt 1967. — W. Dahle, Der Einsatz einer Wissenschaft. Eine sprachinhaltliche Analyse militärischer Terminologie in der Germanistik 1933—1945. Bonn 1969. — R. Glunk, Erfolg und Mißerfolg der nationalsozialistischen Sprachlenkung, in: ZdS 22—27, 1966—1971. — V. Klemperer, Die unbewältigte Sprache. Aus dem Notizbuch eines Philologen ‚LTI‘. 3. Aufl. Darmstadt 1966. — H. Neuhaus, Der Germanist Dr. phil. Joseph Goebbels. Bemerkungen zur Sprache in seiner Dissertation aus dem Jahre 1922, in: ZdPh 93, 1974, 398—416. — P. v. Polenz, Sprachpurismus und Nationalsozialismus, in: Nationalismus in Germanistik und Dichtung, Berlin 1967, 79—112: und in: Germanistik — eine dt. Wissenschaft, Frankfurt 1967. 111—165. — E. Seidel/I. Seidel-Slotty, Sprachwandel im Dritten Reich. Halle 1961. — D. Sternberger/G. Storz/W. E. Süskind, Aus dem Wörterbuch des Unmenschen. Neue erw. Ausgabe. Düsseldorf 1968. — B. v. Wiese/R. Henß (Hrsg.), Nationalismus in Germanistik und Dichtung, Berlin 1967. — L. Winkler, Studie zur gesellschaftlichen Funktion faschistischer Sprache. Frankfurt 1970.

T. W. Adorno, Jargon der Eigentlichkeit. 3. Aufl. Frankfurt 1967. — B. Brunotte, Rebellion im Wort. Eine zeitgeschichtliche Dokumentation. Flugblatt und Flugschrift als Ausdruck jüngster Studentenunruhen. Frankfurt 1973. — H. Glaser, Das öffentliche Deutsch. Frankfurt 1972. — W. F. Haug, Der hilflose Antifaschismus. Frankfurt 1967. — W. Hellmann (Hrsg.), Bibliographie zum öffentlichen Sprachgebrauch in der Bundesrepublik Deutschland und in der DDR.

Düsseldorf 1976. — H. Hoppenkamps, Information oder Manipulation? Untersuchungen zur Zeitungsberichterstattung über eine Debatte des Dt. Bundestages. Tübingen 1977. — G. Korlén, „Mitteldeutschland" — Sprachlenkung oder Neutralismus? in: Moderna Språk 59, 1965, 37—55. — A. D. Nunn, Politische schlagwörter in deutschland seit 1945. Gießen 1974. — E. Schlottke, „Mitteldeutschland". Semantische und psycholinguistische Untersuchungen zur jüngsten Wortgeschichte. München 1970. — W. Sucharowski, „Liberal" im gegenwärtigen Sprachgebrauch. München 1975. — E. Uhlig, Studien zur Grammatik und Syntax der gesprochenen politischen Sprache des Dt. Bundestages. Marburg 1972. — U. Widmer, 1945 oder die ‚Neue Sprache'. Düsseldorf 1966. — H. D. Zimmermann, Die politische Rede. Sprachgebrauch Bonner Politiker. Stuttgart 1969.

Das Aueler Protokoll. Dt. Sprache im Spannungsfeld zwischen West und Ost. Düsseldorf 1964. — H. Bartholmes, Das Wort „Volk" im Sprachgebrauch der SED. Düsseldorf 1964. — W. Betz, Zwei Sprachen in Deutschland. Der zweigeteilte Duden, in: Fr. Handt (Hrsg.), Dt. — gefrorene Sprache? Berlin 1964, 155—163, 164—178. — W. Dieckmann, Kritische Bemerkungen zum sprachlichen Ost-West-Problem, in: ZdS 23, 1967, 136—165. — K. H. Ihlenburg, Entwicklungstendenzen des Wortschatzes in beiden dt. Staaten, in: Weimarer Beitr. 10, 1964, 372—397. — G. Korlén, Führt die politische Teilung Deutschlands zur Sprachspaltung? in: Satz und Wort im heutigen Dt. (Jahrbuch 1965/66), Düsseldorf 1967, 36—54. — S. Marx-Nordin, „Sozialismus" und „sozialistisch" in der politischen Sprache der DDR. (Forschungsber. d. Inst. f. dt. Sprache 17). Mannheim 1974. — Th. Pelster, Die politische Rede im Westen und Osten Deutschlands. Düsseldorf 1966. — H. H. Reich, Sprache und Politik. Untersuchungen zu Wortschatz und Wortwahl des offiziellen Sprachgebrauchs in der DDR. München 1968. — Th. Schippan, Die Rolle der politischen und philosophischen Terminologie im Sprachgebrauch beider dt. Staaten und ihre Beziehungen zum allgemeinen Wortschatz, in: Wiss. Zs. d. Karl-Marx-Universität Leipzig 17, 1968, 177—183.

Abkürzungen zur Bibliographie

Beitr	Beiträge zur Geschichte der dt. Sprache und Literatur
DaF	Deutsch als Fremdsprache
DPhA	Deutsche Philologie im Aufriß, hrsg. v. W. Stammler. 3 Bde. 2. Aufl. Berlin 1957 ff.
DS	Deutsche Sprache. Zeitschrift für Theorie, Praxis, Dokumentation
DU	Der Deutschunterricht. Beiträge zu seiner Praxis und wissenschaftlichen Grundlegung
DUfA	Deutschunterricht für Ausländer
DWg	Deutsche Wortgeschichte. (Grundriß der germanischen Philologie 17). Hrsg. v. Fr. Maurer und H. Rupp. 3 Bde. 3. Aufl. Berlin 1974
FuF	Forschungen und Fortschritte
GRM	Germanisch-romanische Monatsschrift
JEGPh	The Journal of English and Germanic Philology
KGgPh	Kurzer Grundriß der germanischen Philologie bis 1500, hrsg. v. L. E. Schmitt
LGL	Lexikon der germanistischen Linguistik, hrsg. v. H. P. Althaus, H. Henne, H. E. Wiegand. Tübingen 1973
LuD	Linguistik und Didaktik
Mspr	Muttersprache. Zeitschrift zur Pflege und Erforschung der dt. Sprache
NphM	Neuphilologische Mitteilungen
SG	Sammlung Göschen
STZ	Sprache im technischen Zeitalter
WgG	Wortgeographie und Gesellschaft, hrsg. v. W. Mitzka. Berlin 1968
WiWo	Wirkendes Wort

ZdA	Zeitschrift für dt. Altertum und dt. Literatur
ZDL	Zeitschrift für Dialektologie und Linguistik
ZdPh	Zeitschrift für dt. Philologie
ZdS	Zeitschrift für dt. Sprache
ZdWf	Zeitschrift für dt. Wortforschung
ZGL	Zeitschrift für germanistische Linguistik
ZMaf	Zeitschrift für Mundartforschung
ZPSK	Zeitschrift für Phonetik, Sprachwissenschaft und Kommunikationsforschung

Abkürzungen und Symbole im Text

Adj.	Adjektiv	ir.	irisch
Adv.	Adverb	isl.	isländisch
ags.	angelsächsisch (= altenglisch)	ital.	italienisch
ahd.	althochdeutsch	Jh.	Jahrhundert
am.	amerikanisch	kelt.	keltisch
an.	altnordisch	lat.	lateinisch
as.	altsächsisch (= altniederdeutsch)	Lv.	Lautverschiebung
bair.	bairisch (sprachlich-ethnographisch)	md.	mitteldeutsch
		mhd.	mittelhochdeutsch
dt.	deutsch	mnd.	mittelniederdeutsch
engl.	englisch	mnl.	mittelniederländisch
frk.	fränkisch	nd.	niederdeutsch
frz.	französisch	ndl.	niederländisch
germ.	germanisch	nhd.	neuhochdeutsch
got.	gotisch	od.	oberdeutsch
grch.	griechisch	omd.	ostmitteldeutsch
hd.	hochdeutsch	pl.	Plural
idg.	indogermanisch (= ie.)	röm.	römisch
ie.	indoeuropäisch (= idg.)	rom.	romanisch
ill.	illyrisch	sg.	Singular
ind.	indisch	westf.	westfälisch

•	erschlossene oder konstruierte objektsprachliche Einheit
≠	ist nicht gleich mit ..., steht in Opposition zu ...
⟨ ⟩	graphematische Einheit
/ /	phonematische Einheit
[ ]	phonetische Transskription
þ	stimmloser dentaler Engelaut (Reibelaut, Frikativ)
ð	stimmhafter dentaler Engelaut (Reibelaut, Frikativ)
χ	stimmloser palatovelarer Engelaut (Reibelaut, Frikativ)

Die anderen phonetischen Buchstaben entsprechen der Lautschrift der International Phonetic Association.

Register

Verfassernamen sind nur aufgenommen, soweit sie im Text vorkommen, wobei mit „Bibl." auf die Literaturstellen in der Auswahlbibliographie verwiesen wird.

Walter de Gruyter
Berlin · New York

Sammlung Göschen
Klein-Oktav. Kartoniert

Alfred Schirmer

Deutsche Wortkunde
Kulturgeschichte des Deutschen Wortschatzes
6., verbesserte und erweiterte Auflage von
Walther Mitzka. 137 Seiten. 1969. DM 4,80
ISBN 3 11 006206 2 (Bd. 929)

Hans-Jürgen
Heringer

Deutsche Syntax
2., völlig neubearbeitete Auflage. 170 Seiten.
Mit Ausschlagtafel. 1972. DM 9,80
ISBN 3 11 004015 8 (Bd. 5246)

Jan Goossens

Deutsche Dialektologie
147 Seiten. Mit 4 Abbildungen und 13
Karten. 1977. DM 12,80
ISBN 3 11 007203 3 (Bd. 2205)

Herbert Biehle

Redetechnik
Einführung in die Rhetorik
4., ergänzte Auflage. 187 Seiten. 1974.
DM 12,80
ISBN 3 11 004836 1 (Bd. 6061)

Maria Schubiger

Einführung in die Phonetik
2., überarbeitete Auflage. 142 Seiten.
1977. DM 14,80
ISBN 3 11 002779 8 (Bd. 2203)

Stefan
Sonderegger

Althochdeutsche Sprache und Literatur
Eine Einführung in das älteste Deutsch
Darstellung und Grammatik
272 Seiten. 1974. DM 16,80
ISBN 3 11 004559 1 (Bd. 8005)
Preisänderungen vorbehalten

Walter de Gruyter
Berlin · New York

Ferdinand de Saussure	**Grundlagen der allgemeinen Sprachwissenschaft** Herausgegeben von Charles Bally und Albert Sechehaye. Unter Mitwirkung von Albert Riedlinger. Übersetzt von Herman Lommel. 2. Auflage. Mit neuem Register und einem Nachwort von Peter von Polenz. Oktav. XVI, 294 Seiten. 1967. 4. Nachdruck 1973. Englische Broschur DM 16,80 ISBN 3 11 000158 6
Ernst Otto	**Stand und Aufgabe der allgemeinen Sprachwissenschaft** 2. Auflage. (Durchgesehen und erweitert mit einem Anhang: Kritik der Sprachkritik von Ernst Otto und einem Nachwort von Gerhard Haselbach.) Groß-Oktav. VIII, 191 Seiten. 1965. Unveränderter photomechanischer Nachdruck 1969. Ganzleinen DM 28,— ISBN 3 11 002529 9
Friedrich Kluge	**Etymologisches Wörterbuch der Deutschen Sprache** 21., unveränderte Auflage. Lexikon-Oktav. XVI, 915 Seiten. 1975. Gebunden DM 48,— ISBN 3 11 005709 3
Franz Dornseiff	**Der deutsche Wortschatz nach Sachgruppen** 7., unveränderte Auflage. Lexikon-Oktav. IV, 922 Seiten. 1970. Gebunden DM 58,— ISBN 3 11 000287 6

Preisänderungen vorbehalten